Die Erste Tschechoslowakische Republik
(nach Meyers Lexikon, Bibliographisches Institut, Leipzig 1930)

Peter Glotz
Die Vertreibung

Peter Glotz

Die Vertreibung

Böhmen als Lehrstück

Ullstein

Ullstein Verlag
Der Ullstein Verlag ist ein Unternehmen des Verlagshauses
Ullstein Heyne List GmbH & Co. KG

2. Auflage 2003

Lektorat: Annalisa Viviani

Satz: LVD GmbH, Berlin
Druck und Bindung: GGP Media Pößneck
Printed in Germany

ISBN 3-550-07574-X

*Ich widme dieses Buch meiner Mutter Dita Glotz,
geboren als Zdenka Hornová 1910 in Liberec
(Reichenberg), gestorben 1991 in Bonn.*

Inhalt

Vorwort

Ich hatte Glück. Von Eger (Cheb), meiner Heimatstadt nahe der deutschen Grenze, konnte man zu Fuß fliehen. Keine Viehwagen, keine Gewaltmärsche. Eger war von den Amerikanern besetzt worden, sie verhinderten allzu brutale »revolutionäre Gewalt«.

An einem wunderschönen Septembermorgen des Jahres 1945 tippelte ich an der Seite meiner Mutter über die Grenze bei Waldsassen. Sie schob ein Fahrrad (Rad fahren konnte sie nicht), auf dem ein riesiger Koffer montiert war – ein Bruchteil unseres Eigentums, das sie in ihrer eigenen Wohnung unter den Augen des neuen tschechischen Mieters gestohlen hatte. Der Mann, ein »anständiger Tscheche«, wie meine Mutter ihn nannte, hatte weggeschaut. Der sonnige Septembermorgen, den ich nie vergessen werde, brachte mich zum lauten, fröhlichen Pfeifen. Das führte natürlich dazu, dass plötzlich zwei tschechische Grenzer vor uns standen. Aber meine Mutter war Tschechin. Sie beruhigte sie schnell. Die beiden Burschen konfiszierten ein Lorgnon meiner Großmutter, über dessen Verlust sie bis zum Ende ihres Lebens in den Sechzigerjahren klagte. Harmlose Variante der Vertreibung. Eher eine Flucht, die die Vertreibung vorwegnahm. Der Vater, Versicherungskaufmann, gänzlich unpolitisch, aber doch Mitglied *der* Partei jener Zeit im Sudetengau, war schon im Mai geflohen. In den Gefängnissen prügelten sie auch in Eger. Wir folgten ihm.

Die deutsch-tschechischen Probleme habe ich schon in meiner Familie erlebt. Als die Nazis kamen, klammerten sich die Eltern an den heute absonderlich klingenden Satz: »Was der Mann ist, ist die Frau.« Die Henlein-Leute hassten »Mischehen«, obwohl Henlein aus einer stammte. 1945 boten die Tschechen meiner Mutter an, ihr die Wiedereröffnung ihres kleinen Geschäfts für Kinderkleidung zu erlauben, wenn sie ihre Kinder in die tschechische Schule schickte. Sie wollte sich aber nicht von ihrem deutschen Mann trennen. So landete die Familie in zwei Stuben eines kleinen Bauernhofs bei Bayreuth.

Viele Jahrzehnte habe ich mich, wie viele Flüchtlinge, für mein Herkommen und die böhmische Vergangenheit meiner Familie nicht interessiert. Dazu war keine Zeit; man musste sich durchsetzen. Also passte ich mich an. Das ist der Identitätsverlust, den Flüchtlinge erleiden. Ich war zum Beispiel in keiner Sprache zu Hause. Dem Egerländer Idiom der frühen Jahre (ich war 1945 sechs Jahre alt) folgte das Oberfränkische, später das Hannoversche, dann wieder das Oberbayerische. Von der väterlichen Verwandtschaft war mir der österreichische Singsang geläufig, von der mütterlichen die tschechischen Reibelaute.

Als junger Abgeordneter hielt ich in den Dörfern des westlichen Landkreises von Fürstenfeldbruck Bauernversammlungen im Trachtenanzug. Dabei benutzte ich eine Sprache, die ich für Bayerisch hielt; die Bauern hielten sie vermutlich für Egerländerisch. Noch heute muss ich aufpassen, dass ich bei einem längeren Gespräch mit einem Wiener nicht dessen Tonfall kopiere und das hochdeutsche »ei« in ein dunkles »a« verwandle.

Inzwischen bin ich über all das allerdings hinaus; für mich gibt's keine geheiligten Aufenthaltsorte; ich war in Berlin so glücklich oder unglücklich wie in München oder heute in der Ostschweiz. Ich kann morgen meine sieben Sachen packen und – sagen wir – nach Frankreich ziehen. Flüchtlingsschicksal. Manche Leute reden von »Entwurzelung«. Ich habe »entwurzelt« ganz gut gelebt. Allerdings wurde ich am Anfang meines Lebens vertrieben, allerdings war ich kein mährischer Bauer. Auch kein deutscher Schriftsteller aus Prag. Kein Glasarbeiter aus Gablonz.

Mein Interesse für Böhmen wurde erst geweckt, als ich (im Dezember 1980) ins Präsidium der SPD gewählt wurde. Fast jedes Mitglied dieses Führungszirkels war für eine Region oder ein Land zuständig. Der damalige SPD-Vorsitzende Willy Brandt, der die ganze Welt und erst recht ganz Europa kannte – 1946 hatte er im Londoner *Sozialdemokrat* über die wilde Vertreibung ein böses Stück unter dem Titel *Hitlers Spirit lives on* geschrieben – sagte bei irgendeiner Gelegenheit: »Peter, du bist doch ein Böhmak.« Schon war ich für die Tschechen – damals die Tschechoslowakei unter Gustav Husák – »zuständig«. Ich war zwischen 1981 und meinem Ausscheiden aus der Politik im Jahre 1996 zigmal in Prag, organisierte einen Brandt-Besuch dort, auch Besuche der kommunistischen Größen Vasil Bil'ak und Miloš Jakeš in Bonn, sah regelmäßig die (völlig machtlose) Opposition von Alexander Dubček bis Miloš Hájek. Jiří Hájek, Außenminister unter Dubček und einer der Gründer der *Charta* 77, in den Schauprozessen der Fünfzigerjahre als Jude Hájek-Karpeles verfolgt (obwohl er weder Jude war noch jemals Karpeles hieß), wurde mir ein fast väterlicher Freund. Als ich Jiří Dienstbier, später ebenfalls Außenminister der Tschechoslowakei nach der Wende von 1989, das erste Mal traf, war er Sprecher der *Charta* – und Heizer. Mitte der Neunzigerjahre erkundigte ich mich bei einem hocheleganten Parlamentsvizepräsidenten in Prag nach ihm. Die polemische Gegenfrage des Neukonservativen lautete: »Sind Sie nostalgisch?« So wuchs mein Interesse an Böhmen – und an meiner eigenen Geschichte.

Dies ist keine historische Arbeit, sondern ein politisches Buch, das die Arbeit der deutschen wie tschechischen, aber auch britischen und amerikanischen Historiker auswertet. Es ist ein Buch gegen den Nationalismus, diese Perversion von Loyalitäts- und Zugehörigkeitsgefühlen. Und es ist der Versuch, an einem Fallbeispiel zu beschreiben, wie Nationalismus entsteht.

Ich fange nicht bei den Brutalitäten gegen die »Sudetendeutschen« 1945 an, auch nicht bei denen der Deutschen gegen die Tschechen im »Protektorat«. Ich beginne bei den »Erweckern«, den Frühnationalen beider Seiten. Zwar bin ich nicht einfach genug gestrickt, um eine Linie »von Herder zum Holocaust« zu ziehen (auch das ist schon versucht worden), aber ich halte die frühen Heilsfunktionäre, die nationalistischen

Oberlehrer und Journalisten beider Seiten für viel gefährlicher, als normalerweise zugegeben wird. Die Folterknechte am Ende des Prozesses (die im Bodensatz jedes Volkes stecken) sind nur die letzten Glieder einer langen Kette, die oft genug mit illustren Geistern beginnt und in der meist auch raffinierte Fälscher ihre Rolle spielen, um einen Herkunftsmythos herauszuputzen. Das zu erkennen ist dringend – nicht wegen uns Tschechen und Deutschen. Wir haben unsere gemeinsame Geschichte (in den alten böhmischen Ländern) schon zerstört. Es ist nötig, um böhmische Lehrstücke für die Zukunft so weit wie möglich auszuschließen.

Mein Ziel ist es, ein europäisches Problem neu zu erzählen. Daher musste ich die Opfer zu Wort kommen lassen, die deutschen wie die tschechischen. Kein Zweifel, dies ist das Buch eines Deutschen, keines Tschechen. Vielleicht provoziert es eine Antwort von tschechischer Seite. Übrigens: Das mit der »Deutschheit« ist für unsereinen so einfach nun auch wieder nicht. Ich habe zwar die meiste Zeit meines Lebens in Deutschland gelebt, eben weil uns die Tschechen nach Hitlers Verbrechen aus unserer Heimat hinausgeworfen haben. Aber eigentlich stamme ich aus einer altösterreichischen Familie, die von Hitler eingedeutscht wurde; mit den »Reichsdeutschen« hatten wir ein eher polemisches Verhältnis. Deshalb steigt in mir der Hass hoch, wenn mir sogar linke Freunde sagen: Ihr wolltet doch »heim ins Reich«. Dieser Unsinn stammt von Konrad Henlein; und eine große Mehrheit der Sudetendeutschen ist ihm, Schande über uns, zwischen 1935 und 1945 gefolgt. Wer will, kann aber wissen, dass wir Böhmen nur im Mittelalter in ein deutsches »Reich« gehört haben. Böhmen war als Teil der österreichisch-ungarischen Monarchie Mitglied des Deutschen Bundes, bis Bismarck es 1866, also noch vor der »Reichsgründung« von 1871, hinauswarf. Mit Wilhelm II. und allem, was ihm folgte, hatten nur unsere Deutschnationalen, unsere Großdeutschen und unsere Großschnauzen etwas zu tun. Ich will mit ihnen nicht in einen Topf geworfen und zu sudetendeutschem Ragout verarbeitet werden. Die geistige Traditionslinie, der ich mich verpflichtet fühle, führt von Karl Renner zu Josef Seliger und Wenzel Jaksch. Wenn ich dürfte, würde ich gern auch den Freiherrn von Chlumecký aus Mähren oder den großartigen tschechischen Sozialisten Bohumír Šmeral für diese Tradition reklamieren. Aber ich weiß schon, das darf ich nicht.

Damit ist natürlich auch gesagt, dass dies das Buch eines Sozialdemokraten ist, ein Buch im Geiste des (leider längst vergessenen) Nationalitätenprogramms der österreichischen Sozialdemokratie von 1899, ein Buch gegen die Nationalstaatler, ein Buch für Europa, für einen europäischen Staatenbund, der sich zu europäischer Politik fähig macht. Der Amerikaner Donald Rumsfeld sprach ahnungslos vom »neuen Europa« und meinte damit Tschechen, Polen, Ungarn und andere Mitteleuropäer. Ach, das ist altes Europa, leider oft genug voller alter (nicht unverständlicher) Ängste! Wenn der tschechische Präsident Václav Klaus fürchtet, dass aus Brüssel ein neues Wien werden könnte, und wenn er sich an eine große Macht (die USA) anlehnen will, ist das keineswegs »neu«. Die Angst der Tschechen vor europäischen Föderationen (in denen die Deutschen dominieren könnten) war immer schon groß. Deshalb auch ihr Anlehnungsbedürfnis an Großmächte. Für Beneš war es die Sowjetunion.

Ich beteilige mich nicht an Nachhutgefechten. Ein Ausschluss der Tschechischen Republik aus der Europäischen Union – wegen der Vertreibung – hätte nur neuen Hass erzeugt, ganz abgesehen davon, dass es dafür keine Mehrheit gegeben hätte. Die Aufhebung der Beneš-Dekrete ist – völkerrechtlich – unerheblich. Die Vertreibung war eine gegen das Völkerrecht – auch das damalige – verstoßende ethnische Säuberung. Der Völkerrechtler Otto Kimminich hat Recht: »Die Beseitigung der Beneš-Dekrete ist eine Frage, die vor allem die Ehre des tschechischen Staates und Volkes betrifft.« Der Streit um Opferzahlen führt nirgendwohin. Die sudetendeutsche Seite sprach lange von 220 000–270 000 Opfern. Die deutsch-tschechische Historikerkommission hat jetzt eine Zahl von

15 000–30 000 Todesfällen errechnet. Nehmen wir die redlich errechnete Zahl der Historikerkommission. Das Verbrechen bleibt dennoch ein Verbrechen.

Das Thema verlangt eine neue – offenere – Sprache. Wir müssen unsere Verletzungen zeigen, damit die andere Seite die ihren zeigt. Nur so ist Verständigung möglich. In vielen Kreisen – gerade in den gutwilligen – hat sich die Meinung durchgesetzt, Takt bedeute, dass man sich auf ein politisch korrektes Gesäusel beschränke, ein allgemeines, niemanden schmerzendes Versöhnungsgerede. Man redet so verschwommen daher wie der durchschnittliche Pfarrer bei der durchschnittlichen Sonntagspredigt. Dieses sanfte, gelegentlich an Heuchelei grenzende und oft genug hochgebildete »Neusprech« (Orwell) nützt niemandem, nicht den Deutschen, nicht den Tschechen. Hier gilt das Wort des tschechischen Exilphilosophen Erazim Kohák in seinem *Brief an einen anonymen Freund:* »Was eine humane zivilisierte Nation von einer barbarischen unterscheidet, ist nicht ihre Schuldlosigkeit, sondern ihr Umgang mit den Schattenseiten und problematischen Aspekten der Geschichte.«

Der Prozess der Wiederannäherung zwischen Deutschen und Tschechen ist im Gang, allerdings eher unten als oben. Die Staatsorgane beschließen alle möglichen Erklärungen, hauen sich dabei übers Ohr und machen einfach weiter. Im Motiven-Bericht zum deutsch-tschechischen Nachbarschaftsvertrag, den die Regierung Klaus dem Parlament in Prag im April 1992 zugeleitet hat, hieß es unter anderem: »Die Entscheidung über die Aussiedlung der Deutschen aus Polen, Ungarn und der ČSR trafen die großen Siegermächte im Potsdamer Abkommen vom 2. August 1945 im Namen der internationalen Gemeinschaft. Das Potsdamer Abkommen billigte auch die Aussiedlung, die vor seinem Abschluss durchgeführt wurde, an deren Realisierung sich die großen Siegermächte gleichfalls beteiligten. Die Aussiedlung sollte nach dem Potsdamer Abkommen ordnungsgemäß und menschlich durchgeführt werden und war in dieser Form völlig legitim.« Legitim? War das auch die Meinung des Deutschen Bundestags, als er diesem Vertrag zustimmte?

Weiter als solche – vielleicht unvermeidlichen – »Verträge« und »Erklärungen« führen Initiativen aus den Völkern. Ein Beispiel ist das Versöhnungskreuz von Wekelsdorf/Teplice nad Metují. In Wekelsdorf wurden 1945 elf ältere Frauen, sechs Männer und vier Kinder, unter ihnen ein Baby, ermordet. Vor allem junge Leute haben, mit tatkräftiger Unterstützung der Bürgermeisterin Vera Vitová, viel Geld gesammelt und am Ort des Verbrechens ein Kreuz errichten lassen. Vera Vitová ist als Bürgermeisterin zwar nicht wiedergewählt worden. Das Kreuz wurde schon zweimal mit Hakenkreuzen und der Aufschrift »Smrt Němcům« (Tod den Deutschen) verschmiert. Der Künstler Petr Honzatko beseitigt aber immer wieder die Schmierereien. Das ist die Form der Kommunikation, die uns weiter bringt als alle möglichen deutsch-tschechischen Erklärungen.

Wald/Ausserrhoden, 1. Juli 2003 *Peter Glotz*

Kapitel 1

Immigranten und Kolonisten

Deutschland ist nichts, aber jeder einzelne Deutsche ist viel, und doch bilden sich Letztere gerade das Umgekehrte ein. Verpflanzt und zerstreut wie die Juden in alle Welt müssen die Deutschen werden, um die Masse des Guten ganz und zum Heile aller Nationen zu entwickeln, das in ihnen liegt.
Goethe an Kanzler von Müller, 1808

Am 27. Mai 1942 warf der tschechische Fallschirmspringer Jan Kubiš in einer Haarnadelkurve in Prag-Libeň eine Handgranate vor das Hinterrad des Wagens, in dem der Stellvertretende Reichsprotektor in Böhmen und Mähren, SS-Obergruppenführer und Chef des Reichssicherheitshauptamtes Reinhard Heydrich, wie jeden Morgen in sein Büro fuhr. Heydrich wurde schwer verletzt und starb wenige Tage darauf.

Hitler wollte sofort 10 000 Tschechen erschießen lassen, die deutsche Bevölkerung im Protektorat forderte – nach einem Bericht des Sicherheitsdienstes – »schärfste Vergeltungsmaßnahmen«. Nach einem Gezerre in der Naziführung – und nachdem man die Attentäter nicht gleich gefasst hatte – erschoss die Kladnoer Schutzpolizei am 10. Juni 199 erwachsene Männer des Ortes Liditz (Lidice). Die Frauen wurden ins Konzentrationslager Ravensbrück verschickt, von wo nach dem Krieg nur 143 zurückkehrten. Die Kinder wurden verteilt. Nur sechzehn überlebten den Krieg. Die Ortschaft wurde in Brand gesteckt, die Häuser gesprengt.

Ähnlich verfuhren die Deutschen mit der Gemeinde Ležáky bei Louka. Mit Hilfe eines Fallschirmspringers, der sich gestellt hatte, fand die Gestapo schließlich heraus, dass die Attentäter sich in der Kyrill- und Method-Kirche in Prag verschanzt hat-

Vergeltungsaktion der deutschen Besatzer an den Bewohnern des Ortes Lidice.

ten. Am Morgen des 18. Juni wurde die Kirche umzingelt, drei der Fallschirmspringer wurden nach längerer Gegenwehr getötet, die restlichen vier hatten sich in den Katakomben versteckt und wehrten sich so verzweifelt, dass die Waffen-SS die Katakomben unter Wasser setzen musste. Alle sieben Fallschirmspringer starben im Kampf oder brachten sich um, bevor sie gefasst werden konnten.

Am 31. Juli 1945 kam es in einem Munitionslager im Aussiger Stadtviertel Schönpriesen (Ústí nad Labem/ Krásné Březno) zu einer Explosion und einem Brand, wobei fünf Soldaten der tschechischen Armee und zwischen zwanzig und dreißig Deutsche umkamen. In der national aufgeheizten Atmosphäre, die durch Hinweise auf Sabotageakte des Werwolfs noch gesteigert wurde, stürzte sich unmittelbar nach der Explosion ein tschechischer Zivilist auf die Deutschen, die sich vor dem Bahnhof bewegten, und brüllte: »Daran sind die Deutschen schuld.« Von der Edvard Beneš-Brücke wurden Deutsche in die Elbe gestürzt, darunter eine Frau mit Kinderwagen. Dann wurde auf sie geschossen. In einem Bericht des tschechoslowakischen Ministeriums für nationale Verteidigung aus dem Jahr 1947 heißt es, tschechische Soldaten hätten ohne Befehl »eine Schießerei auf Deutsche, die auf der Straße gingen« begonnen. Die Soldaten, so der Bericht, hätten sich »in einem psychischen Zustand befunden, in dem sie sich wie von Sinnen benahmen, und dies umso mehr, als sie von Zivilpersonen zu ihren Taten angestiftet wurden«. Der Vorsitzende des Aussiger Nationalausschusses Vondra versuchte mit allen Mitteln, die aufgebrachte Menge zu besänftigen. Es half nichts.

Nach Untersuchungen des tschechischen Historikers Tomáš Staněk kamen fünfzig bis hundert Deutsche ums Leben. Deutsche Berichte sprechen von Hunderten von Opfern. Das Ganze war eine Aktion von außen, begonnen von Soldaten der tschechischen Ostarmee unter General Ludvík Svoboda, der Revolutionsgarden und einiger Rotarmisten. Die Alliierten sollten vor vollendete Tatsachen gestellt werden. Auch tschechische Zivilisten machten mit, aber kaum Alteinwohner von Aussig. Es sah aus wie spontaner Volkszorn, war aber eine »Säuberungsaktion«.

Diese Chronik berichtet von einer Geschichte mit blutigem Ausgang. Ein paar Volksstämme, Völker, Nationen – der Begriff, den man benutzt, verrät schon die Erzählhaltung – lebten, wie in etwa 90 Prozent der heute in den Vereinten Nationen vertretenen Staaten, gemeinsam auf dem gleichen Stück Erde. Die Rede ist von Tschechen, Slowaken, Deutschen, Juden, Ruthenen, Polen und Ukrainern, die in den böhmischen Ländern – also Böhmen, Mähren und Schlesien – von der Geschichte zusammengewürfelt worden waren. Zum Schluss fielen die Stärksten unter ihnen, Deutsche, Tschechen und Slowaken, übereinander her. Die Juden wurden dabei fast völlig ausgelöscht. Ein befremdlicher, melancholisch stimmender, auch zornig machender Prozess der Selbstverkleinerung: Von den lose verkoppelten Herrschaften des mittelalterlichen Europa über das riesige, vielsprachige, übernationale Reich der Habsburger zum kleinen Nationalstaat des »Tschechoslowakismus« mit seiner großen deutschen Minderheit und seinen vielen kleinen Minderheiten, dann die Raserei der Nazis, die Vertreibung von drei Millionen Deutschen und schließlich die Trennung zwischen Tschechen und Slowaken. Wohin führt die Zukunft? Dieser Bericht beschreibt den Weg von 1848 bis 1946, einen Weg – wie Franz Grillparzer gesagt hat – von der Humanität durch die Nationalität zur Bestialität.

Aber was heißt: von der Geschichte zusammengewürfelt? Die Geschichte ist kein Gott, der würfelt. Die berühmte Denkfigur – Wir waren die Ersten hier, uns gehört dieses Land, die anderen sind Eindringlinge – spielte und spielt überall auf der Welt eine verhängnisvolle Rolle. Auch in Böhmen. Tomáš Garrigue Masaryk zum Beispiel, der bedeutendste Politiker der tschechischen Geschichte und Gründer der ersten Tschechoslowakischen Republik, war kein patriotischer Dummkopf, kein Hornvieh-Nationalist, kein Deutschenhasser, sondern ein selbstkritischer Legendenzerstörer, der immer wieder den Menschen suchte, wo andere nur den Tschechen sahen. Aber in seiner ersten Botschaft »An die tschechoslowakische Nation« vom 22. Dezember 1918 sagte er über die Deutschen: »Was die Deutschen in unseren Ländern betrifft, ist unser Programm längst bekannt; das von den Deutschen bewohnte Gebiet ist unser Gebiet und wird unser bleiben ... Ich wiederhole: Wir haben unseren Staat geschaffen; dadurch ist die staatsrechtliche Stellung unserer Deutschen bestimmt, die ursprünglich als Immigranten und Kolonisten in das Land kamen.« Immigranten und Kolonisten! In dem harmlosen Wort »ursprünglich« steckt der Hinweis auf 800 Jahre. Damals siedelten sich Süddeutsche in Mähren (Brünn/Brno und Olmütz/Olomouc), in den Waldgebieten der böhmisch-mährischen Höhe (Iglau/Jihlava) und an hervorstechenden Punkten Böhmens, (in Prag, Pilsen/Plzeň, Leitmeritz/Litoměřice, Königgrätz/Hradec Králové) an.

Masaryk mag diesen Zungenschlag bald bedauert haben. Kurz danach sprach er über »unsere Deutschen« mit so herzlichem Wohlwollen wie kein anderer tschechischer Politiker. Aber er formulierte in seinem Hieb auf die Immigranten und Kolonisten nur ein altes tschechisches Stereotyp. Schon im 14. Jahrhun-

Der tschechische Erwecker František Palacký
(1798–1876). Aufnahme um 1870.

dert hieß es in einem deutschfeindlichen Pamphlet *(De teutonicis bonum dictamen)*, diese Deutschen seien als unfreie Eindringlinge in das Königreich Böhmen gekommen, zunächst dienend, später dann sich als Herren aufspielend. Die berühmte Reimchronik des so genannten Dalimil verurteilte die Kolonisierungspolitik der böhmischen Könige, die die Fremden nur hereingeholt habe, um Erträge aus dem Land zu pressen.

František Palacký, der erste große moderne Historiker der Tschechen und »Vater der Nation« im 19. Jahrhundert, verfestigte diese Auffassungen, obwohl er natürlich mit seinem klaren, gerechten Kopf auch den Aufschwung von Gewerbe und Handel sah, den die Kolonisierung gebracht hatte. Aber die tschechische Version war völlig eindeutig. Die eigentlichen Erben des Landes waren die Tschechen, die deutschen »Kolonisten« waren Gäste, die von den böhmischen Königen eingeladen worden waren und die sich auch als Gäste aufzuführen hatten. Die Deutschen in den Sechzigerjahren des 20. Jahrhunderts hätten sie als Gastarbeiter bezeichnet.

Selbstverständlich gab es die deutsche Gegenlegende. In der waren die Bauern, die den Wald rodeten, Kulturheroen, die Kolonisierung war eine kulturelle Großtat und die Tschechen ein rückständiges Volk, dem erst die deutschen Bauern das richtige Ackern beigebracht hatten. Natürlich waren Bauernfamilien, die bereit waren, ihre Heimat zu verlassen und in einem fremden Urwald neu anzufangen, eine Auslese der Tüchtigen und Unternehmungslustigen. Sie spielten auch bei der Gründung von Städten eine große Rolle. »Kulturheroen« waren sie nicht.

Vergessen wir die asiatischen Reitervölker, von denen wir nicht sehr viel wissen. Vergessen wir die historischen Schulen, die behaupteten, die böhmischen Slawen würden von je her auf ihrem Grund und Boden leben. »Diese Theorie«, sagt der tschechische Historiker Rudolf Turek, »kann uns die komplizierten sozialhistorischen Prozesse nicht erklären, die sich in diesem Territorium abgespielt haben. Daher muss man sich die Anschauung zu eigen machen, dass die Slawen ihre Wohnsitze in Böhmen erst um das 5. bis 6. Jahrhundert nach Christus einnahmen.« Die erste große Welle der deutschen Ostsiedlung kam im 12. Jahrhundert. Die Anfänge des slawischen Böhmens liegen also deutlich vor den Anfängen des deutschen Böhmens. Aber was besagt das? Ein »Deutschtum« gab es damals nicht. Und Gemischtsprachigkeit war selbstverständlich. Die Bevölkerungen des heutigen Frankreichs oder des heutigen Englands waren über Jahrhunderte in zahlreiche Sprachgruppen zerfallen, nicht anders als in Böhmen, Mähren und Schlesien.

Die deutsche Einwanderung war ein langer Prozess, ein langes Hin und Her, und sie hatte ökonomische Gründe. Die Grundherren wollten zinstragende Dörfer. Also bestellten sie so genannte Lokatoren, erfahrene und bemittelte Siedlungsunternehmer, die den Auftrag zur Dorf- und Stadtgründung bekamen. Die Lokatoren warben die Siedler, brachten sie an Ort und Stelle, teilten ihnen ihre »Hufen« zu, unterstützten sie während der schweren Anfangsjahre und erhielten dafür große Privilegien: abgabefreies Eigengut, Zinsen von einem Teil der Hufen, den Vorsitz im niederen Gericht und so fort. Diese Lokatoren waren sowohl Tschechen als auch Deutsche, allerdings häufiger Deutsche. Warum es mehr Deutsche als Tschechen waren, weiß niemand genau. Vermutlich wählte man die zähesten Waldroder und die treuesten Zinszahler im Westen. Die »Kolonisierung« war also im Prinzip gemischtsprachig, und es gab im Verlauf der Jahrhunderte auch immer wieder Assimilationsprozesse, sprachlichen Ausgleich. Der Melniker Stadtrat zum Beispiel hatte im Jahr 1357 sechs Deutsche und vier Tschechen, schon 1377 aber nur noch zwei Deutsche und zehn Tschechen. So ging es hin und her. Aber da die großen weltlichen und geistlichen Grundherren das brauchten, was man heute Fachkräfte nennen würde, Bauern mit bestimmten Ackermethoden, Waldarbeiter mit bestimmten neuen Künsten des Holztransports, später Bergleute, Glashüttenleute oder Leineweber, lag es nahe, sich aus dem Reservoir zu bedienen, das später, vor allem ab dem 19. Jahrhundert, »Deutschland« hieß.

Zuerst – im 12. und 13. Jahrhundert – kamen Bauern, die zu Hause viele Tage im Jahr für die Grundherren fronen mussten, denen harte Vögte oder Meier weit mehr als den »Zehnten«, manchmal auch ein Drittel oder die Hälfte der Ernte abnahmen und deren Höfe oft genug durch Fehden, Raub und Brand gelitten hatten. Es gibt keinen Grund, diese bäuerliche Abwanderung zu romantisieren. Wer den langen, beschwerlichen Weg in eine ungewisse Zukunft auf sich nahm, floh vor Verhältnissen, die er nicht mehr ertrug. Säumigkeit bei Entrichtung des Zinses konnte mit Exkommunikation bestraft werden – im Mittelalter eine fürchterliche Drohung. Die Städte verschlossen den geflohenen Unfreien ihre Türen, weil die Grundherren dies vielfach durch Verträge erzwungen hatten. Es gab ein *Jus revocandi:* Wessen man habhaft werden konnte, den holte man zurück. Da zog keine Schicksalsgemeinschaft von Kolonisten mit kultureller Mission gen Osten. Da suchten sich Flüchtlinge eine neue Heimat, gelegentlich mussten sie »Antrittsgeld« zahlen.

Was da ablief, war keineswegs ein böhmischer, sondern ein europäischer Vorgang. Es gab einen binnendeutschen Landesausbau, eine flämische »Kolonisierung« im späteren Deutschland, die deutsche »Kolonisierung« in Böhmen, Mähren, Schlesien, Ungarn, die tschechische »Kolonisierung« im Königreich Ungarn, die polnische in Russland und so weiter. Es war ein dramatisches Auf und Ab. Das 15. Jahrhundert zum Beispiel ist von einem starken Siedlungsrückgang bestimmt. Man redet von einem Wüstungsprozess. Der Wald kam zurück. Es gab Flurwüstungen und Siedlungswüstungen, gegen Ende des Mittelalters zum Beispiel war ein Großteil der östlichen Sudeten vollständig entsiedelt. Die Wahrheit ist: Bevor irgendjemand das Land zu seinem Eigentum erklären konnte, musste es in bewohnbares Land verwandelt werden. Die Menschen, die das taten, ob Deutsche oder Tschechen, waren zuerst einmal arme Hunde, Untertanen. Nach dem Dreißigjährigen Krieg erfanden die Herrschaften sogar die Leibeigenschaft. Wir haben keinen ewigen ethnischen Kampf zwischen »Deutschtum und Tschechentum« vor uns, wie Palacký meinte, sondern einen wirtschaftlichen Vorgang. Im Jahre 1091 sagte die Fürstin Hildburg zu König Wratislaw II.: »Nirgends wirst du dich eher bereichern und zu Macht und Ansehen kommen, als in dem Burgflecken zu Prag und in dem Dorfe am Wyschehrad, denn da gibt es Juden, alle Taschen voller Silber und Gold, dahin kommen aus allen Ländern die reichsten Händler, da findest du die vermögendsten Wechsler, da Kaufstätten, in denen Beute in Überfülle deiner Krieger wartet.«

Kein Ostlandritt; weder ein böser Drang nach Osten noch eine Großtat des »deutschen Volkes«. Niemand hatte wirkliche Gewalt über die großen Herren, die taten, was ihnen nützte. Und nirgends im Reich hätte man eine Stelle finden können,

Johann Gottfried Herder (1744–1803). Lithographie nach einem Gemälde von Gerhard von Kügelgen, 1799.

die eine organisierte und große Aktion hätte planen können. Das Problem ist die Rückprojizierung von Begriffen wie »Staat«, »Volk« oder gar »Rasse« auf Jahrhunderte, auf die diese Begriffe überhaupt nicht passen.

Das Gift kam in die Debatte um die Kolonisierung durch die Romantik. Die Deutschen sollten nie vergessen, dass es ein Deutscher war, der die erste nationalistische Theorie erfand, die sich dann in den böhmischen Ländern und in weiten Teilen Mittel- und Osteuropas festfraß. Der Weimarer Generalsuperintendent Johann Gottfried Herder (1744–1803) behauptete, der Staat sei nur die Krönung der Familie. Ergo waren Staaten wie die Habsburgermonarchie nichts anderes als Gewaltstaaten, auf Eroberung aufgebaut. Herder idealisierte, wie manche andere Theoretiker seiner Zeit, die guten »Wilden«.

Erst wenn man die drei oder vier Seiten seines Kapitelchens »Slawische Völker« in den *Ideen zur Philosophie der Geschichte der Menschheit* gelesen hat, wird einem klar, was ein Intellektueller ganz ohne bösen Willen mit einer Schreibübung an irgendeinem Nachmittag anrichten kann. Die Slawen, schrieb Herder, der seit 1764 einige Zeit im Baltikum verbracht hatte, »liebten die Landwirtschaft, einen Vorrath von Heerden und Getraide, auch mancherlei häusliche Künste und eröffneten allenthalben mit Erzeugnissen ihres Landes und Fleißes einen nützlichen Handel. Sie waren mildthätig, bis zur Verschwendung gastfrei, Liebhaber der ländlichen Freiheit, aber unterwürfig und gehorsam, des Raubens und Plünderns Feinde. Alles das half ihnen nicht gegen die Unterdrückung; es trug zu derselben bei. Denn da sie sich nie um die Oberherrschaft der Welt bewarben, keine kriegstüchtige erbliche Fürsten unter sich hatten und lieber steuerpflichtig wurden, wenn sie ihr Land nur mit Ruhe bewohnen konnten: So haben sich mehrere Nationen, am meisten aber die vom deutschen Stamme, an ihnen hart versündigt.« Das ist die Geschichte von den kriegerischen Herrenmenschen aus Deutschland und den friedlichen Slawen. Wer kann es Palacký verübeln, dass er sie aufnahm?

Herder, keineswegs ein aggressiver Nationalist wie der Philosoph Fichte, prägte mit seiner Idee, dass Sprachen, Sitten, Gebräuche, Lieder »Gedanken Gottes« seien, zwei Jahrhunderte – zwei ziemlich schreckliche Jahrhunderte, aber das konnte er nicht wissen.

Dieses Buch beginnt 1848. Da hatten sich die nationalistischen Theorien schon ziemlich festgefressen. Trotzdem ist es falsch, so zu tun, als ob alles Unglück erst im 19. Jahrhundert begonnen hätte. So sah es ein bedeutender tschechischer Autor, der Prager Philosophie-Professor Emanuel Rádl. Er formulierte dies folgendermaßen: »Vor dem 19. Jahrhundert gab es bei uns keine nationalen Kämpfe. Seit den Zeiten der Přemysliden lebten hier zwei Volksstämme, der tschechische und der deutsche, mit verschiedener Sprache und verschiedenen Bräuchen. Sie lebten manchmal in Freundschaft, manchmal in Feindschaft miteinander, dann wieder fast ohne Kenntnis voneinander zu nehmen. Aber noch war die Überzeugung nicht vorhanden, dass die Nationalität das Organisationsprinzip des Staats sein solle.« Das stammt aus dem Jahr 1928.

Daran ist richtig, dass es viele Jahrhunderte keine nationalistische Theorie gab. Man kann sich aber auch ohne Theorie totschlagen, wenn man sich nicht versteht. 1502 rief bei einer harten Auseinandersetzung ein tschechischer Bürger dem deutschen Abt und Stadtherrn in Tepl zu: »Herr Abt, ihr nehmt jeden Deutschen, Bayern und Sachsen [man muss diese Reihe – Deutsche, Bayern und Sachsen – sehr bewusst aufnehmen] auf, und wisst nicht einmal, woher sie stammen und was für Leute das sind, und diese wollen dann über uns herrschen und unsere Herren sein.« In Krumau forderten 1649 die deutschen Bürger, dass der deutsche Gottesdienst aus der viel zu kleinen Jakobuskirche in die Veitskirche verlegt würde, die den Tschechen vorbehalten war, obwohl diese kaum zehn Familien in der ganzen Bürgerschaft ausmachten. 1526 schrieb das Erzbistum Prag an den Pilsner Stadtrat, »es solle in den Kirchen und Klöstern der Stadt das Wort Gottes nur auf Tschechisch gepredigt werden, die Deutschen mögen lieber Tschechisch lernen, als dass eine so ausgezeichnete tschechische Stadt deutsch werden sollte«, und 1615 wurde ein böhmisches Sprachengesetz erlassen, das uns ungeheuer modern vorkommen muss: Kein des Tschechischen unkundiger Ausländer sollte als Bewohner des Landes oder Bürger einer Stadt aufgenommen werden. »Des Tschechischen kundige Standespersonen, die nicht tschechisch, sondern eine fremde Sprache sprechen, was eine Verachtung ihrer eigenen Muttersprache darstellt und der ganzen Nation zur Schande gereicht, sollten binnen einem halben Jahr das Land verlassen.« Man könnte Hunderte solcher Beispiele zusammentragen.

Es sind vor allem zwei große geschichtliche Verknotungen, die Tschechen und Deutsche – von den Slowaken war bis ins

20. Jahrhundert hinein keine Rede, und was man später die Slowakei nannte, hieß bis 1918 Oberungarn – gegeneinander hetzten. Das waren die Hussitenstürme im frühen 15. Jahrhundert und der Kampf zwischen den böhmischen Ständen und dem Haus Habsburg, der 1620 mit der Schlacht am Weißen Berg und der Massenhinrichtung auf dem Altstädter Ring in Prag endete.

Beide historischen Konflikte waren eigentlich keine Kämpfe zwischen Tschechen und Deutschen. Es gab deutsche Hussiten; und unter den hingerichteten »Rädelsführern« des böhmischen Aufstands waren Deutsche und Tschechen. So wie die Ereignisse abliefen, trieben sie aber die beiden Nationen gegeneinander. Jan Hus wurde zum tschechischen Nationalhelden, und die Schlacht am Weißen Berg, in dem die böhmischen Stände besiegt wurden und die zu jener blutigen Inszenierung am Altstädter Ring führte, wurde für die Tschechen zum Beginn des Zeitalters der Dunkelheit – des *temno*.

Zu Anfang des Jahres 1419 waren fast alle Prager Kirchen zum Gottesdienst in der tschechischen Sprache und zur Kelchkommunion übergegangen. Die katholische Geistlichkeit und viele Besitzende, fast immer deutsche Familien, wurden aus Prag vertrieben. Wie es immer so ist: Haus und Grundvermögen wurden umverteilt, es entstanden neue Besitzer, die etwas zu verteidigen hatten. Das deutschsprachige Prager Patriziat sollte verschwinden. Die Überschriften hätten schon damals Flucht und Vertreibung sein können; 160 Landgüter und 300 Anwesen in der Stadt von überdurchschnittlichem Wert waren betroffen. Und die Hussiten zogen durchs Land. Die Chorherren von Jaromersch mit dem Probst an der Spitze wurden verbrannt, weil sie nicht Hussiten werden wollten. In Komotau (Chomutov) wurden alle Männer erschlagen, bis auf dreißig, die man übrig ließ, um die Toten zu begraben; die Frauen und Töchter wurden ebenfalls verbrannt. Natürlich haben die kaiserlichen Kreuzzugsheere, die man später gegen die Hussiten aufbot, nicht weniger gewütet. Die schlugen dann diejenigen tot, die nicht deutsch sprachen. Obwohl dem Magister Hus selbst, den man

Jan Hus (um 1370–1415). Stahlstich um 1850
nach Holbein d.Ä.

beim Konzil von Konstanz verbrannte, neugläubige Deutsche lieber waren als katholisch gebliebene Tschechen, stellte die Hussitenzeit eine erste Aufwallung des tschechischen Nationalbewusstseins dar, das allerdings bald wieder zusammenbrach.

Bei den Konflikten zwischen dem böhmischen Adel und dem Haus Habsburg 1618–1620 vermischte sich der Konfessionskrieg mit dem Konflikt zwischen Ständen und Frühabsolutismus. Wütend vor Zorn über ein Verbot aller Adelsversammlungen durch Kaiser Matthias stürzten ein paar Herren und Ritter zwei Statthalter des Kaisers aus einem Fenster des Hradschin hinunter. Das war der berühmte Fenstersturz, aus dem sich schließlich jener militärische Konflikt entwickelte, den Tilly in der Schlacht am Weißen Berg für die kaiserlich-katholische Seite und gegen die ständisch-konfessionelle Erhebung entschied. Schon wieder das Motiv der Vertreibung: Ferdinand II. stellte seine Bürger vor die Wahl, entweder katholisch zu werden bzw. zu bleiben oder auszuwandern. Die Güter der Aufständischen wurden konfisziert. Landfremder Adel zog ein, unter anderem wurden die Feldherren, die gegen die Aufständischen gekämpft hatten, belohnt. Für ein paar Jahrzehnte wurde die Ausbeutung der Landbevölkerung noch schlimmer, als sie in nachhussitischer Zeit schon gewesen war. Von einem Schlosshauptmann ist der Satz überliefert: »Wenn ein böhmischer Bauer alle Arbeit, so ihm von seiner Obrigkeit auferleget wird, alle Kontributionen und schwere Pressuren, die er ausstehen muss, item alle Unbilde, welche ihm von denen Soldaten zugefügt wird, mit Geduld erträgt, gewiss wohl kann er unter die heiligen Märtyrer gerechnet werden.«

Ferdinand II. ließ die Köpfe der am Altstädter Ring Hingerichteten auf den Turm der Karlsbrücke aufstecken. Das wurde in der damaligen Welt überall wahrgenommen. Der österreichische Sieg führte zu jenem berühmten Artikel der »verneuerten Landesordnung«, der die Gleichberechtigung beider Landessprachen festlegte. Das war zwar eher Aufklärung als Nationalismus (Habsburg wollte eine allgemeine Verwaltungssprache durchsetzen). Aber auf die Dauer gewann das Deutsche die Oberhand. Die Tschechen, die aufsteigen wollten, mussten Deutsch lernen. Die Deutschen hingegen weigerten sich oft genug, Tschechisch zu lernen. So wurde die Schlacht am Weißen Berg zu einem Trauma für die Tschechen.

Nehmen wir ein Beispiel: Aussig (Ústí nad Labem). Es wurde von den Hussiten 1426 zerstört. Dann kam es unter den Pfandbesitz der Markgrafen von Mähren. Die besiedelten es wieder vorwiegend deutsch. 1459 wurde diese Pfandschaft ausgelöst. Die Tschechen gewannen wieder die Mehrheit. 1471 gab es 84 tschechische und 73 deutsche Hausbesitzer, 1488 besaßen die Tschechen eine klare Mehrheit im Rat. In der zweiten Hälfte des 16. Jahrhunderts kam dann das, was die deutschen Volkstumsforscher eine »Rückverdeutschung« nannten. Sie wurde 1945 dann mit den Morden an der Elbbrücke und in anderen

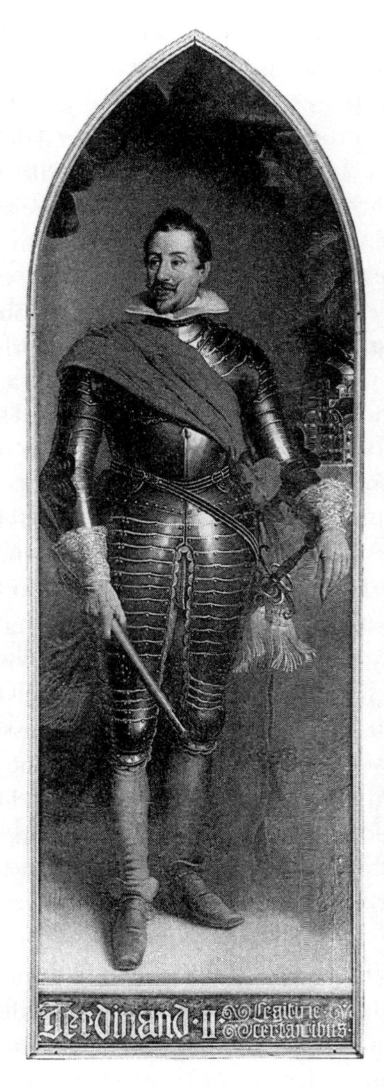

Kaiser Ferdinand II., König von
Böhmen und Ungarn (1578–1637).
Gemälde von Johann Peter Krafft,
um 1840.

Stadtteilen endgültig beendet. Aussig wurde, so würden nationalistische Deutsche sagen, »vertschecht«.

Nationale Kämpfe gab es also schon lange vor dem 19. Jahrhundert. Der moderne Nationalismus aber, zu dem der friedfertige Herder die ersten Ideen beisteuerte, wurde erst um die Mitte des 19. Jahrhunderts wirksam. Deshalb beginnt unsere Geschichte 1848.

Die Methoden, Kunstgriffe, Konfliktmechanismen allerdings, die zwischen 1848 und 1945 immer häufiger und immer radikaler angewandt wurden und schließlich im Terror der Nazis im »Protektorat« und in der Vertreibung der Deutschen in den böhmischen Ländern ihren Höhepunkt fanden, sind früher erfunden worden. So heißt es immer, die ersten Vertreibungen hätten am Anfang des 20. Jahrhunderts stattgefunden, die Vertreibung und massenhafte Tötung von Armeniern zum Beispiel oder der Bevölkerungsaustausch zwischen Griechenland und der Türkei – letzterer war 1923. In Wirklichkeit gab es sie schon früher. Und immer gab es neutrale Begriffe für die Brutalitäten. Seit 1945 sprach man von Bevölkerungstransfer, Abschub. Im 18. Jahrhundert redete man von »Fernwanderungen«. Österreich hatte zum Beispiel 1734 das System der »Transmigration« entwickelt. Man reinigte die alten habsburgischen Länder von Ketzern, indem man sie zwangsweise nach Ungarn oder in das ohnehin evangelische Siebenbürgen verpflanzte. Eine raffinierte Verbindung von Vertreibung und staatlicher Kolonisierung: Man war die Protestanten los und erhielt dennoch ihre Wirtschafts- und Siedlungskraft dem Staat. Die Fantasie guter Bürokraten ist unerschöpflich.

Ist Versöhnung möglich? Immer wieder einmal. Aber für wie lange? Irgendwie finden die Menschen die Kraft, neu anzufangen. Das mag daran liegen, dass ihnen nichts anderes übrig bleibt. Die folgende Chronik schildert einen Modellfall, der immer wieder nach ganz ähnlichen Mustern abläuft. Und ablaufen wird.

Kapitel 2
Die Herstellung des Nationalismus in Böhmen

Nicht die Bestrebungen von Nationen schaffen den Nationalismus, vielmehr schafft sich der Nationalismus seine Nationen.

Ernest Gellner

Am 29. April 1848 veranstaltete der *Constitutionelle Verein* der Deutschen im Konviktssaal in Prag eine Versammlung. Man wollte bekannt geben, dass es einer Delegation der Deutschböhmen gelungen war, den österreichischen Minister des Inneren, Pillersdorf, dazu zu bewegen, den deutschen Landesbewohnern in Böhmen die Teilnahme an den Wahlen zur Frankfurter Nationalversammlung zu erlauben. Die Versammlung wurde von Tschechen gesprengt. »Es seien Tschechen von der mehrere Tausend zählenden Vereinigung *Swornost* gewesen«, notierte einer der Führer der Deutschen, Hans Kudlich, in seinem Tagebuch: »Stocktschechen, auf jeden Wink des Nationalausschusses bereit loszuschlagen.« Man zerschlug Tische und Bänke und sprengte die ganze deutsche Gesellschaft. Die Erregung setzte sich auf den Straßen fort. »Als ich um Mitternacht nach Hause ging«, schrieb der Berichterstatter der *Grenzboten,* »zogen Scharen von Arbeitern an mir vorbei, die das Lied ›Wipal Němce – Cezo semce‹ [Vertilgt den Deutschen, den Fremdländer] sangen.«

Wie war es zu solch brutalen Auseinandersetzungen gekommen? Wir reden doch von dem Land, in dem der Prager Priester und große Volkserzieher Bernhard Bolzano einen beide Völker, Tschechen und Deutsche, umspannenden »Bohemismus« entwickelt hatte, einen »böhmischen Landespatriotismus«, der davon ausging, dass es Böhmen tschechischer und Böhmen deutscher Zunge gab. Die Bauern, die damals noch 17 7/9 Prozent ihres Bruttoertrags an die Grundherren abgeben mussten, hatten noch kein Volkstumsbewusstsein entwickelt wie es einige Lehrer, Professoren, Kaplane und Journalisten zu wecken suchten. Das Gleiche galt für das entstehende Proletariat, das unter der großen Krise des böhmischen Textilgewerbes in den späten Vierzigerjahren litt. Die ausgebeuteten Hausweber in Gebirgsdörfern oder die Arbeiter in Franz Liebigs Maschinenweberei in Reichenberg (Liberec) hatten etwas anderes im Kopf als die Freiheitskämpfe der Griechen oder Polen, von denen ein paar Intellektuelle aus dem Kleinbürgertum schwärmten. Wieso also spielten sich ausgerechnet in Prag solche Szenen ab, einer Stadt, in der in diesem Jahr 1848 zwei Drittel der Bürger Deutsche waren? Die Antwort lautet wohl: Das Prager Deutschtum war Bourgeoisie, Militär und Beamtenschaft, deutschjüdischer Mittelstand. Das tschechische Element dagegen war aufstrebendes Kleinbürgertum. Das war die Schicht, die die tschechische Wiedererweckungsbewegung trug.

Wiedererweckung? Die Erwecker führten Klage darüber, dass nach dem Dreißigjährigen Krieg das Tschechische, als die Sprache von Rebellen und Ketzern verpönt, aus dem öffentlichen Leben verdrängt worden sei. Das war freilich nicht das Ergebnis einer sprachnationalistischen Germanisierungspolitik, wie sie Preußen im späten 19. Jahrhundert in Polen betrieb. Der österreichische Josephinismus war aufklärerisch, er versuchte, seine unterschiedlichen Völker durch eine Verwaltungssprache zusammenzuhalten, und das war das Deutsche. Die Wiener Zentralbehörden berücksichtigten das Tschechische durchaus, indem sie Verordnungen und Erlässe in beiden Landessprachen veröffentlichten und die Gesetze ins Tschechische übersetzen ließen. Und sie ließen die tschechische Sprache in zentralen Einrichtungen auch außerhalb Böhmens und Mährens lehren: an der Militärakademie in Wiener Neustadt, an der Militäringenieurschule in Wien, an der Universität Wien, an der Theresianischen Ritterakademie und so fort. Noch 1848 mühte sich eine Kommission der Wiener Bürokratie um eine tschechische »behördliche Terminologie«. Man musste sie erst mühsam schaffen. Wer aufsteigen wollte, musste darum Deutsch lernen. Das tat die tschechische Oberschicht auch. Selbst die Deutschen räumten (im April 1848 in der *Allgemeinen Österreichischen Zeitung*) ein, dass »nach dem jetzigen Sachbestande wohl jeder Czeche des Deutschen, die wenigsten Deutschen aber des Czechischen mächtig sind und das Erlernen derselben abgesehen von den großen Schwierigkeiten mit einem enormen Zeitopfer verbunden ist«. Dieses Zeitopfer wollten die Deutschen in aller Regel nicht bringen. Sie hatten es in Altösterreich ja gar nicht nötig. So sprach um 1800 nur noch die Landbevölkerung und die Unterschicht der Städte im Innern Böhmens und Mährens tschechisch. Der 24-jährige Palacký sprach von »Bauernsprache«, die »den höheren Classen der Nation immer fremder« geworden sei. Als alter Mann hat der wirkungsvollste Tscheche dieser Zeit die Deutschen dann damit gereizt, dass er vorschlug, man könne in der österreichisch-ungarischen Monarchie als Gemeinsprache ja auch Französisch benutzen; das sprächen doch alle Gebildeten. Das wollte die deutsche Oberschicht nicht. Deswegen bekam sie die »Wiedererweckung«.

Wer übrigens »Schuld« verteilen will, landet immer wieder bei den Deutschen. Die slawische Legende von den bukolisch lebenden, friedliebenden slawischen Hirten und Ackerbauern und den knechtenden Germanen stammt, wie gesagt, von Herder, die Forderung nach großen Nationalerinnerungen hatte Friedrich Schlegel aufgestellt, und die Entzündung junger slawischer Intellektueller (wie Pavel Jozef Šafařík) besorgte der Jenaer Geschichtsprofessor Heinrich Luden, für den selbst der größte Hörsaal – wir reden über das Jahr 1817 – zu klein geworden war. Die jungen evangelischen Studenten aus Ungarn hingen an seinen Lippen, wenn er die Geschichte als große Triebkraft pries. In Pressburg (Bratislava) trafen sie später auf Franz Palacký. Unter dessen Händen wurde aus dem gesamtböhmischen historischen Bewusstsein eine nationaltschechische Geschichtsdeutung, die dem aufstrebenden Bürgertum Selbstgefühl und Helden gab: Jan Hus und Jan Žižka.

Karl Marx hat über Franz Palacký in seinen Bemerkungen über Polen, Tschechen und Deutsche die üble Bemerkung gemacht: »Der Hauptkämpe der tschechischen Nationalität, Pro-

Hussitenführer Jan Žižka (um 1370–1424).
Kupferstich um 1600.

fessor Palacký, ist selbst nur ein übergeschnappter deutscher Gelehrter, der bis auf den heutigen Tag die tschechische Sprache nicht korrekt und ohne fremden Akzent sprechen kann.« Da irrte er. Zwar gab es insbesondere beim eingedeutschten tschechischen Adel romantische Anwandlungen; so nahmen der Prager Oberstburggraf Chotek, Fürst Schwarzenberg und die Fürstin Auersperg, eine geborene Lobkowicz, bei Palacký Tschechischunterricht. Ein Teil der österreichischen Reichsaristokratie hatte Lust, sich mit Tschechisch gegen den supranationalen (und vielfach antifeudalen) josephinischen Staatszentralismus zu wehren. Aber Palacký selbst sprach perfekt Tschechisch, obwohl in seiner Familie bis zur Mitte des 19. Jahrhunderts Deutsch gesprochen wurde. Er hat dann, wie jeder Intellektuelle, der sich durchsetzen wollte, die meisten seiner Werke zuerst auf Deutsch publiziert. Aber das kann man ihm nicht vorwerfen. Wer nicht auch noch die Mährer als eigenes Volk »erfinden« und demgemäß Palacký zu einem »mährischen Renegaten« stempeln will, muss ihm Recht geben, wenn er sich selbst mit dem Satz charakterisierte: »Jsa rodem Moravan, jsem národem Čech« – dem Stamm nach ein Mährer, bin ich dem Volk nach ein Tscheche. Palacký wurde 1798 in Hodslavice geboren und erhielt den Kern seiner Bildung auf dem Pressburger Lyzeum. Man kann viel gegen ihn einwenden, aber ein übergeschnappter Deutscher war er nicht. Vielmehr hängt das Schicksal der Deutschböhmen unter anderem damit zusammen, dass sie vom großen Strom der intellektuellen Entwicklung so abgeschnitten waren, dass sie einen vergleichbar starken Protagonisten wie Palacký nicht hervorgebracht haben. Man kann es auch anders sagen: Viele begabte Deutschböhmen machten sich so nach Wien auf wie junge Deutsche von heute nach Harvard.

Denn dieser Palacký, Sohn eines mährischen, evangelischen, sittenstrengen Schullehrers, Gemeindeschreibers, Häuslers und Schneiders (man brauchte in dieser Schicht oft genug verschiedene Berufe, um eine Familie zu ernähren), war kein territorialer Großtuer wie der fast gleichaltrige mährische Landsmann Antonin Boček, der als Historiograph der mährischen Stände in Brünn eine kleine Fälscherwerkstatt zum höheren Ruhm Mährens aufgebaut hatte. Palacký, seit seinem 31. Lebensjahr zum böhmisch-ständischen Historiographen bestellt und mit einer Geschichte Böhmens beauftragt, die dann – in der tschechischen Version – eine Geschichte des tschechischen Volkes *(Dějiny národu českého)* wurde, reiste von Archiv zu Archiv, sichtete Tausende Dokumente nach bestem Wissen und Gewissen, gab ein großes Diplomatar heraus und baute auf dieser Grundlage den kunstvollen Dom seiner tschechischen Nationalgeschichte, an dem viele Tschechen noch heute bewundernd emporblicken. Er war ein zukunftsfähiger Kopf, ein großer Stilist, ein realistischer, eher konservativer Politiker und alles in allem das, was man einen anständigen, ethisch verantwortungsbewussten Mann nennen könnte. Unsere Darstellung wird unter anderem offenbaren, dass in der Geschichte des Nationalismus, die eine Geschichte von Mord und Totschlag ist, nicht nur Hetzer und Halunken, sondern eine ganze Reihe von verantwortungsbewussten Männern eine große Rolle spielen.

An dieser Stelle erlauben wir uns eine linguistische Nebenbemerkung. Palacký war der Auffassung, dass das »gesammte Slawentum nur EIN Völkerstamm, seine gesamten Mundarten nur EIN Sprachstamm seien«. Ein »gemeiner Russe« verständige sich »mit den Polen, den Böhmen, den Serben leicht und ohne Dollmetscher«. Das sagte er 1822. Inzwischen ist der Abstand zwischen Russen, Polen, Tschechen und Serben zweifellos so groß, dass kaum jemand ohne »Dollmetscher« zurechtkommt. Die Völker haben sich – sehr bewusst – auseinander entwickelt. Bis zum Anfang der Neunzigerjahre des 20. Jahrhunderts sprach man ganz selbstverständlich von der Sprache »Serbokroatisch«. Wie gut werden sich Serben und Kroaten im Jahr 2100 sprachlich verstehen, wenn sich die neuen Nationalstaaten Serbien und Kroatien weiterhin scharf voneinander abgrenzen? Den »Tschechoslowakismus«, der 1992 durch die Trennung von Tschechien und der Slowakei beendet wurde, haben nicht Masaryk und Beneš erfunden, sondern Palacký. Schon am 11. Juli 1865 unterschrieb er eine Denkschrift im Namen des »tschechoslowakischen Volkes«, obwohl doch die Slowaken damals, wie er selbst gesagt hatte, »slawische Ungrer« waren. Was also trägt die Linguistik zu der Frage bei, wie Nationen abgegrenzt werden müssen?

Wenig. Die Abgrenzung von Nationen ist ein Problem des Willens und ein Problem der Macht. Am Ende des 18. Jahrhunderts wurde in vielen Teilen Frankreichs Baskisch, Spanisch, Italienisch, Flämisch, Bretonisch, Okzitan gesprochen. Nur in fünfzehn Departements im Inneren des Landes wurde ausschließlich die französische Sprache benutzt. Es gab dreißig »Patois«, also Mundarten, die dem Französisch Sprechenden so fremd blieben wie das Platt dem Hochdeutsch Sprechenden. Der Machtwille der Pariser Zentralisten hat in Frankreich dafür gesorgt, dass heute fast alle Franzosen Französisch sprechen. Im Vielvölkerstaat Österreich war die Durchsetzung einer Staatssprache natürlich sehr viel schwieriger, jedenfalls ab 1848.

Wahrscheinlich hat der junge Palacký 1822 linguistisch Recht gehabt. Aber es hat ihm nichts geholfen. Die Polen und die Serben wollten ihren eigenen Staat und haben ihn bekommen. Die Mährer gingen leer aus; die Außenwelt sagt heute kühl: Sie sind Tschechen. Die Mährer selbst beklagen sich, dass sie auch heute noch, in der Tschechischen Republik, bloß im Wetterbericht vorkommen. Die Slowaken bekamen zuerst unter Hitler ein kurzlebiges Staatsgebilde unter einem katholischen Nationalisten namens Jozef Tiso. Heute sind sie ein eigener Staat wie Deutschland, Belgien oder Tschechien. Das ist nicht Linguistik, sondern Geschichte.

Palackýs böhmische bzw. tschechische Geschichte liest sich noch heute spannend, weil sie einem roten Faden folgt. Der wird gleich am Anfang entrollt: »Jede historische Tat beruht auf Kampf, daher auf dem Gegensatz zweier Parteien.« Palacký schildert eine Verfeindungsgeschichte. Die eine Partei sind die friedfertigen, fleißigen, gutmütigen und arglosen Slawen, die anderen das deutsche »Raubvolk« – mit Römern, Magyaren oder Hunnen auf eine Stufe gestellt. Die Hussitenperiode (1403–1439) wird zum »Gipfelpunct der böhmischen Geschichte«; Jan Hus und der hussitische Heerführer Jan Žižka, der »aufrichtige Fanatiker«, werden zu den großen Helden der tschechischen Geschichte erhoben. Der Tiefpunkt ist die Niederlage der böhmischen Stände in der Schlacht am Weißen Berg, dargestellt nicht als Machtkampf zwischen böhmischem Adel, habsburgischem Zentralismus und Frühabsolutismus (der große tschechische Historiker Josef Pekař sprach von der »Konspiration einiger Kavaliere«), sondern als gewaltiger Schlag der Gegenreformation und der Deutschen. Von da an sank das tschechische Volk ins Dunkel – *temno* – oder, wie Palacký selbst schrieb: »Von da an gewann die Ansicht die Oberhand, dass die

Entwicklung Böhmens im 15. und 16. Jahrhunderte eine Verirrung gewesen, die man zu bedauern und derer man sich zu schämen habe.« Wir glauben heute, man müsse wissen, dass historische Taten nicht nur auf Kampf beruhen, dass die Geschichte nicht einfach durch ein Gesetz der Polarität zusammengehalten wird und dass es nicht richtig sein kann, eine friedfertige und eine kriegerische »Race« gegeneinander zu stellen, in einem »Duell auf Leben und Tod«, getrieben von »uraltem Hass«. Aber für Palacký, einen jüngeren Zeitgenossen Hegels, war der Kampf um »Anerkennung« auf Leben und Tod die Triebkraft der Geschichte. Im Übrigen war er, besonders in den frühen, ab 1836 erscheinenden Bänden seines Werkes, ein großer, um Redlichkeit bemühter Porträtist nicht nur seiner Helden, sondern auch der Gegner seiner Helden. Das größte Meisterstück ist allerdings das Porträt Žižkas, des »furchtbaren Heerführers« und »Fanatikers für die Frömmigkeit«, der neuartige Methoden der Kriegsführung anwandte, Frauen und Mädchen für seine Kämpfe einsetzte und mit seinen religiös fanatisierten Anhängern mordend und brennend durchs Land zog. Palacký verschweigt nichts, nicht das fanatische Eifern der gemeinen Taboriten gegen die Pragerinnen und die Männer, die Knebelbärte trugen, nicht das – wie wir heute sagen würden – Massaker von Prachatitz (Prachatice), wo Žižka fünfundachtzig Personen in die Sakristei der Kirche einsperren, Pech und Stroh über sie streuen und sie »ohne alles Mitleid verbrennen ließ«. Aber es entsteht ein großes Bild der kriegerischen Genialität Žižkas, und man merkt, dass Palacký es als »heilige Amtspflicht« begriff, die »Armuth gleichzeitiger und die Befangenheit späterer Geschichtsschreiber« wegzuwischen und ein »wahrheitsgetreues und gerechtes Urtheil« zu fällen. Die Wirkung solcher Geschichtsschreibung auf die Tschechen, die sich von »den Deutschen« herumkommandiert fühlten, war ungeheuer.

Palacký, der Hofmeister in verschiedenen adeligen Familien war, in den großen böhmischen Häusern, zum Beispiel bei den Grafen Sternberg, ein und aus ging und den Großgrundbesitzer

Jan Měchura als Schwiegervater hatte, war ein hochkultivierter Mann. Die Hasstiraden des Pöbels waren nicht seine Sache. Aber wie die Stimmung zwischen Deutschen und Tschechen schon im Vormärz war, kann man an der Anmerkung 171 im vierten Kapitel des siebten Buches, des Buches über den Hussitenkrieg, sehen. Es geht um die Eroberung Komotaus durch die Hussiten. Die Anmerkung lautet: »Bis zur Mitte des XIII. Jahrhunderts war Komotau ganz böhmisch; hierauf aber, als es den preußischen Kreuzrittern (dem Deutschen Orden) verschrieben war, begann es in kurzem sich zu germanisieren. Bekannt ist das altböhmische Sprichwort: ›Überall Menschen, in Komotau nur Deutsche.‹« Wenn selbst Palacký so etwas aus der Feder floss, kann man sich vorstellen, was sich auf den Straßen und in den Wirtshäusern entwickelte, und zwar auf beiden Seiten, auf der tschechischen wie der deutschen.

Der unvoreingenommene, Übertreibungen ablehnende Leser wird den Titel dieses Kapitels »Die Herstellung des Nationalismus in Böhmen« mit leichter Irritation wahrgenommen haben. Von Herstellen spricht man bei Büchsen oder Weißwaren. Sie werden »produziert«; der Nationalismus aber ist eine geistige Grundhaltung, eine politische Ideologie – sie wird doch nicht »hergestellt«. Die großherzige Souveränität, die hinter dieser Auffassung steht, ist leider unberechtigt.

1816 und 1817 waren nämlich Aufsehen erregende Handschriften entdeckt worden, 1816 das »Lied unter dem Vyšehrad« und am 16. September 1817, angeblich hinter einem Wandschrank im Gewölbe des Kirchturms von Königinhof, eine Schilderung des heldenhaften Kampfes der Tschechen gegen die Tataren. Der Ursprung der Königinhofer Handschrift wurde etwa auf das Jahr 1300 zurückgeführt. 1818 wurde ein neuer Schatz ins Haus übersandt – anonym; das Fragment wurde später als Grünberger Handschrift bezeichnet. Besondere Verdienste um die Auffindung dieser Handschriften hatte der Museumsbibliothekar Václav Hanka. Freilich hatte er die Handschriften nicht entdeckt, sondern eben »produziert«, gefälscht. Es ist nicht ohne symbolische Bedeutung, dass bei der endgültigen Aufdeckung dieser Fälschungen der Gründer der Tschechoslowakei, Tomáš Garrigue Masaryk, eine bedeutende Rolle spielte. Palacký aber hat die Dokumente sein ganzes Leben für echt gehalten und nahm sie als Quellen in sein großes Geschichtswerk auf. Wer an den Machwerken zweifelte, wie zum Beispiel der tschechische Slawist Josef Dobrovský, lief Gefahr, des Verrats bezichtigt zu werden. Von Palacký ist der Satz überliefert: »Die Königinhofer Handschrift ist glaubwürdig und hat Verdächtigungen gar nicht zu besorgen. Sie wird für Jahrtausende durch sich selbst sich behaupten.« Das Jahrtausend dauerte bis in die Neunzigerjahre des 19. Jahrhunderts.

Wer sich diesen Hintergrund klar macht, begreift die plötzlich aufschäumende Erbitterung, die im Revolutionsjahr 1848 im deutsch-tschechischen Verhältnis aufkam. Für beide Völker schien es um alles zu gehen. Wenn sich die großdeutschen Anhänger der Paulskirche, die Frankfurter Linken, durchsetzten, würde die Herrschaft der deutschen Minderheit über die tschechische Mehrheit in Böhmen und Mähren auf ewig zementiert. Wer Österreich als Gliedstaat des Deutschen Bundes in einen zu schaffenden deutschen Staat integrieren wollte, hätte die übernationale Struktur des Vielvölkerstaats zerstört. Ginge es umgekehrt so, wie die Tschechen, geführt von Palacký, verlangten, wären die Länder der böhmischen Krone von Prag aus regiert worden, nicht mehr aus Wien. In Österreich wäre es, unter anderem wegen des ungarischen Separatismus, der sich unter der Führung des unbarmherzigen Revolutionärs Lajos Kossuth immer stärker durchsetzte und der 1867 schließlich zum österreichisch-ungarischen »Ausgleich« und zur Doppelmonarchie führte, zu einer slawischen Mehrheit gekommen. Die Tschechen kämpften vehement dagegen, dass in Böhmen und Mähren zur Frankfurter Nationalversammlung gewählt wurde; in Prag war der Druck so groß, dass nur drei Deutsche es wagten, zur Wahl zu gehen. Die Deutschböhmen aber fürchteten die Abschnürung in einem slawisch beherrschten Staatsgebilde. So kam es zu einem furiosen Auftakt im »Volkstumskampf« in diesem Revolutionsjahr 1848. Die Saat sollte schrecklich aufgehen.

Hans Kudlich (1823–1917).
Lithographie um 1850.

Denn nun begann sich natürlich auch die deutschböhmische Seite zu organisieren. Das Deutschtum war lange passiv gewesen; nicht weil es friedlicher gewesen wäre, sondern weil es sich seiner Überlegenheit sicher war. Verfeindungen beginnen von unten. Plötzlich aber, als die Nachrichten von der Pariser Revolution nach Wien und Prag drangen, wurde den Deutschen bewusst, dass sie weggeschoben werden könnten. Auf einmal begann es sich in den Lesevereinen und den Universitäten zu regen. Zwei Figuren haben dabei auf deutscher Seite eine besondere Rolle gespielt: Ludwig von Löhner, der einzige Sohn des vermögenden Landesadvokaten und Landwirts Josef Löhner. Ludwig Löhner wurde 1812 geboren, nicht weit von Prag entfernt. Der andere Protagonist war der schlesische Bauernsohn Hans Kudlich aus Lobenstein (bei Jägerndorf), elf Jahre jünger als Löhner und als dritter Sohn unter acht Bauernkindern natürlich eine ganz andere Kraftnatur. Löhner, der von Wien aus den »Verein der Deutschen aus Böhmen, Mähren und Schlesien« gründete, war Arzt und Dichter und konnte es sich leisten, kostenlos als Armenarzt in der Wiener Vorstadt Rossau, dem ärmsten und schmutzigsten Viertel, zu arbeiten.

Kudlich dagegen, obwohl auch Student der Medizin und später Arzt, war der Bauernstudent, der das Interessengeflecht, aus dem er kam, nie vergaß und mit bäuerlichem Realismus nur ein Ziel verfolgte: die Bauern von der Robot, von den Zwangsabgaben an die Grundherren, zu befreien. Das gelang ihm auch mit einem berühmten Antrag; und das war langfristig der einzige wirksame Beschluss des Wiener Reichtags. Kudlichs Geistesverfassung im Jahr 1848, in dem František Palacký schon ein strategisch geschulter, immer die Interessen seiner Nation im Auge behaltender 50-jähriger Politiker war, gibt ein Satz wieder, den er im Rückblick aufschrieb: »Juden, Presse, Gewissen, Lehren und Lernen – alles wurde emancipiert, nur nicht der Bauer.«

Im März begannen sich die Entwicklungen zu überschlagen. Löhner dachte revolutionär und brachte am 1. März eine revolutionäre Gruppe des seit 1840 bestehenden Wiener juridisch-politischen Lesevereins zusammen, die so genannte »Lesevereinspartei«. Am 13. März trieb er seine Sache in der Medizinischen Fakultät weiter. In einer Rede, von der es später hieß, dass seine Zuhörer sie nie vergessen sollten, setzte er die Forderung nach legaler Bewaffnung der Studenten und Korporationen durch; man wollte an der Stelle des Militärs eine »Bürgermiliz«; und natürlich nicht etwa die Vorherrschaft des Proletariats. Mit dieser Resolution ging eine Deputation der Fakultät in die Hofburg. Löhners Ziel war klar: »Schwarz-roth-gold soll das Hochzeitskleid sein, in dem Österreich (ohne Polen und Italien) sich mit Deutschland verbindet. Das ist die Frage um Sein oder Nichtsein für Österreich.«

Auf der tschechischen Seite, in Prag, kochte es genauso. Hier gab es die Gesellschaft der »Repealer«, die die Bevölkerung zu einer Bürgerversammlung einlud, die am 11. März in der Prager Gaststätte Wenzelsbad stattfand. Der Name kam eigentlich von der irischen Repeal-Bewegung; der berühmte nationale Publizist Karel Havlíček-Borovský hatte seine Kritik an den österreichischen Regierungsverhältnissen verkleiden müssen, und so schrieb er über Irland statt über Österreich. Die erste Wenzelsbad-Veranstaltung ging sofort auf die nationalen Ziele der Tschechen los, indem sie die Sicherstellung der böhmischen Nationalität in allen Kronländern Böhmens und vor allem die vollkommene Gleichstellung beider Sprachen in Schule und Amt zur Forderung erhob. Der Kaiser, längst unter Druck von beiden Seiten, antwortete auf die Wenzelsbad-Petition mit einem Handschreiben, in dem er aber zur Sprachenfrage nur lapidar auf eine Regelung von 1627 verwies. Die Einberufung eines gemeinschaftlichen Landtags der böhmischen Länder lehnte er rundweg ab. In Prag brodelte es.

Es kam nun, wie es kommen musste. Löhner gründete Anfang April seinen »Verein der Deutschen aus Böhmen, Mähren und Schlesien«, der bald viele Filialvereine im Lande hatte. Man tagte teils in der »Sonne«, teils in einem fürstlichen Palais in der Herrengasse und kam natürlich auch rasch auf die wichtigen Fragen. In einer Adresse, die man als Antwort auf die Prager Aktivitäten, die vom Wenzelsbad ausgingen, verstehen kann, protestierte man direkt und ohne Umschweife gegen die »Einführung der slawischen Sprache« in den Volksschulen deutscher Ortschaften und vor allem gegen die Einführung des Tschechischen in den ordentlichen Lehrgegenständen der Gymnasien und Realschulen.

Der Sprachnationalismus, bisher versteckt unter harmlos klingenden Formulierungen über die Gleichberechtigung beider Sprachen, brach ungehemmt los. Am 5. April schrieb Karel Havlíček-Borovský in den *Národní noviny* (Nationalzeitung): »Die Gleichheit zwischen Tschechen und Deutschen verstehen wir nicht so, dass Deutsche und Tschechen je die Hälfte haben sollen. Das würden wir als großes Unrecht für die Tschechen ansehen, denn sie betragen im Lande drei Viertel und die Deut-

Titelseite der 1898 in München erschienenen
Broschüre *Der Kampf um das Deutschtum.*
Böhmen, Mähren & Schlesien von Karl Türk.

schen ein Viertel.« Die Katze war aus dem Sack, und die Deutschböhmen glaubten zu wissen, was das bedeutete: »Wir paar Deutschen, was sind wir, losgerissen von Deutschland? Nichts als ein entwurzelter Baum! Warten wir nun den Wiener Reichstag ab. Wir werden sehen, wie die slawische Hydra, gesättigt vom Blut der Deutschböhmen, uns über den Kopf wachsen wird.« Slawische Hydra – jetzt waren die Kampfbegriffe in Umlauf.

Manche haben das, was dann ablief, als Maskerade, Kulissenzauber und romantische Hysterie abgetan. Der »Verein der Deutschen in Österreich«, der aus Löhners ersten Gruppenbildungen hervorgegangen war, machte es jedem Mitglied zur Pflicht,

»die deutschen Farben zu tragen«. Auf den Prager Straßen war das nicht ungefährlich, dort hatte sich, in den Unterschichten, inzwischen ein unduldsamer Tschechismus durchgesetzt. Am 2. Juni 1848 tagte ein »Slawenkongress«, dem Palacký präsidierte und den er gegen russische Anarchisten (Bakunin) und polnische Radikale vergeblich zu mäßigen suchte.

Am 12. Juli brach dann der so genannte Pfingstaufstand los, den der österreichische Feldmarschall Alfred Fürst zu Windischgrätz mit Militärmacht niederschlug. In den deutschen Städten gab es sofort entsprechende Reaktionen: ein deutschböhmisch-sächsisches Verbrüderungsfest vom 18. bis zum 20. Juli in Aussig, ein ähnliches Fest am 30. Juli in Komotau und vor allem der große Teplitzer Kongress vom 28. August, an dem Abgeordnete aus neunzig deutschböhmischen Städten teilnahmen. Der Kampf war entbrannt, und er hörte erst 1945/46 auf, durch die Vertreibung der Deutschen.

Maskerade? Kulissenzauber? Das Tragen von schwarz-rot-goldenen, schwarz-gelben oder sonstigen Kokarden erscheint uns heute so. Natürlich ruft jeder Historiker sofort »unhistorisch« dazwischen. Der mild-tadelnde Satz, den die Historiker zu verwenden pflegen, lautet: »Es waren andere Zeiten.« Aber auch schon in diesen Zeiten – 1850 nämlich – schrieben Marx und Engels: »Ebenso kindisch und reaktionär wie der Pangermanismus ist aber auch der Panslawismus.« Sie zielten auf den Slawenkongress. »Wenn man die Geschichte der panslawistischen Bewegung des letzten Frühjahrs in Prag nachliest, so meint man, dreißig Jahre zurückversetzt zu sein: Tricolorebänder, altfränkische Kostüme, altslawische Messen, vollständige Restauration der Zeit und der Sitten der Urwälder; die Swornost – eine komplette Burschenschaft, der Slawenkongress – eine neue Auflage des Wartburgfestes; dieselben Phrasen, dieselbe Schwärmerei, derselbe Jammer nachher.«

Hatten sie nicht Recht? Schon 1850?

Ihr Spott und Zynismus gegen den Slawenkongress, den »Kongress von Schwärmern«, dem sie die österreichische Armee unter Windischgrätz als »eigentlich aktiven Slawenkongress« entgegenstellten, erreichte weder die Tschechen noch die Deutschen. Löhner, für Rumburg (Rumburk) in der Frankfurter Nationalversammlung und für Saaz (Žatec) im Wiener Reichstag, hatte den Kern für deutsche Organisationen gelegt. Er starb früh. Dass aus seiner Arbeit fünfzig Jahre später ein hasserfüllter Diaspora-Nationalismus entstehen sollte, konnte er nicht wissen. Kudlich, für die Bergstadt Bennisch im Wiener Reichstag, setzte wenigstens die Befreiung seiner Bauern durch. Dann veranstaltete man für ihn einen riesigen Fackelzug. Kurz darauf war es aus mit Fackelzügen. Er musste in die Emigration und beendete sein Leben als erfolgreicher Arzt in Hoboken, in den USA.

Nur Palacký, den Marx und Engels als »aristokratischen Panslawisten« verhöhnt hatten, hielt eisern Kurs. Kudlich hat das 1872, in seinen »Rückblicken« bitter kommentiert. Die maßgeblichen Köpfe des tschechischen Volkes, vor allem also Palacký und sein Schwiegersohn František Ladislav Rieger, hätten im Allgemeinen die politische Organisation ihrer Landsleute fortsetzen können, »während die deutschen Agitatoren totgeschossen oder gehängt waren, im Gefängnis oder im Exil ihrem Volk verloren gingen und der Rest eingeschüchtert sich jeder organisatorischen Tätigkeit enthielt. Das Resultat liegt zu Tage. Die Führer der Tschechen haben das wohlorganisierte Volk so fest und sicher in der Hand wie ein Kutscher sein Gespann.«

Das liegt allerdings vor allem an der überragenden politischen Intelligenz des Historikers Palacký. In keinem Dokument drückt sie sich klarer aus als in dem Brief, den er am 11. April 1848 an den Präsidenten der konstituierenden Nationalversammlung zu Frankfurt geschrieben hat. In diesem Brief erklärte er dem vorbereitenden Fünfzigerausschuss, warum er die Einladung zur Mitwirkung bei der Vorbereitung einer deutschen Nationalversammlung zurückweisen müsse. Der höfliche, ohne eine einzige Phrase auskommende und in sich ganz und gar folgerichtige Text ist ein Dokument von prophetischer Kraft. Wenn man über den bisherigen Fürstenbund – den Deutschen Bund – hinaus das Volk von Böhmen mit dem deutschen Volk verbinden wolle, sei dies eine Zumutung ohne jede historische Rechtsbasis. Man würde Österreich als selbstständigen Kaiserstaat unheilbar schwächen, ja, ihn unmöglich machen. Die Folge wäre, dass die – um die heutige Terminologie zu verwenden – kleinen Nationen Osteuropas einer »russischen Universalmonarchie« zum Opfer fallen würden. Eine Monarchie war es dann nicht, sondern eine Diktatur, genannt Sowjetunion. Aber Palacký sah so klar wie Alexis de Tocqueville: »Sie wissen, welche Macht der ganze große Osten unseres Welttheils inne hat; sie wissen, dass diese Macht schon jetzt zu kolossaler Größe herangewachsen, von innen heraus mit jedem Jahrzehnt in größerem Maße sich stärkt und hebt, als solches in den westlichen Ländern der Fall ist und seyn kann; dass sie, im Inneren fast unangreifbar und unzugänglich, längst eine drohende Stellung nach außen angenommen hat.« So war es. »Denken Sie sich Österreich«, so Palacký, »in eine Menge Republiken und Republikchen aufgelöst – welch ein willkommener Grundbau zur russischen Universalmonarchie.« Der Mann sah hundert Jahre voraus.

Den berühmtesten Satz seines Absagebriefes hat er später dementiert. Er lautete: »Wahrlich, existierte der österreichische Kaiserstaat nicht schon längst, man müsste im Interesse Europas, im Interesse der Humanität selbst sich beeilen, ihn zu schaffen.« So ähnlich hat es Bismarck auch gesehen. Palacký setzte mit dieser Auffassung auf eine Weisheit des übernationalen Österreichs, die er als alter Mann dann nicht mehr entdecken konnte. Palackýs Brief ist eines der bedeutendsten Dokumente mitteleuropäischer Geschichte.

1848 waren alle Motive der deutsch-tschechischen Auseinandersetzung angeschlagen. Der deutsche König Sigismund, so hatte Palacký berichtet, habe sich hoch und heilig geschworen, die aufrührerischen Böhmen zu zähmen und zu strafen, sollte er auch das ganze Königreich verwüsten und in Schutt und Asche legen und Böhmens Gefilde »mit einem anderen Volke von neuem bevölkern müssen«. Ähnlich Žižka: »Er wollte in Böhmen bloß aufrichtige, entschlossene und feste Leute haben, wären es auch nur wenige gewesen.« Palacký erörterte, wie lange nach ihm Edvard Beneš, die Loslösung deutscher Gebiete, war aber skeptisch, ob man den böhmischen Kessel auseinander dividieren könne. Sowohl er als auch Löhner laborierten an ethnischen Föderalisierungskonzepten, Löhner zum Beispiel an einer »nationalen Kreisautonomie«, wie sie später Karl Renner in allen Einzelheiten vorschlagen sollte. Die Denkmuster des 20. Jahrhunderts waren viel früher entwickelt worden, und zwar die radikalen genauso wie die kompromisslerischen.

Am Ende ihres Lebens hatten die Protagonisten allen Optimismus verloren. Palacký bezeichnte seinen berühmten Satz, dass man Österreich schaffen müsse, wenn es nicht schon bestünde, als den größten Fehler, den er je begangen habe: »Ich hatte mit Factoren gerechnet, die sich hintenach als solche nicht bewährt haben; ich hatte geglaubt, dass die damals nach wie vor fast ausschließlich deutschen Machthaber in Österreich, darunter auch anerkannte Ehrenmänner, dem Dogma der nationalen Gleichberechtigung nicht bloß aus augenblicklicher Noth, sondern aus aufrichtiger Überzeugung, aus eigenem freien Willen zustimmten.« Das war zwei Jahre vor Palackýs Tod, 1874.

Ähnlich Kudlich. Er schrieb in sein Tagebuch den fürchterlichen Satz: »Muss doch ohnehin der große Kampf zwischen slawischer und deutscher Welt ausgefochten werden, wenn Deutschland zum ruhigen Genuss des Reiches und zum Bewusstsein seiner Sicherheit gelangen soll.«

Dieser Kampf wurde ausgefochten. Er begann mit Spottgedichten, zum Beispiel von Karel Havlíček, einem Protegé Palackýs, einem hochbegabten, die Volksseele treffenden Schriftsteller, der gelegentlich allerdings auch den inneren Schweinehund von der Leine ließ: »Wer Tscheche sein will, muss aufhören, Jude zu sein.« Havlíček persiflierte den Abschied der Tschechen von den Deutschen: »Als wir Abschied nahmen, weinten wir beide: die Deutschen vor lauter bitterem Leid, die Tschechen aus herzlicher Freude, Tränen vergossen sie beide.« Und dann: »Stirbst du oder ich, nicht beide werden wir sterben, wer gewinnt, wird Herr sein, wird dem anderen das Amen singen und ihn dann begraben.« Irgendwann kam es so. Und es mussten viele begraben werden, auf beiden Seiten.

Kapitel 3
Völkerkerker

Nichts ist kennzeichnender für die Auflösung von Strukturen als das ständige Gefühl der Bedrückung.

Ralf Dahrendorf

Eger (Cheb), die alte Reichsstadt, an den böhmischen König nur verpfändet und fest in deutscher Hand, war eine Hochburg des Widerstands gegen die Ausgleiche aller Art, die die Wiener Regierungen zwischen Tschechen und Deutschen zu organisieren versuchten. Man hatte in diesen Jahren eine bestimmte Agitationsform erfunden, den »Volkstag«. Deutsche Volkstage in Eger waren mächtige Kundgebungen. Schon gegen das Ministerium des Grafen Karl Siegmund Hohenwart, der 1871 einen Paragraphen vorgeschlagen hatte, demzufolge jeder Beamte beide Landessprachen beherrschen müsse, organisierte Eger eine stürmisch verlaufende Massenversammlung. Sie war aber harmlos gegenüber dem am 11. Juli 1897 einberufenen Egerer Volkstag, der wieder einmal Sprachenverordnungen, diesmal die der Regierung Badeni vom 4. und 11 April 1897, verhindern sollte. Die Organisatoren waren tüchtig, listig und radikal. Nachdem die Regierung die Großveranstaltung verboten hatte, wurden mehrere tausend Teilnehmer ins bayerische Waldsassen umgelenkt. Dort hielt man die Kundgebung. Als die Leute nach Eger zurückströmten, setzte die Regierung tschechische berittene Polizei aus Prag ein. Es gab viele Verletzungen. Der harte Kern der Veranstalter verstand es aber, sich im Innenhof des Stadthauses zusammenzufinden und einen »Schwur von Eger« abzulegen. Das Dokument ist roh, kunstlos und brutal. Die Zeit der intelligenten nationalen Argumentation wie sie Palacký oder der Egerer Ignaz von Plener, lange Jahre Abgeordneter des Reichsrats und Finanz- und Handelsminister in

Der Schwur im Rathaus zu Eger am 11. Juli 1897:
»Wir wollen einig sein ein Volk von Brüdern,
In keiner Noth uns trennen und Gefahr.«

unterschiedlichen Wiener Kabinetten, gepflegt hatten, war vorbei.

Eine zeitgenössische Korrespondenzkarte zeigt den Schwur: dicht gedrängt stehende, wohlbürgerlich gekleidete und zumeist ältere Männer mit der erhobenen Schwurhand. Das war keine Arbeiterversammlung, das war auch nicht der Pöbel, der längst für die beiden nationalen Standpunkte mobilisiert war und bei geeigneten Gelegenheiten Schaufenster einwarf und Geschäfte plünderte. Das war das wohlsituierte deutsche Bürgertum, vom Handwerker bis zum Industriellen, vom Disponenten der Textilindustrie bis zum Mittelschulprofessor.

Der Schwur wütete gegen das »polakische Ministerium« (Badeni war Pole), gegen die »Wenzelssöhne«, die über wehrlose deutsche Männer, Greise, Weiber und Kinder herfielen und sie in bestialischer Weise misshandelten und will vor allem eines klarmachen: Die Deutschen seien noch nicht zu »indolenten Kretins« herabgesunken. Die Parole: »Kampf bis aufs Messer, Krieg ohne Erbarmen und Schonung, nieder mit der tschechischen Brut, welche uns hinterrücks anfällt, in echter rechter Strauchritterart.« Und es wird auch gesagt, wie das praktisch aussehen soll: »Boykott, Boykott alles Tschechischen, der Nation der Powidel und des Strauchritterthums, Boykott den tschechischen Eindringlingen, welche von deutschem Fett zehren, Boykott der minderwertigen Nation, welche die geistige Unterlegenheit durch scheußliche Brutalität ausgleichen will und vor Mord und Totschlag nicht zurückscheut, Boykott allem, was da kreucht und fleucht und dem Beispiel der Hussiten nachstrebt.«

Die Verordnungen selbst waren nichts als eine der vielen Varianten, mit denen die österreichische Staatsverwaltung eine Befriedung zwischen Deutschen und Tschechen zustande bringen wollte. In den Quellenbänden zum Sprachenstreit kann man immer wieder Verweise auf die unterschiedlichen Verordnungen und Verordnungsentwürfe finden: »Paragraph 12 wie Paragraph 10 bei Taaffe/Stremayr.« Aber Badeni hatte seinen Erlass dilettantisch vorbereitet. Er hatte den deutschen Vertrauensmännern versprochen, den Tschechen in der Sprachenfrage keine Konzessionen zu machen, ohne die Deutschen davon zu verständigen; dieses Wort brach er. Ferner gingen seine Ideen in einem entscheidenden Punkt über die aller seiner Vorgänger hinaus: Er wollte die Gleichwertigkeit beider Landessprachen auch in der inneren Verwaltung. Das hätte bedeutet, dass der gesamte Schriftverkehr, der mit der Behandlung eines Verwaltungs- oder Gerichtsakts verbunden war, in der Sprache der ursprünglichen Eingabe hätte stattfinden müssen. Alle Beamten hätten beide Sprachen sprechen müssen. Und da, wie schon gesagt, viele gebildete Tschechen Deutsch sprachen, aber nur eine Minderheit der gebildeten Deutschen Tschechisch, wären diese Verordnungen zu einem wunderbaren Arbeitsbeschaffungsprogramm für die tschechischen Referendare geworden. Es gab viel mehr tschechische Referendare als deutsche, weil sich die deutschen Akademiker vorwiegend der Privatwirtschaft zuwandten. Natürlich hatten die Deutschen eine panische Angst, dass dies zur »Tschechisierung« und »Slawisierung« ihrer Städte führen würde.

Die Deutschen betrieben im Reichsrat jetzt das, was die Tschechen unter der alttschechischen Führung – zuerst unter Palacký, später unter František Ladislav Rieger – sechzehn Jahre, bis 1879, betrieben hatten: Resistenz. Sie gingen nicht in den Reichsrat. Gleichzeitig organisierten sie in den Städten, in denen sie die Mehrheit hatten, gewaltige Massenkundgebungen, die oft genug zu blutigen Zusammenstößen mit tschechischen Demonstranten führten. Der deutsche Rechtsradikale Karl Hermann Wolf prägte die wirksame Kampfparole von einer »Germania irredenta«, womit er sagen wollte: Wir Deutsche in Österreich gehören zu Deutschland, wir werden in Österreich miserabel behandelt und werden irgendwann gewaltig zuschlagen. Die deutsche Massenagitation war so wirksam, dass Kazimierz Graf von Badeni am 28. November, also ein halbes Jahr nach seinen Sprachenverordnungen, gehen musste. Genau zwei Jahre war er an der Macht geblieben; und genau in dem Moment, in dem er die kitzlige böhmische Frage aufgegriffen hatte, war sein Schicksal besiegelt gewesen.

Natürlich war diese Frage nur eine von vielen, die den Vielvölkerstaat, dieses Stück »Vermittlungseuropa«, wie es der Historiker Hugo Hantsch genannt hat, erschütterte. 1863 hatten sich die Polen mit dem Ziel erhoben, ihre Aufteilung in drei unterschiedliche Staaten – Österreich, Preußen, Russland – zu beenden. Das war damals so erfolgversprechend wie die Schaffung eines kurdischen Nationalstaats heute. Die Alttschechen unter der Führung des vorsichtigen und an »Staaten zweiten oder dritten Ranges« zweifelnden Palacký waren ebenso dagegen wie die sozialdemokratische Linke unter der Führung von

Rosa Luxemburg, die die Wiederherstellung Polens utopisch und unproletarisch fand, und den Polen »Sozialpatriotismus« vorwarf. Victor Adler, der Führer der Sozialdemokratischen Partei Österreichs, nannte sie deshalb eine »doctrinäre Gans«. Aber den Nationalisten aller österreichischen Nationen wärmte der polnische Kampf natürlich das Herz. Die radikale nationale Emanzipationsbewegung der Jungtschechen, die 1863 noch eng mit Palacký und Rieger verbunden war und damals noch gemeinsam mit den Gründervätern ihr sich später immer mehr radikalisierendes Organ *Národní listy* (Nationale Blätter) herausgab, konnte mit den realpolitischen Überlegungen des großen Wiedererweckers Palacký schon nichts mehr anfangen. Der Nationalstaatsgedanke erschien in Österreich zu dieser Zeit – und bis kurz vor dem Ersten Weltkrieg – noch als Utopie, aber er war schon denkbar. Eine Fackel wurde durch Europa getragen. Die Franzosen hatten sie 1789 entzündet, die Griechen und die Polen hatten sie weitergetragen. Jetzt übernahmen die Tschechen dieses Funken sprühende Ding. Die Deutschböhmen verbarrikadierten sich in ihren Häusern.

Dann kam das Jahr 1866. Bismarck führte seinen Krieg gegen Österreich und warf es aus dem Deutschen Bund. Die Deutschböhmen verloren ihr Hinterland und für die Tschechen, selbst ihre gemäßigten Vertreter wie Rieger, war die Verdrängung Österreichs aus Deutschland ein »weithin strahlendes Leuchtfeuer schönster Hoffnungen«. Wieder eine schwere Komplikation, denn die Deutschen wollten sich nicht zur Minderheit in einem Staat machen lassen, den andere beherrschten.

Diese Angst wurde 1867 noch gesteigert. Da sah sich Kaiser Franz Joseph I. gezwungen, dem allerradikalsten seiner Völker, dem ungarischen Volk, Selbstständigkeit einzuräumen. Man nannte das den österreichisch-ungarischen Ausgleich; von da an sprach man von der Doppelmonarchie. In Wirklichkeit war der Dualismus eine jahrzehntelange Quälerei. Die Magyaren traten als Nationalstaatler auf; in Wirklichkeit war auch ihr Land multinational. Aber für ungarische Staatsrechtler waren Kroatien, Slawonien, Dalmatien, Bosnien etc. nichts anderes als »partes

Kaiser Franz Joseph I. (1830–1916).
Porträt von Ludwig Angerer, 1861.

adnexae«, die man magyarisieren musste. Der Magyarisierungsdruck in der östlichen Reichshälfte war ungleich stärker als der Germanisierungsdruck in der westlichen. Aber was sollten Argumente? Irgendwann Anfang der Sechzigerjahre hatten die Magyaren bei den Landtagswahlen in den ungarischen Komitaten einfach alle Erzfeinde der Habsburger Monarchie zu Abgeordneten gewählt, nicht nur den eigenen Revolutionär Kossuth, sondern auch Garibaldi und sogar Napoleon III. Für Wien war das eine Provokation, die man sich im heutigen Europa gar nicht mehr vorstellen kann.

Franz Joseph musste gegen besseres Wissen die magyarische Geschichtslegende akzeptieren, obwohl er und seine Verwaltung genau wussten, dass sie sein »Reich« tief verunsichern musste. Man darf sich nicht darüber wundern, dass die Tschechen sofort versuchten, aus dem »Dualismus« einen »Trialismus« zu machen. Alles erinnert an die heutigen Debatten um einen europäischen Staatenverbund und einen europäischen Föderalismus. Wenn die Tschechen ihre alte Formel vom »böhmischen Staatsrecht« herbeteten, meinten sie einen weitgehend unabhängigen, von Prag aus regierten Staat der böhmischen Länder, in dem alle anderen Nationalitäten Minderheiten gewesen wären und der als gesamtösterreichische Institutionen bestenfalls die Armee, das Außenministerium und die Finanzverwaltung akzeptiert hätte. Für die Deutschen war das ein Albtraum.

Aber sie fühlten sich umgekehrt durch Bismarcks Sieg über Frankreich 1870/71 erhoben und gestärkt. Die Tschechen französisierten, die Deutschböhmen bildeten sich ein, sie hätten mitgesiegt. Die Kompromissfähigkeit beider Gruppen wurde dadurch schwächer und schwächer.

Dabei kann man wirklich nicht sagen, dass der österreichische Staat sich nicht um einen Ausgleich seiner Nationalitäten, insbesondere zwischen Deutschen und Tschechen, bemüht hätte. Die verschiedensten Ministerien bemühten sich seit dem Ende des Neoabsolutismus Anfang der Sechzigerjahre bis zum Beginn des Ersten Weltkriegs um »Ausgleiche«. Wie immer die Regierungschefs, zumeist aus traditionsreichen Adelshäusern, geheißen haben mögen, ob Hohenwarth oder Belcredi, Taaffe, Badeni oder Gautsch, ihre Lösungen differierten oft nur um ein paar Worte, ein paar kleine Paragraphen. Die meisten von ihnen waren sehr erfahrene und vorzüglich ausgebildete, im ganzen Reich herumgekommene Männer. Der Graf Karl Siegmund Hohenwart zum Beispiel war Komitatsvorstand in Fiume gewesen, Leiter der Statthalterei-Abteilung in Trient, Landespräsident in Laibach, später Statthalter von Oberösterreich, bevor er Ministerpräsident wurde. Solche Karrieren, verbunden mit Führungsfähigkeit, hätten sie eigentlich in den Stand setzen müssen, einen Durchbruch zu erzielen. Aber nichts dergleichen. Gelegentlich konnte ein Ministerpräsident des österreichischen Reichs, hier Alfred Fürst zu Windischgrätz, auch schon mal an der Einrichtung slowenischer Parallelklassen am deutschen Gymnasium der südsteirischen Kleinstadt Cilli scheitern. Am guten Willen zum Ausgleich hat es im österreichischen Vielvölkerstaat nicht gemangelt. Aber guter Wille reichte nicht aus.

Nicht einmal ein faires Rechtswesen reichte aus. Am 11. Mai 1912 war Johann Lehar aus Hohenstadt (Zábřeh) in Mähren an den Verwaltungsgerichtshof Wien mit der Beschwerde herangetreten, seine Tochter Anna, die er in die deutsche Volksschule habe einschreiben lassen, sei vom tschechischen Ortsschulrat für die tschechische Volksschule reklamiert worden, und dies mit der Begründung, dass sich der Vater des Kindes zur tschechischen Volkszugehörigkeit bekenne. Der Bohemist Friedrich Prinz hat den Fall wunderbar geschildert: »Johann Lehar fühlte sich aber jetzt, zum Zeitpunkt seiner Beschwerde, als Deutscher. Er sei Mitglied der deutschen Feuerwehr und werde für die nächsten Wahlen seine Einschreibung in den deutschen Wahlkataster veranlassen. In sorgfältiger Abwägung der Reichweite des Elternrechtes und unter Heranziehung der neuesten Literatur zum Nationalitätenrecht kam das Gericht zu der Überzeugung, dass die Überweisung des Kindes in eine tschechische Volksschule zu Recht erfolgt sei, da ›der Grundgedanke der Judicatur des Verwaltungsgerichtshofs dahin gehe, dass die Nationalität in der Regel durch die Sprache des Kindes, ausnahmsweise aber auch in anderer Weise festgestellt werden kann‹.« Prinz fügt hinzu: »Es verdient festgehalten zu werden, dass dieses Urteil zugunsten der tschechischen Volkszugehörigkeit des Kindes von einem Gericht mit deutschem Vorsitzendem gefällt wurde.« Im Völkerkerker Österreich ging es gelegentlich ausgewogener zu als in den nachfolgenden Nationalstaaten, von Hitlers Protektorat und der kommunistischen Tschechoslowakei erst gar nicht zu reden.

Diese Rechtsstaatlichkeit garantierte eine gewisse Gleichbehandlung der Menschen, aber Österreich war natürlich ein absolutistisches Regime. Die Revolutionäre von 1848 wurden gnadenlos bestraft, das Regime des Fürsten Felix Schwarzenberg und seines wendigen Innenministers Alexander Bach in den Fünfzigerjahren konnte hart zugreifen, und in der zweiten Hälfte des 19. Jahrhunderts beendete die jeweilige Regierung Debatten oft genug durch die Aufhebung eines Landtags oder den Ausnahmezustand. Das allgemeine Wahlrecht kam erst 1907. Die nationalen Emanzipationsbestrebungen in den böhmischen Ländern waren auch Kämpfe um Demokratisierung. Öfter waren sie ökonomische Konkurrenzkämpfe zwischen zwei auf dem gleichen Stück Boden rivalisierenden Wirtschaftsnationen. Dass es beim »Volkstumskampf« vor allem um »blutmäßige«, »seelische« und »geistige« Antriebe gehe, glauben nur die Nationalisten selbst.

In den Siebzigerjahren wurde auch das tschechische Böhmen von der Industrialisierung erfasst. Prag, Pilsen (Plzeň) – ursprünglich weitgehend deutsch – und Kladno wurden tschechische Städte mit viel Industrie. In Mähren entstand eine umfangreiche Textilindustrie, in Mährisch-Ostrau (Ostrava) ein Steinkohlenrevier. Um vom deutsch-jüdischen Wiener Kapital unabhängig zu werden, entwickelten die Tschechen ein eigenes Genossenschafts- und Bankwesen. Schon 1863 behauptete Palacký in einer von Zahlen gespickten Rede im böhmischen Landtag, dass die Tschechen in Böhmen wohlhabender seien als die Deutschen und einen größeren Teil der steuerlichen Last trügen, und zwar nicht nur wegen der zahlenmäßigen Überlegenheit, sondern auch im relativen Vergleich. Seine Zahlen können kaum richtig gewesen sein, sonst hätten die Tschechen die Idee, das jeweilige deutsche Steuereinkommen nur für die Deutschen und das jeweilige tschechische Steuereinkommen nur für die Tschechen zu verwenden, nicht so leidenschaftlich abgelehnt. Aber sie empfanden sich als neue Elite von unten; die Macht in den Handelskammern hatten dagegen die Deutschen.

Das machte böses Blut. Dazu kam: Idyllisch waren die sozialen Verhältnisse weder für die tschechischen noch die deutschen Arbeiter. In den Arbeiterbezirken vieler Städte herrschten grauenhafte Zustände; Alkoholismus, Typhus, Tuberkulose und Syphilis grassierten. Die tschechischen Arbeiter waren in deutschen Städten oft in Arbeiterghettos zusammengepfercht. Streiks wurden von der Staatsmacht brutal auseinander getrieben. In Swarow bei Reichenberg (Liberec) streikten von Januar bis März 1870 Tausende Textilarbeiter zehn Wochen lang. Dann brach die Polizei ihren empörten Kampfwillen durch ein Massaker. Der durchschnittliche Wochenlohn eines erwachsenen Arbeiters betrug drei bis fünf Gulden, und Tschechen wurden da und dort als Reservearmee behandelt und schlechter bezahlt als Deutsche. Eine Familie konnte man mit diesem Geld nicht ernähren, und in der Wirtschaftskrise von 1873 sanken die Arbeiterlöhne noch einmal um ein Viertel. Die tägliche Arbeitszeit betrug elf bis vierzehn Stunden. Genug Zündstoff für soziale Kämpfe. Deswegen gelang dem jüdischen Wiener Arzt Victor Adler Mitte der Achtzigerjahre die Gründung einer wirkungsvollen sozialdemokratischen Organisation.

Das Elend war aber auch Humus für Hass auf »die Juden«, »die Deutschen«, »die Tschechen«. Für Wirtschaftsnationalismus. »Kauft nur bei Tschechen«, »Kauft nur bei Deutschen«, »Kauft nicht bei Juden«.

Der Kapitalismus schafft Bewegung. Heutzutage nennt man das Mobilität. Liberale bejubeln das; und Mobilität erzwingt ja auch Umstellungsvermögen, Geistesgegenwart, Einstellung auf neue Herausforderungen. In gemischtnationalen Gebieten erzeugen solche Wanderungsbewegungen aber auch Überfremdungsangst und Fremdenhass. Der deutsche Charakter der innerböhmischen Städte ging, beginnend mit den Sechzigerjahren, verloren. Die deutschen Oberschichten wurden zur Minderheit. Das »deutsche« Prag wurde tschechisch. Im Dux-Brüx-Teplitzer-Revier (Duchcov/Most/Teplice) verdoppelte sich der Anteil der Tschechen allein in den zwanzig Jahren zwischen 1880 und 1900. Deutsche Intellektuelle fabelten schon von einem »slawischen Wien im 20. Jahrhundert«. Das alles heizte die Atmosphäre auf.

Die feineren Leute, so empfand es das tschechische Volk, waren Deutsche, gelegentlich aber auch Tschechen, die sich deutsch assi-

Victor Adler (1852–1918), Gründer und Führer der Sozialdemokratischen Partei Österreichs.

milierten. Aus einem Jan Meštan (»meštan« ist das tschechische Wort für Bürger) wurde nach außen der Fabrikant Johann Mietschian. Die Nationalen nannten das »Opportunismus«. Irgendwann entstand der Kampf um die tschechischen oder deutschen Firmenschilder. Und wenn das Bürgertum in den mehrheitlich deutschen Städten unter der Kampfparole »Wir müssen der deutschen Charakter der Stadt wahren« verhinderte, dass die Kinder tschechischer Arbeiter in ordentlichen Schulen Deutsch lernen konnten, verloren sie oft genug die Majorität, weil die kapitalistische Mobilität eben wirksamer war als ihr angstvoller Volkstumskampf. So entwickelte sich die Verfeindung.

Musste es so kommen? Konnte man die unterprivilegierte tschechische Land- und Stadtbevölkerung nur durch Sprachkampf, nationale Legendenbildung und Gegnerschaft zu den unmittelbaren Nachbarn, den Deutschen, in die Modernisierung führen? So klingt es fast, wenn der tschechische Historiker Jiří Kořalka sagt: »Es ging nicht ohne viele Schwierigkeiten, ohne harte soziale, politische und ideologische Kämpfe ab, aber gerade das kennzeichnete überall die Herausbildung dynamischer, modern strukturierter Nationalgesellschaften.« Und Kořalka ist kein Scharfmacher, kein Anhänger der These vom »österreichischen Völkerkerker«, sondern ein nachdenklicher Fachwissenschaftler, der aus einem Mischgebiet (Sternberg/Šternberk in Nordmähren) kommt und das Zusammenleben mit den Deutschen aus eigener Erfahrung kennt. War also der Bohemismus eine Marotte der Aristokraten, weil mit »doppelter Muttersprache« (Bolzano) eine tschechische Wirtschaftsnation gar nicht möglich gewesen wäre? Erzwingt die wirtschaftliche, soziale und kulturelle Emanzipation schließlich auch die politische, und zwar in der Form des Nationalstaats?

Das sicher nicht. Es gibt viele Gegenbeispiele auf der Welt, von Kanada über die Schweiz bis zu Indien. In den böhmischen Ländern aber fanden Deutsche und Tschechen keinen Ausgleich. So begann das »odrakouštěni«, die Entösterreicherung der Seelen.

Das aber war ein langer Prozess. Noch in den ersten Jahren der Tschechoslowakischen Republik wurde das Problem empfunden, auch öffentlich diskutiert. Das alte Wien war ein Schmelztiegel gewesen, ein europäisches Kulturzentrum, ein Knotenpunkt der Kommunikation. Im Café Griensteidl am Michaelerplatz stritt sich der junge Psychiater Victor Adler mit dem nur zwei Jahre älteren Privatlehrer Tomáš Masaryk, dem Musiker Rudolf Krzyzanowsky, dem alten Kommunarden Leo Frankel und gelegentlich sogar mit dem späteren Deutschnationalen Georg von Schönerer über Nietzsche, Wagner und über soziale und politische Fragen. Adler und Schönerer beteiligten sich 1882 gemeinsam an der Verfassung einer Programmschrift, dem so

Georg von Schönerer (1842–1921),
seit 1879 einer der Führer der
deutschnationalen Bewegung.

genannten Linzer Programm, das sowohl soziale und demokratische als auch deutschnationale Forderungen erhob und die deutschen Liberalen zusammenfassen sollte. Aber in deren Rücken lauerten schon die Nationalisten.

Ein paar Jahre später war Schönerer der Führer einer deutschnationalen und antisemitischen Partei, Adler der Vorsitzende der gesamtösterreichischen Sozialdemokratie und Masaryk ein Prager Politiker und Professor, der viel später zur größten Integrationsfigur seines Volkes werden sollte. In der Metropole Wien, dieser großen Brutstätte des alten Europa, waren die fantastischsten Ideologien und die unterschiedlichsten Fantasien ausgebrütet worden. Kurz vor Weihnachten 1903 sagte Adler in einer berühmten Rede im Ronacher, einem Wiener Unterhaltungspalast: »Wir sind in einem Zustand wie niemals, soweit ich die Geschichte kenne, ein Staat war. Wenn jemand ein Fantasiegemälde entwerfen wollte von allen Verrücktheiten und Unmöglichkeiten, die in einem Staat auf einem Punkte vereinigt werden, nie könnte er einen Staat konstruieren, wie dies Österreich ist.«

Der Mechanismus der Verfeindung

Man muss sich klar machen: Die Alttschechen um Palacký, später um seinen Schwiegersohn Rieger, waren nur ein »Fähnlein« gewesen, wie sich der tschechische Historiker Wácslaw Wladiwoj Tomek 1860 ausgedrückt hatte. Das Fähnlein verlor um diese Zeit sein Durchsetzungsvermögen. Der im Alter immer bärbeißiger werdende Palacký hatte sich sein Leben lang um eine Koalition mit dem mehrheitlich supraethnischen Adel bemüht; Rieger war ein sorgsamer und tüchtiger, auch wohlhabender Unternehmer. Den Jungen war das »alttschechische Sattheit«, »fette selige Selbstzufriedenheit« der tschechischen bürgerlichen Gesellschaft. Man hatte die Absonderlichkeiten des Vielvölkerstaats einfach satt. Als der tschechische Völkerkundler Vojtěch Náprstek irgendwann einmal in den Sechzigerjahren aus London auf Tschechisch nach Prag telegrafierte, erhielt er das Telegramm aus Böhmen mit der Begründung zurück, es ließe sich »wegen der unverständlichen Sprache« nicht zustellen. So etwas rief Agitatoren auf den Plan, die plötzlich die tschechischen Massen ins Spiel brachten. Sie fegten die alttschechische Honoratiorenpolitik vom Tisch. Die Deutschböhmen, der Unterstützung durch die Reichsdeutschen beraubt, nannten die Anstifter, Vordenker und Führer einer völlig neuartigen tschechischen Massenbewegung, ab 1874 auch Massenpartei, angstvoll die »Ultratschechen«.

Die beiden wirksamsten und wichtigsten dieser Ultratschechen waren ganz ohne Zweifel die Brüder Edvard und Julius Grégr, der eine (geboren 1827) in seiner Jugend Arzt und Privatdozent für medizinische Physik, der andere (geboren 1831)

Jurist und ein Jahr lang junger Anwalt in Friedland, beide aber in Wirklichkeit oppositionelle Berufspolitiker, die nicht nach Ämtern in Österreich strebten, sondern ihren nationalen und nationalistischen Ideen lebten. Beide waren wiederholt Abgeordnete im böhmischen Landtag und im Wiener Reichsrat. Edvard war der große Parlamentsredner, der »Feuerbrand«, der blitzschnell zwischen theatralischem Realismus und Ironie und Sarkasmus wechseln konnte.

Julius war der Publizist, der Chef der *Národní listy,* der wortgewaltige, kompromisslos kämpfende und oft genug rüde Stichwortgeber. Sie stammten aus einer gemischtsprachigen Ehe; die Mutter hatte Pillewitzer geheißen und war aus Steyr, der Vater Gröger und war trotz des deutsch klingenden Namens ein Tscheche. Die Söhne haben das Gröger dann zu Grégr tschechisiert. Mischehen führten oft zu sehnsüchtiger Unentschiedenheit zwischen den Völkern oder auch zu vorsichtiger Toleranz. Bei den Grégrs, die allerdings beide im tschechischen Březhrad aufwuchsen und die meiste Zeit in Prag studierten, wurde das mütterliche Erbe verdrängt. Sie wurden die Organisatoren eines militanten tschechischen Nationalismus.

Wie der sich von der alttschechischen Politik unterschied, zeigt ein symbolischer Konflikt zwischen Rieger und Edvard Grégr im Sommer 1882. Rieger hatte Jurastudenten, die sich weigerten, bei ihren Staatsexamina Deutschkenntnisse vorzuweisen, zwar Recht gegeben, aber bemerkt, dass angesichts der »geographischen Lage der Siedlungsgebiete unseres Volkes« es ratsam sei, »dass jeder gebildete Tscheche die deutsche Sprache auf vollendete Art und Weise beherrschen möge«. Edvard Grégr explodierte. »Was ist überhaupt ein gebildeter Tscheche? Existiert etwa eine besondere Kaste von Gebildeten, für die es unverzichtbar ist, zwei Sprachen zu beherrschen?« Er nahm also die gleiche Haltung ein, die viele Angehörige der deutschböhmischen Oberschicht schon lange für selbstverständlich hielten. Deutsch als Fremdsprache: na gut. Aber jeden »unsinnigen und unnatürlichen« Bilinguismus lehnte er ab. Und dann kommt der Satz, der zeigt, wie sehr sich die neue Generation der tschechischen Politik von der alten unterschied. Es wäre, sagte Edvard Grégr, ein gewaltiger Vorteil für das tschechische Volk, wenn »nicht so viele von uns Deutsch sprächen. Meiner Überzeugung nach ist es höchste Zeit, dass wir aufhören, danach zu streben, in zwei Elementen heimisch zu werden. Wir sollten wieder Tschechen sein; nichts als Tschechen. Auf dass wir uns selbst wieder tschechsieren.«

Das gelang.

Tschechisch turnen, deutsch turnen

Die Erscheinungsformen der nationalen Agitation sind sehr ähnlich, auch wenn sie in unterschiedlichen Gesellschaften, sogar in unterschiedlichen Jahrhunderten ablaufen: Sie benutzen vor allem Symbolismus, Geschichtspolitik, Massenrituale und Abgrenzungsstrategien. Natürlich waren die Grégrs nicht die Überväter, die die Radikalisierung der Nationalbewegung im Alleingang durchgesetzt hatten; sie hätten keinen Erfolg haben können, wenn es nicht ein rühriges tschechisches Kleinbürgertum gegeben hätte. Man versammelte sich in Tischgesellschaften und Vereinen aller Art, vor allem Gesangs- und Turnvereinen. Was Friedrich Ludwig Jahn, einer der Kapitäne des deutschen Nationalismus, mit seinen Turnvereinen vorgemacht hatte, machten die Tschechen nach. Im Jahr 1862 entstand der Prager Sokol; er fand Hunderte Nachfolger in den tschechischen Städten und Gemeinden. Von einem bestimmten Zeitpunkt an konnte man in Böhmen nur noch deutsch oder tschechisch turnen: die Körperkultur als nationalpolitische Äußerung. Es grassierte das Bestreben beider Volksgruppen, sich voneinander zu unterscheiden: Man lief in charakteristischen Röcken oder slawischen Hütchen herum. Die Tracht zeigte, wer wohin gehörte. Und im Lauf der Jahre blieb es nicht aus, dass auf den Bummeln, den rituellen Abendspaziergängen auf den Märkten der Städte, Balgereien oder auch Schlägereien zwischen den charakteristisch Herausgeputzten ausbrachen. Es wurde zur

Heldentat, wenn irgendwo jemandem die Hütchen vom Kopf geschlagen oder die symbolischen weißen Strümpfe ausgezogen wurden.

Zum großen Symbol wurde das tschechische Nationaltheater, dessen Grundstein am 15. Mai 1868 gelegt wurde. Prag hatte seit den Krönungsfeierlichkeiten Ferdinands I. – und die waren im Jahr 1836 – nicht mehr einen so prunkvollen Umzug erlebt. Gleichzeitig begannen die Jungtschechen, das Instrument der Volksversammlung zu perfektionieren. Man suchte sich legendäre und symbolische Orte. Tausende strömten auf den Georgsberg (Řip) um irgendeine Resolution anzunehmen. Bald nannte man – Geschichtspolitik!– in Erinnerung an die Zusammenkunft von Anhängern des Jan Hus auf dem südböhmischen Berg Tábor diese Versammlungen »Tábor«. Zwischen 1868 und 1871 konnte man von einer regelrechten Táborbewegung sprechen. Es war, in der heutigen Sprache ausgedrückt, eine fundamentale Politisierung der kleinen Handwerker, Kaufleute, Arbeiter und Kleinbauern. Irgendwann war die Gefahr einer sozialen Revolte so greifbar, dass die Regierung das tat, was sie oft tat: Nach heftigen Schlägereien zwischen Versammlungsteilnehmern und der Polizei auf dem nahe Prag gelegenen Berg Pangratz (Pankrác) verhängte sie den Ausnahmezustand.

Dann machten sich mehrere hundert Tschechen auf demonstrative Pilgerfahrten auf, zum Beispiel nach Konstanz, wo man Jan Hus verbrannt hatte. Man errichtete Denkmäler für Karel Havlíček und natürlich Hus, die Studenten machten »interessante Ausflüge«, zum Beispiel auf den Weißen Berg, wo man vor langer Zeit die berühmte Schlacht verloren hatte, und hunderttausend Tschechen bemalten eine Zehnguldenbanknote, deren Wert nur auf Deutsch und Ungarisch angegeben war, mit tschechischen Inschriften; nach kurzer Zeit zankte man sich mit der Notenbank wegen der »Verschandelung«.

Das Ganze war ein beständiger Schlagabtausch. Nachdem die deutschen Liberalen im Oktober 1880 den Deutschen Schulverein ins Leben gerufen hatten, gründeten die Tschechen in Prag im Dezember 1880 den Tschechischen Zentralschulverein. Julius Grégr begann schon in den Sechzigerjahren, Listen prominenter tschechischer Familien zu veröffentlichen, die ihre Kinder in deutsche Schulen schickten. Natürlich schrieben irgendwann Reichenberger Hausbesitzer an deutsche Familien: »Wir haben nun in Erfahrung gebracht, dass in Ihrem Hause eine tschechische Partei wohnt, welche ihre Kinder in die tschechische Volksschule schickt. Mit Rücksicht auf die oben dargelegten Verhältnisse richten wir an Euer Wohlgeboren das höfliche Ansuchen, die Partei zu beauftragen, ihr Kind sofort aus der tschechischen Schule herauszunehmen und in die deutsche zu schicken oder im Falle die Partei diesen Auftrag nicht befolgt, derselben zu kündigen.« Im Proletariat ging das alles noch farbiger zu: »Du Hundsčeche, ich haue dich so, dass du gleich verrecken musst.«

Es ist völlig sinnlos, herausfinden zu wollen, wer mit der Verrohung des Tons angefangen hat. Edvard Grégr redete am 2. September 1888 an einer Volksversammlung in Pischely bei Prag von der deutschen Sprache als einer »verheerenden Infektion in den böhmischen Ländern«: »Wie von Trichinen durchsetzt ist der Körper unserer Nation von fremdnationalen Elementen, und diese verheerende Krankheit breitet sich bei uns immer weiter und weiter aus.« Am Ende des Jahrhunderts hatte der hetzende Ton auch die Aristokratie des Geistes erreicht. Im Konflikt um die badenischen Sprachenverordnungen rief der in Berlin lehrende Historiker Theodor Mommsen den Deutschböhmen zu: »Seid hart! Vernunft nimmt der Schädel der Tschechen nicht an, aber für Schläge ist auch er zugänglich.« Die Intellektuellen beider Seiten spielten mit. Die Karls-Universität, die übernationale Gründung Karls IV., war 1882 nach fünfhundertjähriger Existenz, in zwei Teile, einen tschechischen und einen deutschen, auseinander gerissen worden. Etwas anderes war scheinbar nicht übrig geblieben. Als der tschechische Historiker Jaroslav Goll mit einem wichtigen Beamten des Wiener Ministeriums über seine Berufung redete, sagte er beim Gehen: »Exzellenz, ich bitte bemerken zu dürfen, dass ich ein Czeche bin.« Nach Golls Zeugnis war der Beamte darüber bestürzt. Aber er habe geantwortet: »Das ist kein Schaden.« Berufen wurde Goll sehr viel später, und zwar unter einem der üblichen Kompromisse. Jaroslav Goll durfte Professor werden, aber gleichzeitig musste auch der deutsche Historiker Adolf Bachmann Professor werden. Die Klammer, die die deutsche und tschechische Intelligenz zusammengehalten hatte, wurde mit der Trennung der Universität aufgebogen. Für diese Trennung hatten sich übrigens gerade die deutschen Hochschullehrer stark gemacht. Nach ein paar Jahren wurde das traditionelle Miteinander der tschechischen und deutschen Wissenschaft durch ein kaltes Nebeneinander ersetzt: Isolation statt Kommunikation.

Wer ein Jude ist, bestimme ich

Der Antisemitismus, der seit der Weltwirtschaftskrise und dem Börsenkrach von 1873 wuchs, durchsäuerte beide Volksgruppen. Die Mehrheit der Juden hatte sich in den drei Kronländern der tschechischen Krone dem deutschen Liberalismus angeschlossen oder angenähert; das führte zu bitteren antisemitischen Bemerkungen und Feuilletons der tschechischen Vordenker Karel Havlíček und Jan Neruda, zu vielfältigen Provokationen der Prager Studentenschaft, zu einem gutbürgerlichen Rechtsanwaltsantisemitismus und schließlich zu den schrecklichen Pogromen im Dezember 1897 in Prag, die sich gegen Juden wie Deutsche richteten. Aber auf der deutschen Seite hatten sich regelrechte antisemitische Parteien gebildet. Georg Ritter von Schönerer, Sohn des berühmtesten österreichischen Eisenbahningenieurs, geboren 1842, hatte im Reichsrat schon früh – im Mai 1887 – Gesetze eingebracht, die uns auch aus neuerer Zeit bekannt vorkommen. Er wollte die Einwanderung beschränken. Schönerer zielte damals auf »Ostjuden« aus Russland und Rumänien. Seine Deutschnationale Partei war »alldeutsch«; wie verschroben diese Weltanschauung daherkam, kann man daran sehen, dass sie eine eigene Zeitrechnung einführte. Sie begann mit dem Jahr des ersten Auftretens der Germanen auf historischer Bühne. Im Übrigen war der Esoteriker Schönerer ein leidenschaftlicher Verehrer der Hohenzollern, was die meisten Bürger Altösterreichs mit Kopfschütteln zu Kenntnis nahmen.

Schönerer brachte nie eine Massenbewegung zustande. Dazu war er einerseits zu sehr Gutsbesitzer. Er hatte vom Vater an der böhmischen Grenze ein großes Gut, Rosenau, geerbt. Er war aber auch zu exzentrisch und unkontrolliert. Im März 1880 drang er an der Spitze eines kleinen Trupps in die Redaktion des *Neuen Wiener Tagblatts* ein, wütete über die »unverschämte Judenpresse« und ging mit dem Stock auf die Redakteure los. Das kostete ihn vier Monate Haft und sein Adelspatent. Sein Blatt *Unverfälschte deutsche Worte* hatte auf dem Höhepunkt seiner Popularität eine Auflage von weniger als 2000 Exemplaren. Aber er war ein Schrittmacher des deutschen Antisemitismus, und zwar eines Antisemitismus, der aus der Linken kam. Schönerer war einer der Erfinder des Arierparagraphen für Vereine und studentische Verbindungen. »Wir werden uns niemals dazu verstehen«, sagte er 1883, »einen Juden deshalb, weil er Deutsch spricht oder sich gar deutschnational gebärdet, als Deutschen anzuerkennen …«

Österreichs Deutsche hatten neben dem verstiegenen Schönerer aber auch noch einen handfesten Antisemiten, nach dem übrigens heute noch ein Teil der Wiener Ringstraße benannt ist: Karl Lueger. Der kam aus der katholischen Richtung, seine Basis war später die Christlichsoziale Partei. Der Vater stammte aus einem Bauernhaus in Niederösterreich und war nach seinem Ausscheiden aus der Armee Saaldiener im Wiener Polytechnikum. Die Mutter hatte eine Trafik in Wien, ein Kommunikationszentrum für einfache Leute, wie man sich kein besseres denken kann. Lueger war das, was man heute einen Populisten nennt, ein Aufwiegler.

Niemand konnte die kleinen Leute der wachsenden und gärenden Vorstädte Wiens besser aufputschen als Lueger, mit einem sowohl sozialen als auch antisemitischen Programm. So wurde

Karl Lueger (1844–1910) gründete 1891 die Christlich-soziale Partei, wurde 1895 zum Bürgermeister von Wien gewählt. Verdienter Kommunalpolitiker, verdienter Antisemit.

er nach manchem Hin und Her der unbestrittene Wiener Bürgermeister.

Nach Lockerung des Wahlrechts 1897 wurde er von den Massen geradezu gekrönt. Man nannte ihn den König von Wien und zu seinem fünfzigsten Geburtstag, zu Ostern 1894, wurde ihm eine Adresse von fünfhundert Priestern der Hauptstadt überreicht. Das zeigt die damals herrschende Stimmung des katholischen Milieus.

Schönerer hatte sich nach seiner Rückkehr ins politische Leben direkt auf Nordböhmen und Österreich-Schlesien gestürzt und brachte ein paar Abgeordnete in den böhmischen Landtag. Lueger war eine Wiener Figur; aber er wirkte ins ganze Reich hinein, weil er dem Kaiser und der Wiener Bürokratie vor Ort vorgeführt hatte, wie viele österreichische Deutsche dachten und was sie zuwege brachten. Der kraftvolle Opportunist und zugreifende Kommunalpolitiker Lueger, der den berühmten, später von Hermann Göring nachgeäfften Satz »Wer ein Jud ist, das bestimme ich« geprägt hat, war bei seiner ersten Wahl zum Bürgermeister von Franz Joseph nicht bestätigt worden. Er bewies dem Kaiser, dass eine solche Zurückweisung nicht durchzuhalten war. Das hatte eine nachhaltige Wirkung im ganzen Reich.

Masaryk, Renner

Natürlich gab es in der Spätzeit Altösterreichs nicht nur nationalistische Kräfte. Am deutlichsten lässt sich das an zwei Männern zeigen, die heute einen großen Namen haben: an Tomáš Garrigue Masaryk, dem Vater des tschechoslowakischen Nationalstaats, und Karl Renner, dem ersten österreichischen Bundespräsidenten nach dem Zweiten Weltkrieg. Beide waren im 19. Jahrhundert noch idealistische Randfiguren. Intellektuell aber waren sie den meisten »Spitzenpolitikern« ihrer Zeit weit voraus.

Masaryk ist, ähnlich wie Palacký, eine der großen tschechischen Gestalten, die sowohl aus deutschem als auch aus tschechischem Milieu stammen. Erst mit dreißig begann er, sein Tschechisch systematisch aufzubessern und auf die Höhe seines brillanten Deutsch zu bringen. Er ist als Thomas Johann Masařyk 1850 im mährischen Göding (Hodonín) geboren und entstammt nach der offiziellen Biografie der nationalen Mischehe zwischen einem slowakischen Kutscher und einer deutschen Frau. So hat Masaryk selbst auch seine Herkunft geschildert: Von Geburt sei er mährischer Slowake, dem Bewusstsein nach Tscheche. Es gibt aber ein nicht gegenstandloses Gerücht, dass er in Wirklichkeit einer außerehelichen Beziehung seiner Mutter mit Nathan Redlich, dem Großvater des bekannten österreichischen Juristen und Politikers Josef Redlich entstamme.

Die Bedeutung Masaryks ist von solchen genealogischen Versionen völlig unabhängig. Er war ohne Zweifel der wirkungsvollste tschechische Politiker seit dem Hussitismus, unabhängig davon, wer sein Vater war. Schon 1863, mit dreizehn, hielt er leidenschaftlich zu den Polen, 1864 – während des Krieges Dänemarks gegen Preußen und Österreich wegen der Schleswig-Holstein-Frage – fanatisch zur kleinen Nation der Dänen. Priester spielten in seiner Jugend eine große Rolle und spätestens mit fünfzehn Jahren wechselte er von seinem Tschaikowitzer Dorfpatriotismus zu einem bewussten Tschechentum, vielleicht gar zu dem Tschechoslowakismus, den er nach 1918 durchsetzte.

Masaryk war ein bis zur Tollkühnheit mutiger Mann. Als junger, wenngleich bei den Studenten schnell populärer außerordentlicher Professor der Philosophie in Prag wagte er es, in der von ihm gegründeten Zeitschrift *Athenaeum* die seit 1885/86 wieder aufgeflammte Kontroverse um die Echtheit der Königinhofer und Grünberger Handschriften aufzugreifen. Seine selbstbewusste Parole, wissenschaftliche Fragen müsse man wissenschaftlich lösen, brachte ihn bei den Nationalisten natürlich in kürzester Zeit in den Ruf eines Verräters, Julius Grégr warf ihm »Mangel an tschechischem Gefühl« vor. Masaryk hatte sich immer als »Realisten« bezeichnet. Später gründete er auch eine Partei der Realisten. Grégr bezichtigte ihn bösartig des »Chlebářský Realism«, eines auf Broterwerb bedachten Realismus. Dazu kamen noch die Vorwürfe von einem »absoluten Mangel an Idealismus«, »gefühllosem Kosmopolitismus« und »farblosem Internationalismus«. Mit diesen Vorwürfen war Mitte der Achtzigerjahre für einen tschechischen Prager Professor schwer zu leben. Ein tschechischer Schriftsteller mit dem schönen tschechischen Namen Ferdinand Schulz ereiferte sich noch viel primitiver: »Geh zum Teufel, schändlicher Verräter!«, schrieb er, »Wir entfernen dich wie eine abscheuliche Eiterbeule aus dem Körper unserer Nation.«

Das ist nicht gelungen. Vielmehr hat Masaryk (flankiert von vielen Fachwissenschaftlern) endgültig nachgewiesen, dass die Handschriften eine Fälschung des berühmten Bibliothekars Václav Hanka waren. Ende der Achtzigerjahre hatten sich die Wogen wieder soweit gelegt, dass Masaryk seine »Realisten«, die viel zu schwach für eine selbstständig operierende Partei waren, für einige Jahre unter das Dach der Jungtschechen führen konnte. Er zog dann Anfang März 1891 bei den Reichsratswahlen als Vertreter der Jungtschechischen Partei ins Parlament ein. Die Jungtschechen hatten die Alttschechen bei dieser Wahl vernichtend geschlagen.

Ein durchschnittlicher Politiker hätte es bei dieser einen Heldentat belassen. Masaryk aber, der ganz gegen den Geist seiner Zeit die Religiosität mit dem nationalen Gedanken verbinden wollte, blieb ein unbeugsamer Einzelgänger. Als am 1. April 1899 der Mord an dem tschechischen Mädchen Anežka Hrůza aufgedeckt wurde, machte die einschlägige tschechische und deutsche antisemitische Presse daraus sofort einen jüdischen Ritualmord. Das Verbrechen war in Polna passiert. Karel Baxa, führender Repräsentant der radikalen Staatsrechtler, später Abgeordneter und 1918 Bürgermeister von Prag, übernahm die Rechtsvertretung der Familie Hrůza und stellte den Mord als Ritualmord dar. Masaryk stellte sich dagegen; er fuhr sogar inkognito nach Polna, um dort zu recherchieren. Er wollte, wie er in einer Broschüre schrieb, »nach Kräften die Schande jener Journalistik wettmachen, welche durch lügenhafte und hetzerische Schilderungen der Dreyfus-Affäre uns eine böhmische und österreichische Dreyfusiade bereitet hat«. Die Reaktionen kann man sich vorstellen. Die tschechischen Studenten organisierten Protestveranstaltungen vor seiner in der Nähe des Hradschin gelegenen Wohnung und störten tagelang seine Vorlesungen. Es war alles schon wie zu späteren Zeiten. Man versuchte, seine Vorlesungen an einen anderen Ort, ins Clementinum, zu verlegen. Auch dort war er aber mit einer tobenden Menge konfrontiert. Da er nicht zu Wort kam, griff er zur Kreide. Er schrieb an die Tafel: »Ich bin aufgetreten, weil ich in der Polna-

Angelegenheit den klerikalen Antisemitismus am Werk erkannte, welchen ich für ein nationales Übel halte.« Der Führer der Studenten schrieb als Antwort auf die Tafel: »Was wir gegen Masaryk haben, ist, dass er in solch bewegten Zeiten, wo erforderlich ist, dass das Volk wie ein Mann gegen die feindliche Regierung zusammensteht, für einen Juden das tschechische Volk spalten und damit schwächen will. Er arbeitet dem expansiven Deutschtum in die Hände. Wir haben weiterhin gegen ihn, dass er behauptet: Ich muss die Wahrheit haben, wenn auch das, was ich behaupte, nicht die Wahrheit sein sollte; von ihm könnte nicht einmal Hilsner (der angebliche Ritualmörder) tschechisches Blut abzapfen.«

In einem hatte der Student, der sich Fiala nannte und später ein Schriftsteller wurde (Otakar Theer) Recht: Wenn Masaryk etwas für die Wahrheit hielt, kämpfte er dafür. Julius Grégrs *Národní listy* kommentierte hämisch: »Für Professor Masaryk mag dies ein Memento sein, dass man auch mit den Gefühlen unserer studierenden Jugend nicht über die Maßen spielen darf. Er kam im Jahre 1882 nach Böhmen, um Götzen zu stürzen, worunter er vieles verstand, was unserem nationalen Gefühl teuer ist, aber heute, so scheint es, wird er ein solcher gestürzter Götze selbst sein.«

Für ein paar Jahre mag das richtig gewesen sein. Der rechte Flügel der einstigen fortschrittlichen Bewegung (zum Beispiel der 1896 gegründete Nationalsoziale Verein wütete gegen ihn. Masaryks Konzept, das er das »Humanitätsprogramm« nannte, mag eine »mythische und mystische Ideologie« gewesen sein, wie Josef Pekăr später, 1912, schreiben sollte. Aber in der Affäre um Leopold Hilsner, der »Hilsneriade« hatte Masaryk dasselbe getan wie der große französische Sozialkritiker Émile Zola bei der Aufdeckung der Dreyfus-Affäre. Später, im Ersten Weltkrieg und in den Vereinigten Staaten, half ihm dieser Kampf. Er machte ihn auch im ganzen Reich bekannt. Wer ihm daraus aber einen Strick drehen wollte, hat nicht begriffen, wie Politik funktioniert. Und natürlich war schon der junge Prager Professor Masaryk ein Politiker.

Bei Karl Renner, dem späteren österreichischen Bundeskanzler (1918–1920) und ersten Bundespräsidenten der Zweiten Österreichischen Republik (1945–1950) war es ähnlich. Als er im Frühjahr 1899 seine Erstlingsschrift *Staat und Nation* vorlegte, war er ein 29-jähriger Parlamentsbibliothekar, also ein österreichischer Beamter, der sein Buch anonym erscheinen lassen musste. Seinen Grundgedanken, dass man in Staaten mit mehreren Völkern nicht einfach zulassen dürfe, dass das größere das kleinere Volk mit dem Mehrheitsprinzip überwältigt, hat er später in umfangreichen Untersuchungen über die österreichischen Verfassungs- und Nationalitätenprobleme vertieft. Er wollte »kulturelle Nationalverbände« schaffen, die getrennt abstimmen sollten und denen er kulturelle Autonomie, ja, sogar Steuerautonomie zusprechen wollte. Das heißt, Renner wollte über das tschechische Schul- und Universitätswesen die Tschechen, über das deutsche Schul- und Universitätswesen die Deutschen bestimmen lassen. So wollte er die fast unentwirrbaren Konflikte beilegen. Die politische Demokratie könne auf dem Territorialprinzip beruhen, die nationale Demokratie aber müsse auf das »Personalitätsprinzip« gegründet werden. Es ist klar, dass diejenigen, die ins große Deutschland strebten, oder diejenigen, die einen tschechischen Nationalstaat haben wollten, mit dieser Idee halbsouveräner nationaler Gesellschaften nichts anfangen wollten.

Auch Renner stammte aus Mähren, aus dem Bauernhof eines Kleinbauern in Untertannowitz. Das Rüstzeug für seine verfassungsrechtlichen Konzepte holte er sich beim Jurastudium in Wien. Er war ein vorsichtiger, abwägender Mann und, im Unterschied zu dem anderen großen Nationalitätentheoretiker der österreichischen Sozialdemokratie, Otto Bauer, ein Bernstein-Anhänger, ein Reformist. Renner verfügte weder über den sarkastischen Witz Adlers noch über das Charisma des großen sozialistischen Theoretikers Otto Bauer. Man kann ihn auch nicht einfach Masaryk an die Seite stellen; der schuf aus seiner winzigen Realistenpartei schließlich einen neuen Staat, die Tschechoslowakei, und schaffte es, die Deutschen der böh-

Karl Renner (1870–1950), Staatskanzler der Republik Deutschösterreich, 1945 bis zu seinem Tod österreichischer Bundespräsident. Hellsichtiger Nationalitätentheoretiker.

mischen Länder in diesen Staat zu zwingen. Renner war geradezu sein Antipode; wenn es nach ihm gegangen wäre, wären die Deutschböhmen – was sie selbst auch wollten – zu Österreich gekommen und Österreich vielleicht sogar zu Deutschland. Masaryk setzte sich durch, Renner nicht. Im Kampf gegen den Nationalismus der böhmischen Länder im späten 19. Jahrhundert spielten sie aber beide eine entscheidende Rolle.

Nur war Renner kein großer Einzelgänger, sondern Mitglied der von Adler zusammengeführten Sozialdemokratie, die bis ins 20. Jahrhundert hinein eine gesamtösterreichische Partei blieb. 1899 beschloss diese Partei ihr Brünner Nationalitätenprogramm. Das war noch eher Adlerscher Pragmatismus als Rennersche Theorie. Aber die Südslawen hatten Renners brandneue Ideen schon zum Antrag erhoben. Das Brünner Nationalitätenprogramm ist ein knapper, Kompromisse schließender politischer Text, aber zugleich ein großes Dokument des ethnischen Föderalismus. Es verwarf eine Staatssprache, ließ offen, wie weit eine Vermittlungssprache nötig sein werde und verlangte in Österreich einen »demokratischen Nationalitäten-Bundesstaat«. Erst einundneunzig Jahre später, 1990, in einem Dokument des Kopenhagener Treffens der KSZE, war die Völkergemeinschaft wieder so weit wie die österreichischen Sozialdemokraten ein Jahr vor der Wende vom 19. zum 20. Jahrhundert.

Die Nationalisten und Nationalstaatler taten Renners Idee, dass das einheitliche, allgemeine, gleiche und direkte Wahlrecht die nationale Frage nicht aus der Welt schaffen könne, und dass deshalb auf demselben Territorium unterschiedliche Nationalitätenkammern, Kurien, errichtet werden müssten, natürlich für blanke Theorie ab, für viel zu kompliziert, für praktisch unausführbar. Sie hatten Unrecht. Dies bewiesen 1905 die Mährer mit ihrem »mährischen Ausgleich«, der in der nationalistischen Historiographie kaum erwähnt wird.

Der mährische Ausgleich

Die Mährer realisierten Renners Idee. Sie schufen zwei nationale Wählerlisten, die so genannten Nationalkataster. Dort konnten die Wahlberechtigten deutscher oder tschechischer Nationalität vollkommen getrennt und unabhängig ihre Abgeordneten wählen. Das politische Verdienst für die Durchsetzung dieser Idee hatte allerdings nicht Renner, der im fernen Wien saß, sondern ein böhmischer Adliger, ein Vertreter des großen Grundbesitzes, Johann von Chlumecký, der von früher Jugend an für einen Ausgleich zwischen deutschen und tschechischen Mährern kämpfte. 1834 geboren, ließ er sich schon 1865, kaum dass er das notwendige Mindestalter erreicht hatte, in den Landtag wählen. Er hatte zeitweise hohe Positionen in der Wiener Zentralverwaltung. So war er im Kabinett Hohenwart Ackerbau- und Handelsminister. Vor allem aber ein überragender Mediator in seiner mährischen Heimat. In all den langen Verhandlungen zwischen 1896 und 1905 spielte er die entscheidende Rolle.

Natürlich kann man ihm vorhalten, dass er auch eigene Interessen vertrat. Er gehörte zum verfassungstreuen Großgrundbesitz. Er wollte ein Wahlrecht erhalten, in dem nicht einfach nach Köpfen gezählt wurde. Insofern bekämpften ihn die Sozialdemokraten genauso wie die tschechischen Nationalisten, die sich von einem möglichst demokratischen Wahlrecht eine möglichst klare Mehrheit versprachen. Schließlich gab es mehr Tschechen als Deutsche. In Wirklichkeit war der mährische Patriot Baron Chlumecký nicht egoistischer als irgendein Prager Radikaler. Er setzte sein hohes Sozialprestige, sein vermittelndes Temperament und seine genaue Kenntnis der Wiener und Brünner Verhältnisse für eine Lösung ein, die in seiner Heimat für Frieden sorgen sollte. Das schaffte er. Bis zum Ende des Ersten Weltkriegs herrschte in Mähren nationaler Friede. 1910 übernahm man das mährische Prinzip im Herzogtum Bukowina, im Jahr 1912 wurde es in Bosnien und in der Herzegowina und 1914 in Galizien nachgeahmt. Nach dem Krieg machte man mit den Grundideen des mährischen Ausgleichs sogar noch ein kurzlebiges Experiment in der Ukraine.

Kein Zweifel, der mährische Ausgleich kam zu spät. Die deutsche Kompromissbereitschaft, die ihn überhaupt erst ermöglichte, hing damit zusammen, dass ein Wahlsystem zugrunde gelegt wurde, bei dem die Tschechen ihre Mehrheit gegen den Widerstand der (überrepräsentierten) Großgrundbesitzer nicht durchsetzen konnten. Die Antwort der tschechischen Nationalisten war klar. Man warf den Mährern Feigheit und nationalen Verrat vor. Die *Národní listy* schrieben: »Unsere Feinde und Mörder beginnen vor den Schlägen unserer moralischen, intellektuellen und materiellen Macht zu zittern. Um den Preis von Mandaten wollen nun die tschechischen Abgeordneten Mährens den Deutschen das Pfingstprogramm unterschreiben, welches darauf gerichtet ist, eine deutsche Hegemonie zu sichern. Die mährischen Punctationen bezwecken nichts anderes, als uns mit einem festen Riegel jeden weiteren nationalen fortschrittlichen Aufschwung abzusperren. Und da wollen unsere Konnationalen einwilligen.«

Man wollte keinen Kompromiss mehr. Man wollte – das war das demokratische Element des Nationalismus – ein allgemeines und gleiches direktes Wahlrecht. Wenn man dann aber die Mehrheit haben würde (die von der Kopfzahl gesichert war), würde man die Minderheit erbarmungslos majorisieren. Und dieser Entwicklung wollte der mährische Ausgleich einen »festen Riegel« vorschieben. Die deutschen Nationalisten waren ebenfalls gegen diesen Ausgleich. Der Verzicht der mährischen Deutschen auf ihre Mehrheit sei ein Akt der Selbstverleugnung. Ohne nationales Vetorecht tauge der ganze Kompromiss nichts.

Wie stand es also um Österreich, die Habsburger Experimentierkammer der Welt? Die einzige übernationale Partei war die Sozialdemokratie Victor Adlers. Am 5. September 1897 veranstalteten die deutschböhmischen und die tschechischen Sozialdemokraten gemeinsam anlässlich der Gründung des Tageblatts *Právo lidu* (Das Recht des Volkes) eine Massenkundgebung mit 25 000 Menschen auf der Prager Schützeninsel. Man hatte zwei einander gegenüberstehende Tribünen aufgebaut, von denen die deutschen und tschechischen Redner jeweils in ihrer Sprache redeten. Einige Arbeiter trugen Wirtshaustafeln mit sich. Die einen waren aus Asch und Eger, die anderen aus Brüx und Pilsen. Sie verwehrten entweder den Tschechen oder den Deutschen den Eintritt in das Lokal. Die Kundgebung beschloss eine Friedensdemonstration. Aber es waren nur 25 000 Menschen, nicht ein paar Millionen, und die Polizei wusste nichts Besseres, als die Spruchbänder, die für nationalen Frieden und gegen nationale Hetze eintraten, wegen ihres »provokatorischen Charakters« zu kassieren. Aber die gesamtösterreichische Sozialdemokratie, die »kleine österreichische Internationale«, hielt

Kazimierz Graf von Badeni (1846–1909),
österreichisch-ungarischer Ministerpräsident
und Innenminister 1895–97.

auch nur noch ein paar Jahre. Zuerst entfernten sich die Polen (also die Bürger der demnächst herzustellenden Republik Polen), dann die Tschechen. 1904 sagte der alte Adler, der immer versucht hatte, den Laden zusammenzuhalten: »Wir sind nämlich das Überbleibsel aus der österreichischen Delegation.« In seiner unnachahmlichen Ironie fügte er hinzu: »Fragen Sie nur die tschechischen und polnischen Genossen, ob sie sich nicht dagegen verwahren, mit uns auch nur in einer Frage einig zu sein.«

Das entscheidende Jahr in den deutsch-tschechischen Beziehungen war aber zweifellos 1897. In diesem Jahr versuchte Badeni, den Knoten des Sprachproblems durchzuschlagen. Er wollte raffiniert sein; aber er war zu raffiniert. So erzeugte er bei den Deutschen eine hasserfüllte, unerbittliche Kampfstimmung. Als sie sich schließlich durchgesetzt hatten und Badeni fiel, gerieten die Tschechen ob dieser Enttäuschung außer sich. Jetzt fiel man übereinander her.

Der deutsch-jüdische Journalist Willy Haas hat den Prager Schlachtruf aus den späten Novembertagen des Jahres 1897 überliefert: »Deutsche! Juden!«. Es wurde kein Unterschied mehr gemacht. In den Worten von Haas: »Deutsche und Juden, sie waren fast identisch zu dieser Zeit für das tschechische Prag.« Und beide, Deutsche und Juden, wurden gleichermaßen gehasst. Haas schildert eine Straßenszene: »Die Parole kam auf: Zu den Synagogen.« Darauf wurde geantwortet: »Nein, zur Schule des Schulvereins in Vršovice.«

Woran lag es, dass man zwischen Juden und Deutschen keinen Unterschied machen wollte? Die jüdischen Wirtschaftseliten hatten sich mit erdrückender Mehrheit für die Deutschen entschieden. In den Sechzigerjahren gründeten Ludwig Bendiner und Sigmund Mauthner das Prager Casino, eine Honoratiorengesellschaft, die es in vielen deutschen Städten gab. Die Prager Adresse war Na přikopě, 1897 ein Ort häufiger und militanter Demonstrationen. Denn das Casino war eben nicht nur ein Zirkel gebildeter Bürgerlichkeit, ein Kommunikationskreis, in dem über Lessing und Moses Mendelssohn gesprochen wurde, es war auch ein Machtzentrum. Das wussten die Tschechen sehr genau. Die jüdischen Organisationen der Tschechen waren winzig; sie organisierten um diese Zeit zwei bis drei Prozent der 26 000 Prager Juden. Und das war schon Jahrzehnte so. Schon 1863 gingen 97 Prozent der jüdischen Schüler in deutsche Schulen.

Man muss sich die Situation im Vorfeld der Pogrome vom späten November und frühen Dezember 1897 klar machen. Der Begriff von der »Säuberung« war längst in beiden Volksgruppen selbstverständlich geworden. Und es gab so fürchterlich charakteristische Geschichten, die sich die Leute seit Jahrzehnten erzählten. Am 8. Oktober 1882 zum Beispiel hatte der neu gewählte (übrigens alttschechische) Bürgermeister von Prag,

Tomáš Černý, sich in seiner Antrittsrede vom deutschen Wien abgegrenzt. Er sprach über seine Stadt als über »unser hunderttürmiges, geliebtes, goldenes, slawisches Prag«. Sofort verließen die letzten fünf deutschen Mitglieder der Prager Stadtverwaltung die Feier und traten zurück.

Bis 1919 war kein Deutscher mehr Mitglied der Prager Stadtverwaltung. Solche Geschichten waren allen Deutschen bewusst. Und umgekehrt wussten alle Tschechen, dass in vielen deutschen Städten die Deutschen mit Hilfe von wenig demokratischen Wahlsystemen die Mehrheiten hielten, um ihre Kommunalverwaltungen »tschechenrein« zu halten. Man war ineinander verkrallt. Die Metzger sollten in ihren Räumen alle Reklametafeln jüdisch-deutscher Unternehmer beseitigen, und die Gastwirte sollten sich nicht trauen, deutsche Rechnungen auszustellen. Den Tschechen ging es in Eger nicht anders. Vernünftige Leute, die in ihren altgewohnten deutschen oder jüdischen Geschäften einkaufen wollten, betraten die Geschäfte besser durch die Hintertür. Und Tschechen, die ihre Beschäftigung bei einem deutschen Unternehmer in Leitmeritz behalten wollten, taten gut daran, ihre Kinder in die deutsche Schule zu schicken. Das war der Hintergrund für das, was sich am Ende des Jahres 1897 in Prag, aber nicht nur in Prag, abspielte.

Dabei muss man wissen: Das Parlament, der Reichsrat, hatte sich selbst jegliche Bedeutung genommen. Die Deutschen benutzten altbekannte Mittel der Obstruktion; im Unterschied zu den Alttschechen in früheren Jahrzehnten boykottierten sie nicht etwa den Reichsrat, sondern sie kamen und sprachen. Aber durch ihre Marathonreden verhinderten sie jeden Beschluss. Am Nachmittag des 28. Oktober 1897, als die Regierung den österreichisch-ungarischen Ausgleich einbrachte, den sie alle zehn Jahre neu beschließen musste, sprach der deutsche Fortschrittler Otto Lecher von sieben Uhr abends bis zum nächsten Morgen um zehn. Das Parlament ähnelte einem Gasthaus, in dem todmüde Menschen herumlümmelten. Ein paar Tage später gab es Prügeleien zwischen den Parlamentariern, die sogar in Messerstechereien ausarteten. Gelegentlich flogen

Stühle von Bank zu Bank, begleitet von Ausrufen wie »Lausekerl«, »Flegel«, »Lumpen«. Irgendwann erklärte der Kaiser die Herbstsitzung des Reichsrats für geschlossen.

Sofort gingen die deutschen Volksvertreter dazu über, Massendemonstrationen unter der Parole »Weg mit Badeni« zu organisieren. Badeni resignierte dann also am 28. November. In Wien brach allgemeiner Jubel aus, die Deutschen triumphierten. Auch in Prag versuchten die nationalistischen und liberalen deutschen Studenten den Sturz Badenis öffentlich zu feiern. Das war am 19. November. Diese Versuche endeten in wilden Schlägereien zwischen tschechischen und deutschen Studenten. Am Abend begann dann jene Woche antisemitischer und antideutscher Brutalitäten.

Was in diesen Tagen und Nächten geschah, ist inzwischen gut dokumentiert.

Das sozialdemokratische tschechische Parteiorgan *Právo lidu* schrieb zum Beispiel am 3. Dezember: »Der gestrige Morgen zog über Prag wieder im Zeichen der Plünderung deutscher und jüdischer Geschäfte heran. Wie vorgestern wurde auch gestern wieder gleich von früh an darin fortgefahren, womit in der Nacht aufgehört wurde. Aus den tags vorher eingeschlagenen Geschäften wurden bei helllichtem Tage die Waren hinausgeschafft, in den Straßen umhergeworfen und davongetragen. Also eine ›Vermögenstheilung‹, allerdings keine sozialistische, wohl aber eine patriotische.«

Einen Tag später zitierte die Zeitung einen Žižkower Arbeiter:

»Auf dem Heimweg aus der Arbeit nach Žižkow war ich Zeuge dessen, wie die Excedenten das Haus der Firma Schimmel und Co., wo brennbare Stoffe und ätherische Öle erzeugt werden, demolierten. Eben waren sie mit dem Zertrümmern der Fenster fertig, worauf sie sich, bewaffnet mit Hauen, Aexten und Knütteln auf das Thor stürzen. Einige krochen ans Fenster, begannen die Rouleaux anzuzünden und ins Innere zu werfen. Nach Einnahme des Thores drangen sie unter fürchterlichem Lärm, ›Hej Slované‹ singend, in das Innere und wollten das Haus in Brand stecken. Der Hausmeister, ein armer čechischer

Arbeiter, sank auf die Knie und bat um Gottes Willen das Haus nicht anzuzünden, im Hinblick auf das Unglück, welche die Bewohner dieses Hauses sowie die benachbarten Häuser treffen würde. Aber auch die herzzerreißenden Jammerrufe des armen Mannes halfen nichts ... Doch nicht genug damit; der genannte Geschäftsmann, ein alter, ergrauter Mann kehrte eben nach Hause zurück und da wurde er von der Menge fürchterlich geschlagen, so dass er unter den Hieben dieser Wüthenden vor Schmerz schrie. Ja, nicht einmal seine Kinder wurden geschont. Wir hörten das herzzerreißende Jammern jener Unglücklichen, wie sie weinten und ihren gemarterten Vater umschlungen hielten und wie sie wehklagend riefen: Väterchen, Väterchen, warum sind wir Juden? ... Wir sahen elegant gekleidete Männer mit čechischen Abzeichen, wie sie den Massen Befehle erteilten, wir sahen Leute, wie sie mit dem Stocke hinzeigten, wo sich die Menge hinstürzen sollte ...«

Die Zeitschrift *Vyšehrad,* herausgegeben von dem jungtschechischen Abgeordneten Jan Klecanda, schrieb übrigens einen Tag später, dass bei den Prager Unruhen in den Straßen »wahre Wunder an nationaler Säuberung« passiert seien. »Diese Sache wird man noch einmal ganz anders in die Hand nehmen müssen, um den Charakter der tschechischen Städte zu wahren.«

Prag war das Zentrum der Unruhen. Zu antideutschen und vor allem antisemitischen Kundgebungen, bei denen Fenster eingeschlagen und oft auch Menschen geschlagen oder erschlagen wurden, kam es in 177 böhmischen und mährischen Städten beziehungsweise Ortschaften. Da allein 200 von 265 gemeldeten Übergriffen sich in Mähren ereignet hatten, sprach man in politischen Kreisen von den »mährischen Ereignissen«; aber es war keineswegs nur Mähren, und die Unruhen waren, wie die Statistiken zeigen, auch unabhängig von der Frage, ob in den entsprechenden Städten ein großer oder kleiner Anteil jüdischer Bevölkerung lebte. In Kladno lebten kaum Juden; die Demonstration war trotzdem ausgesprochen antijüdisch ausgerichtet. In Ostrau (Ostrava) lebten vergleichsweise viele orthodoxe

Ostjuden. Dort demonstrierte man aber vor allem gegen die Deutschen.

Es ist unmöglich, das wilde Gemisch, das der Antisemitismus darstellte (und darstellt), exakt auseinander zu nehmen. Wahrscheinlich aber war der ökonomische Antisemitismus das stärkste Motiv. Und wer die Juden (oder die Ausländer) erst einmal hasst, braucht im eigenen Ort gar keine Objekte seines Hasses. Er hasst abstrakt. Natürlich versuchte Österreich, die Gewalttäter zur Rechenschaft zu ziehen. So wurden – um Beispiele herauszugreifen – in Wallachitsch Meseritsch (Valašské Meziřiči) bis Ende 1899 fünfundzwanzig Einwohner angeklagt und verurteilt. Es waren meist jüngere Leute zwischen siebzehn und sechsunddreißig Jahren aus der unteren Mittelschicht und Unterschicht, also Tagelöhner, Lehrlinge, Hilfskräfte. Achtzehn wurden zu insgesamt zweiundsechzig Monaten Haft verurteilt. In Wsetin (Vsetín) erhielten 29 von 36 Beschuldigten Strafen in einem Gesamtumfang von 106 Monaten. Nur in Poděbrady wurden alle Beschuldigten freigesprochen. Sie hatten aber auch einen brillanten Verteidiger: den Rechtsanwalt und Abgeordneten Karel Baxa, der schon Leopold Hilsner als Ritualmörder zu fassen versucht hatte.

Zwei tschechische Historikerinnen, Helena Krejčová und Alena Mišková, haben den Zustand der Verfeindung in den böhmischen Ländern treffend geschildert. Wir sollten uns nicht dem falschen Trost hingeben, dass dies alles vor mehr als hundert Jahren stattgefunden hat. In Irland ist es heute noch genauso, in den palästinensischen Gebieten sogar schlimmer. Die beiden Historikerinnen schreiben:

»Die tschechische Gesellschaft feierte diese Verbrecher als Märtyrer und sorgte durch eine eigens organisierte Sammlung für den Unterhalt dieser ›Familien der Mährischen Ereignisse‹. Eine pikante Note erhält die Spendenaktion durch den Umstand, dass auch in dem Prager Geschäftshaus ›Zur Schwarzen Rose‹ gesammelt wurde, das Bohumil Bondy, einem der größten tschechisch-jüdischen Industriellen gehörte. Nicht selten geschah dies unter der Parole der Gesellschaft Habšani: ›In einem großen Kerker leben wir, schlimmer als die dunkle Unterwelt. Unsere Fesseln tragen wir im vollen Strahlen der Sonne, doch dazu eine Schande, schwerer als die Fessel.«

Der Kerker, der da gemeint war, war der »Völkerkerker« Österreich.

Kapitel 4

Ein Nationalstaat, der keiner war

Beten wir zu Gott, dem Schicksal oder dem obersten Wesen und zu wem auch immer man beten kann, dass sich beide Völker, die Politiker und auch die Historiker, von ihrem Verstand leiten lassen, damit sich die alten nationalistischen Fehler nicht wiederholen.

Václav Kural

Es schien zuerst nichts anderes als ein Informationsstand der Nationaldemokraten auf dem Wenzelsplatz zu sein. Die Nationaldemokraten, das waren die Nachfolgepartei der Jungtschechen. Sie wurde inzwischen von Karel Kramář (1860–1937) geführt. Kramář war der erste Ministerpräsident der ČSR. Aber plötzlich, so gegen halb eins, kamen aus dem Gebäude der *Národní listy* Kinder mit Transparenten. »Unsere Schule in Eger ist zerschlagen« stand zum Beispiel auf einem solchen Transparent, »Spendet für den Wiederaufbau der Schule« auf einem anderen. Auf einmal rief jemand: »Rache für Eger!«

Eine immer größere Menschenmenge rottete sich zusammen. Sie stürmte zum deutschen Landestheater, dem alten, so genannten »Ständetheater«. Die Polizei verhinderte gerade noch das Eindringen der Demonstranten durch das Haupttor. Aber bald drangen einige Straßenkämpfer über die Außentreppen und über eingeschlagene Fenster in das Gebäude ein. Sie hissten große tschechische Fahnen, warfen deutsche Schauspieler und den Dramaturgen Hans Demetz die Treppen hinunter.

Unter den Demonstranten waren tschechische Schauspieler, die für den Abend eine eigene Vorstellung ansagten. Die fand an diesem 16. November dann auch statt. Man spielte Smetanas *Verkaufte Braut*. Das Publikum jubelte, darunter auch der Prager Primator [Bürgermeister] Dr. Baxa.

Was war der Grund für diese Aktion? Zuallererst natürlich Symbolismus. Ein böhmisches Landestheater in Prag für die deutsche Kunst schien den tschechischen Nationalisten ganz und gar unnötig. Der äußere Anlass war der Abend des 13. November in Eger (Cheb) gewesen. Angeblich (aber durchaus denkbar) hatten Deutsche dort tschechische Legionäre, die von einem Übungsplatz in die Kaserne zurückgeführt wurden, beschimpft oder gar bespuckt. Die Legionäre wollten sich das nicht gefallen lassen, sperrten am nächsten Abend den Markt ab, rissen die Statue von Kaiser Franz Joseph I. vom Sockel und versuchten, sie zu zerschlagen oder zu zerlegen. Die Deutschen ließen daraufhin sämtliche Glocken der Stadt läuten. Die Legionäre zogen mit einem abgeschraubten Arm der Statue ab und gaben Schüsse in die Luft ab.

Darauf lief die ganze deutsche Bevölkerung zusammen. Überall wurden schwarz-rot-goldene Fahnen aus den Fenstern gehängt, die Männer nahmen die Hüte ab und sangen »Die Wacht am Rhein«. Anschließend machten ein paar Trupps aus den unteren Schichten Jagd auf deutsche Mädchen, die im Frankentalssaal an einer Tanzveranstaltung des tschechischen Militärs teilgenommen hatten. Einigen der »Schandweiber« schnitt man die Haare ab. Die abgeschnittenen Zöpfe hing man auf eine Holzsäule in der Bahnhofstraße. Der deutsche Bürgermeister Hans Künzel forderte die »endliche Befreiung der deutschen Städte von den tschechischen Garnisonen«. Herbst 1920.

Am 14. Oktober 1918 war Tomáš Garrigue Masaryk von der Provisorischen Nationalversammlung der Tschechen und Slowaken zum Präsidenten der neuen Republik gewählt worden.

Die Entstehung dieses »tschechoslowakischen« Nationalstaates (der natürlich ein Nationalitätenstaat war und den der führende Außenpolitiker der Tschechen, Edvard Beneš, deswegen auch selten einen Nationalstaat nannte) ist die erstaunliche Leistung einer kleinen Gruppe von Männern, die sich um Masaryk formierte.

Dieser scheinbar ein wenig verstiegene christliche Professor mit seinem »Humanitätsprogramm«, das die führenden Geister

Tomáš Garrigue Masaryk (1850–1937).
Porträtaufnahme um 1920.

seines Landes für romantisch oder unverständlich hielten, unterschied sich radikal von der passiven Resistenz und dem fatalistischen Abwarten, die man seinem Volk nachsagte, nachdem Jaroslav Hašek die unvergleichliche Figur des »Braven Soldaten Schwejk« geschaffen hatte.

Masaryk tat einen für sein Land bis dahin einzigartigen Schritt – er emigrierte. Dann bildete er einen »Nationalrat«, der später, nach unablässigen internationalen Bemühungen, als Exilregierung anerkannt wurde, und nutzte den Widerwillen der Tschechen gegen den Krieg zum Aufbau tschechischer Legionen, in denen er Deserteure oder Gefangene zusammenfasste, zuerst in Russland (die dortige Truppe hieß Česká Družina), später auch in westlichen Ländern. Das war natürlich Hochverrat und deshalb lebensgefährlich. Das alte Österreich war zwar nicht mit dem Dritten Reich vergleichbar, das Gegner, wenn möglich, auch im Ausland liquidieren ließ. Aber während des Krieges saßen etwa fünftausend Tschechen in österreichischen Gefängnissen, darunter übrigens auch Kramář und sein enger Parteifreund Rašín, später Finanzminister der Ersten Tschechoslowakischen Republik.

Während des Krieges gab es in Österreich auch eine ganze Reihe von Hinrichtungen. In vielen serbischen Dörfern standen Galgen, an denen man »Verräter« aufgehängt hatte. Masaryk ließ sich durch all diese Gefahren nicht ablenken. Zwar argwöhnte er, als er ein Ekzem beziehungsweise eine Blutvergiftung bekommen hatte, das könne an vergifteter Wäsche liegen. Auch damals gab es Geheimagenten und Konfidenten. Das alles hinderte ihn aber nicht, über die ganzen Kriegsjahre ein gewaltiges Gesprächsprogramm zu absolvieren, bei dem er keineswegs nur auf die Spitzenpolitiker (zum Beispiel Aristide Briand oder Woodrow Wilson) zielte, sondern auch auf deren Sekretäre und Berater.

Eine entscheidende Rolle spielte zum Beispiel der Publizist Robert William Seton-Watson, der Masaryks Ideen in Großbritannien populär machte. Masaryk traf Tausende Intellektuelle, Professoren, Journalisten, Militärs, Schriftsteller und Abgeordnete in Paris, London, in den USA. Es gelang ihm, mit einer zuerst nur von wenigen Menschen getragenen »Auslandsaktion« fast alle tschechischen Kolonien in der ganzen Welt hinter sich zu versammeln und in seiner beispielhaften Gesprächsoffensive eine zur damaligen Zeit höchst unpopuläre Idee zum Programm der Großmächte zu machen.

Er tat das natürlich nicht allein. Seine engsten Mitarbeiter waren Milan Ratislav Štefánik, ein Slowake, und vor allem Edvard Beneš. Der Slowake Štefánik hielt Masaryk, der damals der schlichten Meinung war, »die Slowaken sind Tschechen«, den Rücken bei seinen Leuten frei. Er kämpfte in einer Fliegerabteilung der französischen Armee, stieg dort rasch in den Rang eines Generals auf, konnte die Früchte seiner illegalen Arbeit aber niemals genießen. Bei der Heimkehr nach Pressburg (Bratislava) am 4. Mai 1919 stürzte er mit seinem Flugzeug tödlich ab.

Die ungleich wichtigere Rolle spielte Beneš, der für den emigrierten Masaryk zuerst die Heimatfront (in einer Gruppe mit dem originellen Namen »Maffia«) zu organisieren versuchte, später Generalsekretär des tschechoslowakischen Nationalrats wurde und in den Zwanziger-, Dreißiger- und Vierzigerjahren zu einem der bekanntesten europäischen Politiker aufstieg. Dieser gebildete, vielsprachige, wendige Technokrat war die ideale Ergänzung zu dem großen Charismatiker Masaryk. Er war sich nicht zu schade, Kowanda, den Kammerdiener des österreichischen Innenministers Heinold, als Spion anzulernen, Koffer mit doppelten Seitenwänden anfertigen zu lassen und Dokumente, wenn nötig, in eine Flasche zu stopfen und in einem Garten zu vergraben.

Gleichzeitig aber entwickelte sich der ehemalige Handelslehrer zu einem brillanten Verhandler und einer vorzüglich vernetzten Figur der internationalen Diplomatie. Sein politisches Programm hatte sich schon in frühen Studienjahren verfestigt. Er empfand sich als »national fühlender Tscheche« und hasste Österreich-Ungarn als »Prototyp des reaktionären, aristokratisch-bürokratischen Polizeistaats«. 1916, schon als Generalsekretär des Nationalrats, formulierte er sein Glaubensbekenntnis in einer französisch geschriebenen Kampfschrift mit dem schönen Titel *Détruisez l'Autriche-Hongrie*.

»Dr. Beneš«, wie Masaryk seinen Adlatus, Generalsekretär, Außenminister und späteren Nachfolger stets titulierte, war ein weltgewandter, höchst arbeitsfähiger und vielseitiger Funktionär. Schon beim ersten Kanonenschuss auf Belgrad – Beneš war dreißig – wusste er, was seine Aufgabe war: »Die revolutionäre Arbeit gegen das Reich der Habsburger in Angriff zu nehmen und zu seinem rascheren Ende beizutragen.« Er hat dazu beigetragen.

Was aber trieb Masaryk? Der war mit dreißig Jahren der Auffassung von František Palacký gewesen, dass sich kleine Nationen zwischen Deutschland und Russland nicht behaupten könnten. Irgendwann muss er mit seiner eigenen Vergangenheit – und der großen Ikone Palacký – gebrochen haben.

Sein Landsmann Jan Křen hat es folgendermaßen ausgedrückt: »Der in den Kategorien von Evolution und Reform denkende Gelehrte begab sich auf den Weg des Verschwörers und Revolutionärs, der politische Realist übernahm manches aus dem Ideenvorrat der politischen Romantik, der moralisierende Pazifist verwandelte sich in einen Trommler des Krieges, aus dem berühmten Kritiker des tschechischen nationalen Radikalismus wurde derjenige tschechische Politiker in seiner Zeit, der durch seine nationale Radikalität alle anderen übertraf.«

Wie in politischen Führern jene »fanatische Leidenschaft« (Křen) entsteht, die sie plötzlich ummodelt, ist schwer zu sagen. Im Fall Masaryks hat sicher ein gutes Stück außenpolitischer Witterung mitgespielt. Er musste befürchten, dass ein Sieg Deutschlands und Österreichs im Ersten Weltkrieg zu einem neuen Aufschwung deutscher Bevormundung in Böhmen führen würde. Provozierende Äußerungen der deutschnationalen Seite gab es genug; und im Lauf eines langen Lebens mag auch die Geduld eines kultivierten und um Gerechtigkeit bemühten Mannes durchgescheuert werden. Irgendwann aber muss er auch erkannt, gespürt, geahnt haben, dass in diesem historischen Moment nur ein Nationalist die große Rolle spielen konnte. Die ebenso leidenschaftliche wie kritiklose Parteinahme für die Serben (der übrigens seit damals eine ebenso leidenschaftliche wie kritiklose Parteinahme gegen die Serben entgegensteht) zeigt das deutlich.

Masaryk ist auch in den härtesten Prüfungen des Krieges ein gemäßigter Nationalist geblieben. Aber der Masaryk des zweiten Jahrzehnts des 20. Jahrhunderts war ein anderer als der junge Prager Professor, der für die Wahrheit in der Handschriftenfrage und für Gerechtigkeit gegenüber den Juden stritt. Er war auch ein anderer als der alte, auf Ausgleich drängende Staatsmann auf dem Hradschin, dem Thomas Mann Hitler, den »Tierbändiger-Typ mit Peitsche und Revolver«, entgegenstellte und den er für jenen Politiker-Typus hielt, der dereinst Oberhaupt einer »europäischen Konföderation« werden könnte.

Das Geheimnis von Masaryks Erfolg war seine Orientierung nach dem Westen. Er war mit einer amerikanischen Frau verheiratet und hatte ihren Namen – Garrigue – dem seinen hinzugefügt; das war für einen Mann, der 1850 geboren wurde, eine sehr ungewöhnliche Entscheidung. Von Jugend an hatte er Verbindungen zum Westen gepflegt. Mit Karl Kramář machte er während des Kriegs zwar sofort Frieden; aber das Hurra-Slawentum dieses Hypernationalisten, der die Romanows als Dynastie einschleusen und die Orthodoxie übernehmen wollte, hielt er immer für albern. Jetzt begann sich der Mut seiner Jugend auszuzahlen – sein Kampf für den Juden Hilsner zum Beispiel. Die tschechische (und die jüdische) Kolonie in den Vereinigten Staaten finanzierte seinen Kampf. Er selbst konnte am King's College in Oxford lehren und war überall im Westen ein hochwillkommener Vortragsredner. Es ist sicher übertrieben, wenn (zum Beispiel vom Prinzen Sixtus) behauptet worden ist, Masaryk habe dem amerikanischen Präsidenten Wilson den Kriegseintritt der Vereinigten Staaten geradezu eingeredet. Masaryk wird Recht gehabt haben, wenn er selbst sagte: »Ich habe zwar dem Präsidenten Wilson durch einige Bekannte diesen Schritt als logische Konsequenz des Kriegs mit Deutschland empfohlen, doch zweifle ich, dass dies zu jener Zeit genügt habe.« Aber die »Propaganda«, die die tschechische »Auslandsaktion« betrieb (Masaryk und Beneš führten diesen später von Hitler beschmutzen Begriff ständig im Mund), war hochwirksam. Sie machte aus einer illusionären Idee – dem tschechoslowakischen Nationalstaat – eine Realität.

Masaryk hatte zu Hause mächtige Gegner. Nur die Radikalen – wie Kramář und Rašín – verfochten ein großtschechisches antiösterreichisches Programm. Sie landeten dafür auch im Gefängnis, was sie nach 1918 zu Helden machte. Der Tschechische Verband, eine Art Notgemeinschaft der tschechischen Parteien im Krieg, erklärte noch 1917 seine Loyalität zu Österreich. Gefährlicher für Masaryk war eine Politikergruppe, in

Der Prager Rechtsanwalt Bohumír Šmeral (1880–1941), einer der großen Intellektuellen der Linken, Mitbegründer der Kommunistischen Partei in der Ersten Republik.

der die Führer der Agrarier und der tschechischen Sozialdemokraten, Antonín Švehla und Bohumír Šmeral, die entscheidende Rolle spielten. Der Prager Rechtsanwalt Šmeral war einer der großen Intellektuellen der Linken, geprägt vom Marxismus wie vom deutschen Denken. In der Ersten Republik war er einer der Mitbegründer der Kommunistischen Partei, und er hat lange versucht, das Umkippen dieser Partei in den Stalinismus und die Moskauhörigkeit zu verhindern.

Šmeral fürchtete – und sagte –, dass Masaryk die Nation zu einem »neuen Weißen Berg« führen würde. Er blieb sozusagen bei den Ideen Palackýs von 1848. Eine selbstständige tschechische Republik könne nichts anderes werden als ein Pufferstaat in einer deutschen Masse, den kein beneidenswertes Schicksal erwarte. Ganz Unrecht hatte er nicht. Aber spätestens im Dezember 1918, als Masaryk als Präsident und Befreier in Prag einzog und die Massen frenetisch jubelten, hatte Šmeral sein Spiel verloren. Der tschechische Österreich-loyale Aktivismus der letzten Kriegsjahre, der immer wieder auf die Verwundbarkeit der staatlichen Existenz kleiner Nationen mitten unter Großmächten hinwies, war, wie Křen sich bildhaft ausdrückt, in diesem Moment nur noch ein totes Gewässer, »das alle Fische schleunigst zu verlassen suchten«.

Der Wilsonianismus

Masaryk hat zu der Idee, dass eine zwischen Deutschland und Russland zu schiebende Zone kleiner mitteleuropäischer Nationalstaaten das friedliche Zusammenleben in Europa besser sichern könnte als Großreiche – wie Österreich, das Osmanische Reich oder Russland –, einen erheblichen Beitrag geleistet. Aber er hat diese Idee natürlich nicht im Alleingang durchgesetzt. Man hatte die ewigen nationalen Querelen und »Volkstumskämpfe« in den alten Monarchien satt. So meldeten sich die Großmächte der Zukunft, Amerika und Russland, mit Vorstellungen für eine neue Weltordnung.

Es waren zwei sehr unterschiedliche historische Figuren, die die Parolen ausgaben, der amerikanische Professor der Geschichte und Staatswissenschaften Woodrow Wilson, Präsident der hoch renommierten Princeton Universität, Präsident der Vereinigen Staaten von Amerika 1913–1921, und der sich selbst zu Konsequenz und Brutalität zwingende russische Berufsrevolutionär Wladimir Iljitsch Lenin. Diese beiden Männer trieben die Europäer unter der Maxime eines »Selbstbestimmungsrechts der Völker« in eine neue nationalstaatliche Struktur. Ihre Motive waren zweifellos ganz verschieden; aber die Folgerungen, die Lenins »Dekret über den Frieden« und Wilsons »Peace without victory«-Botschaft, beide im Jahr 1917 verfasst, nahe legten, waren einander verblüffend ähnlich.

Wilson hatte einen universalen Ordnungsentwurf. Er entwickelte eine raffinierte gemeinsame Formel für Selbstbestimmung und imperiale Herrschaft. Kein amerikanischer Präsident vorher und nachher hat so viel im Ausland interveniert wie Wilson, der Friedensnobelpreisträger von 1919. Der Sohn einer traditionsreichen Pastorenfamilie hatte aus seinem presbyterianischen Glauben die nicht abwegige, aber doch allzu idealistische Idee mitgebracht, dass demokratische Staaten ihre Minderheiten vernünftiger behandeln und miteinander weniger Krieg führen würden. In George W. Bushs Idee eines demokratischen Iraks, dessen Demokratie zum Ausgangspunkt für eine Befriedung des Nahen Ostens werden könnte, zittert diese Philosophie nach.

Lenin dagegen war ein gnadenloser Funktionalist. Die Warenproduktion erfordere die staatliche Zusammenfassung von Territorien mit Bevölkerung gleicher Sprache; deshalb sei der Nationalstaat für die kapitalistische Periode »das Typische«. Daher plädierte er für ein Selbstbestimmungsrecht der Völker »bis zur Losreißung«, also mit dem Recht der staatlichen Sezession. Allerdings ordnete er auch seine eigenen Theorien den »Interessen des Sozialismus« unter. 1914 war er für eine selbstständige Ukraine, schon im Januar 1918 war er dagegen. Nicht lange danach beendete er höchstpersönlich die kurze Eigenstaatlichkeit der Armenier, der Georgier, der Kubankosaken, der Aserbaidschaner, der Weißrussen und so fort.

Man muss sich die Situation der böhmischen Kronländer direkt nach dem Sieg der Westalliierten 1918 plastisch vor Augen führen. Masaryk und seine »Auslandsaktion« trafen sich mit Repräsentanten der tschechischen Parteien aus Prag in Genf; dort bestimmte man Masaryk zum Präsidenten und rief den tschechoslowakischen Nationalstaat aus. In Deutschland war Wilhelm II. verjagt worden, die heftig umkämpfte Regierung wurde von den Sozialdemokraten gestellt, und selbst der große Wiener Nationalitätentheoretiker Otto Bauer verlangte den Anschluss Deutschösterreichs an Deutschland, weil er das für den Anschluss an den Sozialismus hielt. Nach den jahrzehnte-

Rudolf Lodgman von Auen (1877–1962), 1918 Landeshauptmann des kurzlebigen Gebildes Deutschböhmen, später erster Vorsitzender der Sudetendeutschen Landsmannschaft.

langen Sprachkämpfen wollten die Deutschen in Böhmen, Mähren und Schlesien natürlich unter gar keinen Umständen unter ein »tschechisches Joch« kommen. Am 21. Oktober 1918 riefen die (schon 1911 in Österreich gewählten) deutschen Abgeordneten in Wien den »selbstständigen deutschösterreichischen Staat« aus, der die Gebietsgewalt auch über die Sudetenländer beanspruchte.

Im November versuchten die deutschen, in Böhmen gewählten Abgeordneten eine eigenberechtigte Provinz Deutschböhmen auszurufen, etwas später konstituierten sich auch noch die Provinz Sudetenland, ein Böhmerwaldgau und eine Provinz

Deutsch-Südmähren. Zum Landeshauptmann von Deutschböhmen wählte man den deutschnationalen Abgeordneten Dr. Rudolf Lodgman von Auen, zu seinem Stellvertreter den Vorsitzenden der deutschen Sozialdemokraten in Deutschböhmen Josef Seliger.

Und alle, alle verlangten das »Selbstbestimmungsrecht«. Die einen wollten Plebiszite darüber abhalten, zu welchem Staat sie gehören sollten, andere wollten bei »Restösterreich« bleiben, wieder andere verlangten den Anschluss dieses klein gewordenen Restösterreichs an Deutschland und so fort.

Die klügste Bemerkung zum Thema Selbstbestimmung machte der deutsche Gesandte in Prag, Walter Koch. Er schrieb seiner Regierung ironisch: »Jeder Sudetendeutsche beantwortet die Frage, ob er das etwas nebelhafte Selbstbestimmungsrecht haben wolle, mit demselben freudigen Ja, mit dem er die Frage, ob er eine Villa im Riesengebirge haben möchte, bejahen würde.«

In Ungarn, auf dem Balkan, in Rumänien und anderswo war das genauso. Aber von dieser Vielfalt (und diesen vielfältigen Kontroversen) hatte der hochherzige amerikanische Präsident, der Europa eine neue Ordnung bescheren wollte, trotz vieler kluger Mitarbeiter keine Ahnung. Und die Kommunisten, die ebenfalls für radikale Selbstbestimmung argumentierten, wollten natürlich die Revolution, nicht die Freiheit irgendwelcher Völker. Noch 1931 sagte Václav Kopecký, nach 1945 stellvertretender Ministerpräsident der »volksdemokratischen« Tschechoslowakei, der Masaryksche Staat sei nichts anderes als eine »verschlechterte Neuauflage des österreichisch-ungarischen Völkerkerkers« gewesen, weil »in einen kleinen Staat unter das imperialistische Joch der tschechischen Bourgeoisie acht Millionen Angehörige von fünf Nationen hineingestopft wurden«. Diese Zählung versteht man natürlich nur, wenn man die Slowaken mit den Tschechen nicht national gleichsetzt, also anders denkt als Masaryk oder Beneš.

Die Erbitterung der Deutschen in dieser Situation war unermesslich. Die ganze Welt redete vom »Selbstbestimmungsrecht der Völker«. Sie aber, die Deutschen in Böhmen, Mähren und

Schlesien, wurden in einen tschechoslowakischen Nationalstaat gesteckt, in dem das Staatsvolk nur deshalb eine deutliche Mehrheit hatte, weil Tschechen und Slowaken (zwei Völker mit ziemlich unterschiedlicher Entwicklung) zusammengerechnet wurden. Die Prager Zentralregierung ließ die deutschen Gebiete irgendwann besetzen. Das war der Moment, in dem Volksgruppen, die bis dahin eigentlich gar nicht viel miteinander zu tun hatten, plötzlich zu »Sudetendeutschen« zusammenwuchsen. Geografisch hatte man schon am Anfang des 19. Jahrhunderts von »Sudetenländern« gesprochen. Zu einem Identifikationsbegriff wurde das Wort »sudetendeutsch« im Zug der dramatischen Geschehnisse seit 1914, besonders seit 1918/19. Den Höhepunkt dieser »Politisierung« erreichte dann Konrad Henlein mit seiner sudetendeutschen »Einheitsbewegung« ab 1933.

Wer der Magie des (auch in den Balkankriegen der Neunzigerjahre des 20. Jahrhunderts schwer missbrauchten) Selbstbestimmungsbegriffs nicht erliegt, wird allerdings einräumen müssen, dass vieles für die Argumentation Masaryks spricht. In seiner ersten Botschaft, am 22. Dezember 1918, kurz nach dem triumphalen Einzug in Prag, sagte er: »Wir haben unseren Staat geschaffen; dadurch bestimmt sich die staatsrechtliche Stellung unserer Deutschen, die ursprünglich als Immigranten und Kolonisten ins Land gekommen sind. Wir haben ein volles Recht auf den Reichtum unseres Gebietes, der unerlässlich ist für unsere und die Industrie der Deutschen bei uns.«

Ökonomisch hatte er Recht. Eine Tschechoslowakei ohne die deutschen Gebiete wäre kaum lebensfähig gewesen. Wer das Recht auf Selbstbestimmung als absolutes Recht auf Lostrennung, auf staatliche Sezession, interpretiert, macht aus der Welt einen Fleckenteppich selbstständiger Gebilde, die den ehemaligen deutschen Fürstentümern eines Sachsen-Coburg-Gotha oder Schwarzburg-Sondershausen entsprechen würden. Das Kosovo oder die Serbische Republik in Bosnien sind Beispiele für solche Gebilde.

Was die Neuordner der Welt um Wilson nicht begriffen, war der Hass, der aus dem Statusverlust kam, wenn man früher »herr-

Der Einzug von Präsident T. G. Masaryk in Prag am 21. Dezember 1918. Tschechischer Jubel.

schende« Nationen wie die Deutschen oder die Magyaren jetzt zur Minderheit im Staat ihrer alten nationalen Widersacher machte. Und genau das geschah in den Verträgen von Versailles, Saint-Germain, Trianon, Sèvres oder Neuilly.

Im Prinzip hatten Wilson und die Amerikaner das Problem erkannt. Aber nur im Prinzip. Sie waren vom Vielvölkergemisch Mitteleuropas zu weit entfernt. Wilson wollte seine neue Ordnung klugerweise durch eine internationale Organisation absichern, den Völkerbund. Leider gelang es ihm aber nicht einmal, seinen eigenen Kongress davon zu überzeugen, dass die USA diesem Völkerbund beitreten sollten. Man hatte auch ein Minderheitenstatut erfunden (das der neue tschechoslowakische Außenminister Beneš sofort – und unter der einzigen Bedingung, dass es zugunsten der Juden keine besonderen Verpflichtungen enthielte – unterschrieb). Auf Initiative amerikanisch-jüdischer Organisationen, die die jüdische Bevölkerung in Mitteleuropa schützen wollten, wurden dem »neuen Europa« vertragliche Verpflichtungen auferlegt. Dieses Minderheitenstatut formulierte viele vernünftige Verpflichtungen, mit denen die Minderheiten in Polen, Rumänien, der Tschechoslowakei und so weiter geschützt werden sollten. Es enthielt aber auch die Ermächtigung an die neuen Staaten, eine Sprache zur Staatssprache, also als »offiziell« zu erklären. Dass dies, bedenkt man die Verhältnisse in Mitteleuropa, eine grandiose Dummheit war, versteht sich von selbst.

Über drei Millionen Ungarn wurden als Minderheiten in Nachbarstaaten verfrachtet, dreieinhalb Millionen Deutsche in die neu entstehende Tschechoslowakei. Bei den Südslawen warf man – im neuen Königreich Jugoslawien - Völker, die Jahrhunderte lang unter byzantinischer und islamischer Kultur gelebt hatten, mit solchen zusammen, die nördlich der Donau zu Österreich-Ungarn und damit eindeutig zum westlichen Kulturkreis gehört hatten; die mörderischen Auseinandersetzungen, die daraus folgten, vor allem zwischen Serben und Kroaten, wurden damit geradezu programmiert. Und auch die Konstruktion des polnischen Staates, der nach rund hundertfünfzig Jahren neu begründet wurde, trug von Anfang an die Keime späterer Konflikte in sich: im Westen mit den Deutschen, im Osten mit den Ukrainern, im Nordosten mit den Litauern. Der Donauraum, dessen Einheit noch Bismarck beschworen hatte, wurde in lebensunfähige Kleinstaaten zerlegt.

Wie die großen Staatsmänner dieser Zeit im Übrigen zu den Minderheitenfragen standen, lässt sich an den folgenden Äußerungen ablesen.

Der französische Außenminister Aristide Briand: »Der Prozess, den wir im Auge haben, zielt zwar nicht direkt auf das Verschwinden der Minderheiten, aber doch auf ihre Assimilation.«

Der Brite Arthur Neville Chamberlain: »Das Ziel der Minderheitenverträge besteht darin, Schutz und Gesetzlichkeit sicherzustellen, die nach und nach die Minderheiten darauf vorbereiten sollen, sich in den nationalen Gemeinschaften aufzulösen, zu denen sie gehören.«

Das war genau das, was die Tschechen wollten. Noch in seinen Memoiren hat Beneš die Tschechisierung als »natürlichen«,

»modernen«, »soziologischen« Prozess beschrieben. »Die tschechische Entwicklung in diesem Sinne ist nicht aufzuhalten, und die Grundlagen dafür beruhen in der historischen und wirtschaftlichen Entwicklung unserer Umwelt während der letzten zwei Jahrhunderte; man muss die Dinge also so nehmen, wie sie sind. Die so genannte Tschechisierung unserer deutschen Gebiete vollzieht sich automatisch durch den natürlichen Bevölkerungsaustausch und die Vermischung der deutschen und tschechischen Bevölkerung, so wie dieser Prozess in früheren Jahrhunderten in umgekehrter Weise verlief – oft auch gewaltsam.« Die Sudetendeutschen wollten diesen »natürlichen, modernen, soziologischen« Prozess nicht hinnehmen. Das Ergebnis war Mord und Totschlag.

Österreich war zerbrochen. Victor Adler hatte das schon Ende der Achtzigerjahre vorhergesagt: »Die österreichische Regierung ist gleich unfähig, bei einem Werk der Gerechtigkeit konsequent zu sein, wie bei einem Werk der Unterdrückung; sie schwankt beständig hin und her – wir haben den Despotismus gemildert durch Schlamperei.« Das löste bei den Genossen aus anderen Ländern große Heiterkeit aus. Es war aber nicht heiter. Natürlich machte Österreich immer wieder Versuche, zu einer Einigung mit den Alliierten zu kommen und den Krieg frühzeitig zu beenden. Besonders der Nachfolger von Kaiser Franz Joseph I., Karl I., hat sich daran verschiedentlich versucht, gelegentlich auch mit einander widersprechenden Initiativen. Aber es war zu spät. Die einzelnen Emigrationen, die tschechische an der Spitze, vermochten es immer wieder, die »gefährlichen Versuche« zu Friedensverhandlungen zu boykottieren. Beneš hat das moralische Problem, das darin lag, in seinem »Aufstand der Nationen« ganz offen angesprochen: »Wir wussten, dass wir unsere nationalen Ziele nur erreichen werden, wenn der Krieg so lange dauerte, bis wir unseren Sieg vorbereitet hätten. Sittlich gesehen war dies eine peinvolle Lage. Allerdings war uns, als ersparte die Erkämpfung eines dauernden Friedens der Welt einen baldigen neuen Krieg.«

Leider war der Frieden so dauerhaft nicht. Die jüdische Philosophin und Politologin Hannah Arendt hat ihr Urteil in einem bedeutungsschweren Satz zusammengefasst: »Es hätte«, sagte sie mit Bezug auf Mitteleuropa, »in dieser Ecke Europas wahrlich nicht Hitlers bedurft, um alle gegen alle zu hetzen.«

Der aber übernahm 1933 in Deutschland die Macht.

Die Erste Republik

Man darf nicht so tun, als hätten die Sudetendeutschen in der Zeit, in der sie Staatsbürger der Tschechoslowakei waren, ständig in einem Delirium gelebt, in romantischer Sehnsucht nach Deutschland oder Österreich, im Hass auf die tschechischen Unterdrücker, im Widerstand gegen die Staatsorgane der Tschechoslowakei. Dass das nicht so war, kann man sehr gut den Akten des deutschen Außenministeriums entnehmen. Schon im April 1919 schrieb der deutsche Botschafter in Wien, Graf Wedel, allerdings nicht für die Akten, sondern in einem Geheimbericht: »Nach meinen Nachrichten ist Deutschböhmen vorläufig für uns verloren; die Einwohner finden sich immer mehr mit dem tschechischen Gedanken ab, die Industriellen heucheln deutsches Nationalgefühl, sind aber in ihrem Herzen mit wenigen Ausnahmen dafür, bei Tschechien zu verbleiben, weil ihnen dies vorteilhafter ist.«

Was Wedel da schildert, war nicht einfach Opportunismus. Die Industrie hatte es ohnehin schwer genug, weil mit der Zerstörung Österreich-Ungarns der mitteleuropäische Wirtschaftsraum zunächst einmal zerschlagen war. Die bäuerlichen oder kleinbürgerlichen Massen hingen natürlich an ihren Dörfern und Städten, an ihrer Heimat. Dass sie plötzlich nur noch von Prag und nicht mehr von Wien aus regiert wurden, trieb sie nicht in die Emigration. Josef Seliger, der frühere Textilarbeiter, 1870 in der Gegend von Reichenberg (Liberec) geboren, der schon mit vierzehn Jahren als Austauschkind bei einer tschechischen Bauernfamilie war und die Lage kannte, traf das Gefühl der Leute sehr viel besser als die deutschnationalen Kämpfer.

Bereits im November 1918, also mitten im Kampf um das

Josef Seliger (1870–1920), böhmischer Arbeiterführer.

Land Deutschböhmen hat Seliger geschrieben: »Das deutsche Land in Böhmen ist kein einheitliches, zusammenhängendes und geschlossenes Gebiet, sondern zerfällt in mehrere deutsche Sprachgebiete, die räumlich voneinander durch starke und breite Einschiebungen des tschechischen Sprachgebietes getrennt sind … Zweifellos ist, dass die deutsch besiedelten Gebiete Böhmens nicht fähig sind, miteinander ein einheitliches, selbstständiges Deutschböhmen zu bilden, da es doch ganz unmöglich ist, acht voneinander durch die breite Kluft des tschechischen Siedlungsgebiets geschiedene und so weit auseinander gerissene Landfetzen … zu einem einheitlichen Staats- oder Verwaltungsgebiet zu vereinigen.«

Aber der Prozess der Ernüchterung und der Anpassung an die Realitäten des »neuen Europas« (Donald Rumsfeld, der derzeitige amerikanische Verteidigungsminister, hat diesen masarykschen Begriff kürzlich aufgegriffen) wurde immer wieder gestört. Als am 4. März 1919 die gewählte deutschösterreichische Nationalversammlung zusammentrat, rief die deutsche sozialdemokratische Partei zur Niederlegung der Arbeit und zu friedlichen Kundgebungen »für das Selbstbestimmungsrecht« auf. In allen deutschen Orten fanden große Versammlungen statt. Josef Seliger sprach in Teplitz (Teplice). Die Prager Regierung stellte ihm sogar eine Art Leibgarde von tschechisch-sozialdemokratischen Legionären bei, um jedes Attentat auf den großen Gegenspieler zu verhindern.

Aber das war nicht überall so. An anderen Orten schoss das tschechische Militär in die wehr- und waffenlosen Menschen hinein. In Kaaden (Kadaň) starben fünfundzwanzig Teilnehmer der Demonstration, in der nordmährischen Stadt Sternberg (Šternberk) sechzehn. Insgesamt starben dreiundfünfzig Menschen. Der 4. März 1919 wurde zum Fanal, zum symbolischen Datum, zum Instrument von Geschichtspolitik. Es waren natürlich nicht »die Tschechen« gewesen, die da ein halbes Hundert deutscher Arbeiter umgebracht hatten, sondern junge tschechische Soldaten, die entweder Angst hatten oder die von Offizieren kommandiert wurden, denen die neue Macht zu Kopf gestiegen war. Es war genauso, wie es neulich in irakischen Städten war, in denen amerikanische Soldaten gelegentlich Dutzende von Zivilpersonen töteten. Aber für das weitere Zusammenleben von Tschechen und Deutschen hatte der 4. März 1919 schlimme Folgen. Er wurde jahrzehntelang immer wieder zitiert, bis er durch schlimmere Symbole verdrängt wurde: Liditz (Lidice) zum Beispiel.

Der erste Gesetzgeber der am 28. Oktober 1918 entstandenen ČSR war der winzige Nationalausschuss, der eine »Revolutionäre Nationalversammlung« schuf. Sie hatte 270 Mitglieder, zusammengesetzt nach einem Parteischlüssel aus Tschechen und Slowaken. Die Minderheiten beteiligte man an diesem Prozess nicht. Zwar führten sowohl Lodgman von Auen als auch Seliger Gespräche in Prag. Seliger soll von dem Ultratschechen Alois Rašin zu hören bekommen haben, Selbstbestimmung sei eine wunderbare Phrase, aber jetzt, da die Entente gesiegt habe, entscheide die Macht. »Mit Rebellen verhandeln wir nicht.« Lodgman von Auens Fühlungnahmen mit dem »Národní vybor« (Nationalausschuss) konnten nicht zum Ergebnis führen. Die Tschechen wollten nur unter der Voraussetzung verhandeln, dass die deutschen Gebiete an die Tschechoslowakei fielen, Lodgman von Auen unter der Bedingung, dass sie zu Österreich gehörten. Das konnte nicht weiterbringen.

Die Verfassung, sagten die Tschechen, sei Bestandteil der Revolution. Sie geriet durchaus demokratisch, aber sie begann in der Präambel mit der Formel »Wir, die tschechoslowakische Nation«. Von einer wie auch immer gearteten »Autonomie«, einer wenigstens kulturellen Selbstbestimmung der Minderheiten, konnte keine Rede sein. Man schuf eine »offizielle« (Staats-)Sprache; und selbst diesen fragwürdigen Kompromiss mussten Masaryk und Beneš gegen ihren eigenen Ministerpräsidenten Kramář durchsetzen, der von »syphilitischer Nationslosigkeit« faselte. Kramář fiel. Die offizielle Staatssprache blieb. Aber das Ganze war natürlich ein deutlicher Rückschritt gegenüber dem Sprachenregime des alten Österreichs.

Auch bei der Bodenreform schloss man die Minderheiten von der Zuteilung enteigneten Bodens aus. Sie war als »Wiedergutmachung des Unrechts von 1620« konzipiert, griff also ideologisch dreihundert Jahre zurück. In der Realität des Jahres 1920 war es eine Sozialpolitik in nationalistischer Auslegung, die oft genug die sinnlose Zertrümmerung größerer – vor allem deutscher – Höfe erzwang.

Dann kam das Sprachengesetz. Die Regierung beachtete den Minderheitenschutzvertrag. Wo die jeweilige Minderheit mindestens 20 Prozent der Einwohner des Amtssprengels hatte, musste sich die staatliche Behörde mit den Leuten in ihrer jeweiligen Sprache auseinander setzen. Zehn Prozent der Deutschen, die in überwiegend tschechischen oder slowakischen Orten lebten, hatten allerdings kein Sprachenrecht. Was sich entwickelte war – nach den Worten Walter Kochs, des deutschen Gesandten in Prag – eine »unausgesetzte Tschechisierung mit legalen Mitteln«. Die tschechische Politik sei mit dem Minderheitenschutzvertrag nicht unvereinbar: »Nirgends steht darin, dass man von Beamten aller Art bis zu den Notaren und Landmessern und Tierärzten nicht die Kenntnis der Staatssprache verlangen oder dass man zum Besuch der tschechischen Schule nicht durch allerhand Prämien locken dürfe.«

Die Geschichte der deutschen Postler, die sich durch tschechische Sprachprüfungen gequält fühlten, wurde überall in den Sudetengebieten von Stammtisch zu Stammtisch getragen. Da nutzte es wenig, dass sich Masaryk immer wieder für den Ausgleich einsetzte: »Der Chauvinismus«, sagte er in Interviews, »ist überall Krähwinkelei.« Auch Beneš, der erst 1920 einer politischen Partei – der Partei der Tschechischen Nationalen Sozialisten (die natürlich nicht mit den deutschen Nationalsozialisten verwechselt werden darf) – beitrat, drängte beständig auf Legalismus, auf unauffällige demokratische Normalität. Ohne Zweifel war die Tschechoslowakei im Inneren toleranter als viele andere der neu entstanden Nationalstaaten.

Aber die Deutschen waren anderes gewöhnt. Sie waren anfällig für pathetische Rechtsverwahrungen und stichelnden Widerspruch. Als sie 1920, nach den ersten Parlamentswahlen in der ČSR, endlich ins Prager Parlament kamen, praktizierte Lodgman von Auen genau dasselbe, was die Tschechen seit 1879 im Wiener Reichsrat betrieben hatten. Er gab eine »Staatsrechtliche Erklärung« ab, in der er klar machte, dass die Deutschen das ihnen »aufgezwungene Unrecht« nie akzeptieren würden. Als Präsident Masaryk den Saal betrat, gingen die Deutschen. Lodgman von Auen rief laut: »Deutsche Immigranten und Kolonisten verlassen den Saal.« Als Gerhart Hauptmann 1922 in der Deutschen Universität Prag zum Ehrendoktor promoviert wurde, konnte sich der Universitätssenat nicht entschließen, zu dieser Feier den Präsidenten der Republik einzuladen. Und als für das Jahr 1922/23 die Philosophische Fakultät turnusmäßig den Rektor zu stellen hatte und dafür den jüdischen Historiker Samuel Steinherz vorschlug, streikten die völkischen Studenten zwei Wochen lang. Nachdem der Streik schließlich in sich zusammengebrochen war, publizierten die Streikenden einen Beschluss, in dem es hieß: »Mit unserem Auftreten haben wir den verborgenen jüdischen Faktoren für das künftige Jahrdutzend die Lust genommen, an die Spitze der deutschen Universität einen Feind des Deutschtums zu stellen.« Deutsche Akademiker der Zwanzigerjahre.

Es zeigt die Sehnsucht der großen Mehrheit der Sudetendeutschen und der Tschechen nach Normalität und nationalpolitischem Waffenstillstand, dass nach all dem seelischen Auf- und Abschwung, diesen Rechthabereien, Quertreibereien und verständlichen Klagen 1925, nach dem Vertrag von Locarno – der die Aufnahme der sich langsam konsolidierenden Weimarer Republik in den Völkerbund brachte – doch noch eine zunächst vorsichtige, später immer selbstbewusstere Periode der Zusammenarbeit begann. In die Geschichte eingegangen ist diese oft genug antagonistische Kooperation, die 1925 erstmals von den deutschen Agrariern und Christlichsozialen gewagt wurde, als »deutscher Aktivismus«. 1929, nach den Parlamentswahlen, in denen die sozialistischen Parteien (die deutschen und tschechoslowakischen Sozialdemokraten und die tschechischen Nationalen Sozialisten) starke Erfolge errangen, traten die deutschen und tschechischen Sozialdemokraten gemeinsam in die Regierung ein.

Der leidenschaftlich auf die Zusammenarbeit »von Volk zu Volk« setzende Minister für soziale Fürsorge und spätere Arbeitsminister Ludwig Czech (seit dem Tod Josef Seligers 1920 und bis zu seiner umkämpften Ablösung durch Wenzel Jaksch 1938 der erste Mann der deutschen Sozialdemokraten) wurde eine symbolische Figur. Der ein wenig farblose Brünner Advokat war ein grundsolider marxistischer Sozialpolitiker, aber er nahm die nationalkulturellen Bedürfnisse seiner Leute nicht ernst genug. Seine »Czechkarten«, Lebensmittelkarten für gewerkschaftlich nicht organisierte Arbeitslose, waren in der Wirtschaftskrise oft genug die letzte Rettung sowohl für tschechische als auch für sudetendeutsche Arbeiterfamilien.

Czech setzte in bescheidenen Teilbereichen, zum Beispiel

Ludwig Czech (1870–1942), 1929–38
Minister in mehreren Kabinetten der
Tschechoslowakei, Nachfolger von
Josef Seliger.

bei der Fürsorge für Kinder in fremder Pflege oder für uneheliche Kinder, sogar den Grundsatz der »nationalen Autonomie« durch. Die tschechische Rechte hasste ihn; er vergeude Staatsgelder für »arbeitsscheue Elemente«. Das war ein national durchtränkter Besitz-Liberalismus. Die tschechischen Sozialdemokraten aber hielten lange am Zweckbündnis mit ihrem deutschen Genossen fest. Sie waren die Nutznießer der Verdrängung deutscher Postler, Eisenbahner oder Tabakarbeiter. In den Dreißigerjahren begannen auch die Tschechen allerdings mehr und mehr zu spüren, dass Czech zu schwach war, um ihnen einen starken Partner in der deutschen Minderheit zu erhalten.

Hinter dem »Aktivismus« standen zwischen 1925 und 1935 etwa 75 bis 85 Prozent der sudetendeutschen Wähler. Die Republik hätte also Zeit gehabt, die Sudetendeutschen zu gewinnen; und der alte Masaryk versuchte das auch. Die Sudetendeutschen waren keineswegs während der ganzen Ersten Republik staatsfeindlich und schon gar keine »Fünfte Kolonne« Hitlers. Dessen Aufstieg in der Weltwirtschaftskrise, die handgreifliche Not in den sudetendeutschen Industriegebieten und der unspektakulär weiterlaufende »soziologische Prozess« der Tschechisierung entkräfteten allerdings diese falsch gegründete und von Piłsudski- und Horthy-Staaten umgebene Demokratie.

1930 zum Beispiel hielt der Bergarbeiterführer Adolf Pohl, kein Nationaler, sondern ein gestandener Sozialdemokrat, eine Rede, zu der er auch führende tschechische Sozialdemokraten eingeladen hatte. Seine Rechnung mag für Nachgeborene kleinlich wirken, eben eine Aufrechnung. Aber so war der Gesprächsstoff an Arbeitsplätzen, in Wirtshäusern und bei den Abendbummeln, und keineswegs nur bei den Versammlungen der Deutschen Nationalsozialistischen Arbeiterpartei (DNSAP). »Nehmen wir nur den Postdienst«, rief Pohl in seine Gewerkschafterversammlung hinein. »Ich will einige Beispiele anführen. In Graslitz, das 100 Prozent deutsche Einwohner zählt, gab es vor dem Krieg 23 deutsche Bedienstete, jetzt 22 tschechische Beamte und fünf deutsche Briefträger. Die deutschen Briefträger sind übrig geblieben, weil sie einen schweren Dienst haben und bei Wind und Wetter über die Berge gehen müssen. In Weipert mit 99,3 Prozent deutscher Bevölkerung sind von 30 Postbediensteten nur noch fünf deutsche Briefträger übrig. In Eger gab es vor dem Krieg bei der Post 95 Deutsche und sieben Tschechen, im Jahr 1930 sind dort 60 Deutsche und 113 Tschechen, während die Bevölkerung zu 99,6 Prozent deutsch ist.«

Dann packte er das eigentliche Problem der späten Zwanziger- und frühen Dreißigerjahre – 1928 war das letzte Jahr mit einer normalen Konjunktur gewesen – von seiner heikelsten Seite. »Die ortsansässige Arbeiterschaft kann nur äußerst schwer Beschäftigung bei einem tschechischen Unternehmer finden.

Wenn sie schon aufgenommen wird, dann zu Löhnen, die geradezu schreiend sind.« Er schilderte in ein paar Worten die soziale Wirklichkeit einer jungen Demokratie, die aus unterschiedlich entwickelten Völkern bestand. »Einmal musste der Sekretär der tschechischen Gewerkschaftskommission in Teplitz erscheinen und eine Eingabe machen. Die Firma wollte nur drei Kronen Stundenlohn für eine riesig schwere Arbeit zahlen, wobei die Leute drei bis vier Stunden Weg zurücklegen müssen. Es wurden slowakische Leute zu Hunderten hingebracht, die um jeden Preis arbeiten, obzwar in der Gegend massenhaft Arbeitslose vorhanden sind. Wenn beim Bau des Rangierbahnhofs in Brüx und Kopitz ein Deutscher erscheint und nach Arbeit fragt, bekommt er überhaupt keine Antwort. Der Leiter sagt nicht Nein und nicht Ja. Bei den Bauarbeiten wird kein Fenster, kein Beschlag oder keine Bleibedachung an Leute vergeben, wo Deutsche beschäftigt sind. Alles geht restlos ins tschechische Gebiet.«

Der junge Wenzel Jaksch (geboren 1896) hatte erkannt, wie explosiv die Mischung der sozialen und nationalen Pülverchen war. Sein Vorsitzender Ludwig Czech (geboren 1870) nicht. Das war die Chance für die Nationalisten. Ein Mensch namens Henlein sollte sie ergreifen.

Am Ende seiner Rede fügte der Bergarbeiterführer Pohl noch hinzu: »Auch von vielen Tschechen werden diese Zustände als unhaltbar bezeichnet.« Damit hatte er sicher Recht. Es gab keinen Kampf »der Tschechen« gegen »die Deutschen«. Aber es war eben nicht so leicht, funktionstüchtige Nationalstaaten aus unterschiedlichen Völkern und Volksgruppen zusammen zu komponieren.

Die Slowaken

Denn es gab in der Tschechoslowakei ja nicht nur die deutsche Minderheit. In der Südslowakei und in Karpatenrussland (Karpato-Ukraine) lebten 720 000 Magyaren, die die Prager Regierung nicht gerade liebten. Im Teschener-Gebiet (Těšinsko) lebten hunderttausend Menschen, die polnische Dialekte sprachen und nach Warschau schielten. Und dann gab es die Slowaken, die tausend Jahre in Ungarn gelebt hatten, Palackýs »slawische Ungrer«, fünf Millionen Menschen, die unbestreitbar »national« – also wirtschaftlich, kulturell und institutionell – nicht so »reif« waren wie die Tschechen, aber sich natürlich überhaupt nicht als kleinere Brüder, als Assimilationsmaterial, als beliebige Manövriermasse des Tschechoslowakismus verstehen wollten. Rein empirisch hatten die Tschechen Recht, wenn sie darauf hinwiesen, dass es 1918 nicht viel mehr als siebenhundertfünfzig Slowaken gab, die man von ihrer Ausbildung her für wichtige Regierungsaufgaben – ob in Prag oder Pressburg (Bratislava) – gebrauchen konnte. Aber Politik funktioniert nicht »rein empirisch«. Wo alle von Selbstbestimmungsrecht fabelten, wollten eben auch die Slowaken ihren gerechten Anteil an der Macht. Sie redeten von Autonomie genauso wie die Sudetendeutschen und meinten damit Föderalisierung, Beamtenkontingente, Mittel der Wirtschaftsförderung und die Anerkennung der eigenen Sprache (die dem Tschechischen in etwa so nahe oder so fern war wie das Flämische dem Holländischen).

Ein zentrales Argument war der Vertrag von Pittsburgh. Dieses kurze Papier hatte Masaryk am 30. Mai 1918 formuliert. Es wurde von ihm und Vertretern der slowakischen und tschechischen Organisationen in den USA unterzeichnet. Die Slowaken zitierten daraus nur den einen Satz, der ihnen »ihre eigene Verwaltung, ihren Landtag und ihre Gerichte« versprach. Die Tschechen führten vor allem den letzen Satz an: »Die weiteren Einzelheiten über die Ausgestaltung des tschechoslowakischen Staates werden den befreiten Tschechen und Slowaken und ihren rechtmäßigen Vertretern überlassen.« Beneš hat oft erklärt, er kenne kein Abkommen dieser Art. So geht es, wenn symbolische Vereinbarungen sich in der Wirklichkeit bewähren sollen.

Bei der Staatsgründung hatten die Slowaken mitgespielt; sie wollten – unter allen Umständen – lieber in einen Staat mit den Tschechen als wieder zurück zu den Ungarn. Aber schon kurz darauf regte sich in der Slowakei ein breiter Widerstand. Masaryks erster Ministerpräsident Karel Kramář verfolgte eine extreme Zentralisierungspolitik. Die Slowaken hatten regelrecht Angst, aufgesogen zu werden. So bildete sich im Dezember 1918 um den Pfarrer Andrej Hlinka aus Rosenberg (Ružmberok) die Slowakische Volkspartei, die aus einem Priesterrat hervorgegangen war. Ab 1925 nannte sie sich sogar Hlinkas Slowakische Volkspartei, so stark war die Rolle des Parteiführers.

Hlinka war tapfer, streitbar, ehrgeizig, aber schwankend. Eigentlich wollte er vor allem die Interessen des slowakischen Katholizismus vertreten. Er hatte ein einfaches, den Massen einleuchtendes Programm: Er trat ein für katholische Konfessionsschulen, eine stärkere slowakische Beteiligung an der staatlichen Verwaltung, eine tatkräftige Hilfe für die slowakische Industrie und für die Kleinbauern. Wäre man ihm rechtzeitig entgegengekommen, dann wäre seine Volkspartei eine Stütze der Republik gewesen. Aber man kam ihm nicht entgegen. Noch 1938 erklärte Beneš kühl, er werde das Wort »sněm« (Landtag) erst in den Mund nehmen, wenn die Slowaken so viel Steuern zahlten, dass sie damit für ihre eigenen Landesausgaben aufkommen könnten. Und Beneš hatte slowakische Parteigänger, die so genannten Regierungsslowaken; der härteste war Ivan Dérer, ein slowakischer Sozialdemokrat, der lange in der Prager Regierung (sinnvolle) Arbeit leistete.

Die Slowaken hatten ihr Programm schon im Januar 1922 in einem Autonomiegesetz-Entwurf formuliert: eigener Landtag, Anerkennung der Slowaken als eigenständiges Volk, Slowakisierung der Pressburger Universität, Abberufung der tschechischen Beamten aus der Slowakei, stärkere Beteiligung der Slowaken bei den Zentralämtern und in der Armee und so fort. Dieser Gesetzentwurf verlangte etwa das Gleiche wie das viel spätere Karlsbader Acht-Punkte-Programm der Sudetendeutschen Partei. Prag begann erst im September 1938 darüber ernsthaft zu verhandeln, und da war es zu spät. Die Slowaken bekamen, was sie wollten, unter dem Druck Hitlers dann aber auch unter seiner erbarmungslosen Fuchtel.

Hlinka war im August 1938 unter großer Beteiligung der

Jozef Tiso (1887–1947), Mitbegründer
und 1938–45 Vorsitzender der
Slowakischen Volkspartei,
1939–45 Staatspräsident der Slowakei.

slowakischen Bevölkerung zu Grabe getragen worden; auch er ein Wiedererwecker. Jozef Tiso, sein Nachfolger vom Prälatenflügel, wurde dann im März 1939 Chef eines unabhängigen slowakischen Staates, der natürlich nichts weniger als unabhängig war. Der Tschechoslowakismus war zum ersten Mal geplatzt. Er sollte noch einmal wiederbelebt werden, aber nicht für lange Zeit.

Allerdings waren die Slowaken keine Advokaten einer sudetendeutschen Autonomie; Hlinka machte »slawische Opposition«, von deutschen Schulen zum Beispiel hielt er gar nichts. Der plebejische und von Jahr zu Jahr mehr und mehr rassistische Nationalismus, der sich bei den Sudetendeutschen in der zweiten Hälfte der Dreißigerjahre durchsetzte, war etwas ganz anderes als der aus dem Katholizismus kommende, noch ländlich geprägte antisemitische Chauvinismus der Slowaken. Aber man muss sich die Lage einer Regierung vorstellen, die in einem solchen Staat – und in einer schweren Wirtschaftskrise – Wirtschaftsförderung betreiben sollte. Die Krisenregionen lagen vor allem im deutschen und im slowakischen Gebiet. Aber selbstverständlich war jede Prager Regierung völlig außerstande, den Löwenanteil der Mittel an die Deutschen und Slowaken zu vergeben. Sie musste national »gerecht« sein. Das zeigt den Konstruktionsfehler jener Nationalstaaten, mit denen die Siegermächte des Ersten Weltkriegs einen ganzen Gürtel zwischen Russland und Deutschland schufen.

Konrad Henlein

Das sudetendeutsche Bürgertum sprach verächtlich vom »Turnlehrer aus Asch«. Die Linke entlarvte ihn schon als Nazi, als er noch ein radikaler Volkstümler, ein kleinbügerlicher Vereinfacher und ideologisch ziemlich ratloser Turnfestorganisator war. Wie kommt es, dass das Turnen ein Jahrhundert lang – bei Jahn in Deutschland angefangen – so politisiert war wie keine andere Freizeitbeschäftigung? Die »Sokoln« des Dr. Josef Scheiner waren eine disziplinierte Truppe des tschechischen Nationalismus, die sudetendeutschen Turnvereine die Reservearmee des deutschen Volkstumskampfes, rein organisatorisch bewunderte man sich gegenseitig.

Konrad Henlein, von dem hier die Rede ist, war nicht halb so gebildet wie der deutschnationale Dr. Lodgman von Auen (der sich 1925 allerdings nach einer Wahlschlappe stolz aus der Politik zurückgezogen hatte) und nicht halb so urteilssicher, entschlossen und hart wie der Bauarbeiter und spätere sozialdemokratische Berufspolitiker Wenzel Jaksch. Aber er schuf, und das anfangs noch keineswegs ferngesteuert aus Berlin, eine sudetendeutsche Volksbewegung, die 1935 bei freien Wahlen 66 Prozent der Volksgruppe hinter sich brachte. Wie konnte das gelin-

Konrad Henlein (1898–1945) einigte die Sudetendeutschen so lange, bis sie gemeinsam vertrieben werden konnten.

gen? 66 Prozent! Das ist der Grund, warum es einen Schein von Wahrheit hat, wenn immer wieder – bis heute – behauptet wird, im Grunde seien alle Sudetendeutschen Nazis gewesen.

Henlein war 1898 im nordböhmischen Maffersdorf (Vratislavice nad Nisou), in der Nähe Reichenbergs, geboren worden. Wie so viele »böhmische« Politiker kam er aus einer Mischehe. Die Mutter war eine geborene Dvořáček. Nach 1938 bekämpfte Henlein solche »gemischtvölkischen Ehen«. Nachdem er Hitlers Gauleiter geworden war, ließ er den Mädchennamen seiner Mutter germanisieren. Einen Durchschnittsbürger mit Durchschnittsgesicht hat man ihn genannt; und mit Durchschnittsopportunismus, könnte man hinzufügen.

Henlein war keine der gescheiterten Existenzen, die in die

Politik gehen mussten, weil es nicht zum Sparkassendirektor reichte. Er legte eine ganz normale bürgerliche Karriere hin: Handelsakademie in Gablonz (Jablonec), dort auch Bankbeamter, dann die berühmte Turnlehrerstelle beim Ascher Turnverein. Aber schon sechs Jahre später war er Verbandsturnwart. Das war die höchste Position im Deutschen Turnverband der ČSR und schon eine wichtige Funktion im vorpolitischen Raum. Das Saazer Turnfest von 1933, das er organisierte, war eine höchst erfolgreiche Heerschau. Nach diesem Fest galt der ruhige, ganz und gar nicht hetzerische, gelegentlich sogar bestrickende, aber intellektuell nicht überragende Henlein als der kommende Mann in der zersplitterten sudetendeutschen Politik. Immer wieder dieselben Urteile: Masaryk nannte ihn mal einen »bescheidenen jungen Mann« und Goebbels unterschied Henlein sehr klar von dessen späterem Stellvertreter Karl Hermann Frank. Im Tagebuch (30. Juli 1938) nannte er Frank »klar, bestimmt und fanatisch«, Henlein aber »ein wenig gutmütig«. Über eine Henlein-Rede notierte Goebbels am gleichen Tag: »Er liest ab. Aber ganz wirkungsvoll. Sonst ist er kein Redner vor dem Herrn.« Konrad Henlein war eine in die Politik gespülte, eher unpolitische Figur, dann allerdings der gehorsame Statthalter und Tribun eines Gewaltverbrechers. 1945, mit siebenundvierzig Jahren, vergiftete er sich, weil er nicht aufgehängt werden wollte.

Die Sudetendeutsche Heimatfront, die er 1933 schuf und sehr schnell zur Sudetendeutschen Partei weiterentwickelte, hatte zwei unterschiedliche Wurzeln. Die eine war ein intellektueller Zirkel von zweihundert bis dreihundert Leuten, die in Reichenberg einen »Kameradschaftsbund für gesellschaftswissenschaftliche Bildung« gegründet hatten. Das waren Leute aus dem Bannkreis des Philosophen, Soziologen und Nationalökonomen Othmar Spann, der lange in Wien gelehrt hatte und viele begeisterungsfähige und kluge Schüler, darunter auch Eugen Kogon, um sich geschart hatte. Spann war ein Intellektueller, der von einer Wiedererrichtung des katholischen Universalreichs des Mittelalters in einer Art modernem Ständestaat träumte.

Natürlich sollten die Deutschen in diesem Reich die Vorherrschaft haben. Die Nazis waren ihm aber zu ordinär, vor allem war Spann weder ein Rassist noch ein Antisemit. Die Nazis haben den »Spann-Kreis« später verfolgt. Walter Brand, lange Zeit engster Mitarbeiter Henleins, versuchte vergeblich, im Dritten Reich Karriere zu machen. Schließlich landete er im KZ. Spann übrigens auch.

Die andere Wurzel war die aus der 1903 gegründeten Deutschen Arbeiterpartei hervorgegangene Deutsche Nationalsozialistische Arbeiterpartei, die sich seit Mai 1918 so nannte, eine radikale, gegenüber der Tschechoslowakei negativistische Gruppe mit antikapitalistischen, antikommunistischen, völkischen und antisemitischen Zügen. Spätestens ab 1931 war diese Partei eine Gliederung der Hitler-Partei. 1932 hatte sie eine uniformierte Parteitruppe »Volkssport« mit immerhin 40 000 Mitgliedern. Die Prager Regierung benutzte ihr »Republikschutzgesetz« und war gerade dabei, die Partei zu verbieten, als diese sich selbst auflöste (1939). Ihre führenden Ideologen Rudolf Jung und Hans Krebs setzten sich nach Deutschland ab. Ein großer Teil des Funktionärskorps sickerte aber in Henleins Bewegung ein.

Es ist müßig, die brutalen ideologischen Konflikte zwischen beiden Gruppen in der Henlein-Partei im Einzelnen zu schildern Der Kameradschaftsbund stand im Verdacht, einen eigenen »sudetendeutschen Stamm« formen zu wollen. Bis zur Wahl 1935, bei der Henlein triumphal siegte, wobei viele Anhänger der aktivistischen deutschen Parteien, einschließlich der Sozialdemokratischen Partei, zu ihm überliefen, gab er noch Loyalitätserklärungen zur Republik ab. Die Nazis waren natürlich großdeutsch, wollten alle Sudetendeutschen ins Reich eingliedern und dann – wie aus verschiedenen geheimen Aufzeichnungen seit 1939 deutlich wird – einen Teil der Tschechen assimilieren, die anderen aber vertreiben oder umbringen. Selbstverständlich setzten sich die Nazis durch.

Der »autonomistische« Flügel der Sudetendeutschen Partei brach endgültig im Herbst 1937 zusammen. Henlein drehte sich und bat »um die Einverleibung des sudetendeutschen Gebietes, ja des ganzen böhmisch-mährisch-schlesischen Raums in das Reich«. Diese Einverleibung kam dann auch. Im April 1938 formulierte die Sudetendeutsche Partei ein Programm, das dem der Slowaken weitgehend ähnlich war. Da hatte Henlein aber – in einem Gespräch vom 28. März 1938 mit Hitler – seine Meinung schon in dem berühmten Satz zusammengefasst: »Wir müssen also immer so viel fordern [von der Prager Regierung], dass wir nicht zufriedengestellt werden können.« Henlein wollte »heim ins Reich«; 1938 wollte das dann auch die erdrückende Mehrheit der Sudetendeutschen, von denen bei den Wahlen von 1920, 1925 und 1929 die meisten – knapp 1,3 Millionen – noch aktivistische Parteien gewählt hatten.

Es gibt Leute, die behaupten, dass Henlein von Anfang an mit den Nazis unter einer Decke steckte. Er selbst hat dies in einer Wiener Rede von 1941 auch behauptet: Er habe seine Bewegung tarnen müssen, um den politischen Kampf um die »Heimholung« in voller Legalität führen zu können. Vermutlich ist das eher eine opportunistische Selbstglorifizierung. Er war sehr traurig darüber, dass er von Hitlers NSDAP nur eine ziemlich hohe Mitgliedsnummer (in etwa sechs Millionen) bekam. Die Frage ist akademisch. Konrad Henlein hat, so oder so, der brutalen Annexionspolitik Hitlers in die Hände gearbeitet. Damit hat er nicht nur zur Zerstörung der ČSR beigetragen, sondern auch zur Delegitimierung der berechtigten Forderungen der Deutschen in Böhmen, Mähren und Schlesien. Die Vertreibung erschien gerecht, weil es die Henlein-Bewegung gegeben hatte. Dass sie aber so mächtig werden konnte, war nur möglich, weil beim großen Nachbarn, in Deutschland, Hitler die Macht errungen und zwischen 1933 und 1939 das Land erneut zu einer Großmacht gemacht hatte.

Das Ende

Was für ein Staat wurde im Herbst 1938 von den Signatarmächten des Münchner Abkommens – Deutschland, Italien, Frankreich und Großbritannien – amputiert und im Frühjahr 1939 von Hitler zerschlagen? Kühl ausgedrückt: ein brodelnder Nationalitätenstaat, den viele seiner Protagonisten zum Nationalstaat hatten machen wollen, eine »neue Demokratie«, die sich redlich bemühte, aber sich an ihren viel zu großen Minderheiten verschluckt hatte, eine Konstruktion (der Tschechoslowakismus), die nicht trug. Die ČSR war demokratischer als die anderen neuen Nationalstaaten, zum Beispiel die autoritären (und reichlich antisemitisch eingestellten) Regime in Polen, Ungarn oder Rumänien. Aber sie war auf einer falschen Versprechung gegründet worden, dem berühmten Satz von Außenministers Beneš in seinem Mémoire III vom Januar 1919: »Das Regime würde ähnlich dem der Schweiz sein.« Die Tschechoslowakei hatte sich mit halsbrecherischen Allianzen im Stile Metternichs (einer engen Bindung an Frankreich, einem Defensivbündnis mit der Sowjetunion von 1935) über Wasser halten wollen, verspielte aber gerade mit dieser klassizistischen Raffinesse viel Vertrauen. Ihre Regierenden hatten vor allem nie den Mut (oder die Kraft), die nationalen Ressentiments der tschechischen Bourgeoisie in einem großen Kraftakt beiseite zu schieben. Die Erste Tschechoslowakische Republik war, trotz ihres auf Ausgleich drängenden und ab Mitte der Zwanzigerjahre immer weiser (und verständlicherweise auch immer kraftloser) werdenden Präsidenten eine lavierende Republik. Aber mit Lavieren war nicht durchzukommen. Der Parcours, den die Siegermächte in den Pariser Vororteverträgen abgesteckt hatten, war zu schwierig. Er war in Wirklichkeit ein fürchterliches Minenfeld, das man nur mit extremem Glück durchqueren konnte, ohne in die Luft zu fliegen.

Der oberste Lavierer war Edvard Beneš, der am 18. Dezember 1935 zu Masaryks Nachfolger gewählt wurde, übrigens mit tschechischen, slowakischen, deutschen, polnischen, magyarischen und karpatoruthenischen Stimmen. Nur die Sudetendeutsche Partei gab leere Zettel ab. Dieser Mann wird, wie alle Politiker, nur vom Ende her beurteilt – entweder als großer tschechischer Patriot, der in einem jahrzehntelangen Kampf und in zwei Emigrationen einen homogenen Nationalstaat zustande brachte oder als Planer und Organisator einer fürchterlichen Massenaustreibung. Aber der junge, nationalistische, das alte Österreich hassende Organisator, der sich dem Professor Masaryk zur Verfügung stellte, war ein anderer als der mit allen Wassern gewaschene Außenpolitiker, der alles mied, was »das Ausland« beunruhigen könnte, sogar den Begriff »Nationalstaat«. 1938 war Beneš ein kühler, erfahrener, misstrauischer und zögerlicher, gelegentlich mit allzu ausgeklügelten Spielzügen operierender Realpolitiker, der die Machtspiele seiner Zeit aus tschechischer Sicht vortrefflich zu analysieren wusste. Er war aber kein jüngerer Masaryk, keine Figur mit außeralltäglicher Ausstrahlung, mit der Fähigkeit zu großen symbolischen Gesten und dem Mut, ins Dunkle zu springen. Selbst ein zweiter Masaryk hätte vor einer schwer lösbaren Aufgabe gestanden. Aber die Tschechen hatten keinen zweiten Masaryk, sie hatten Beneš. Er war das Urbild eines glatten, klugen, gelegentlich heuchlerischen Berufspolitikers. Als Masaryk ihm 1918 sagte, dass er Außenminister werden müsse, beschrieb Beneš die Szene folgendermaßen: »Ich sagte nichts darauf. Es war mir ziemlich neu, und ich dachte selbst an meine politische Zukunft nicht. Ich hatte immer nur meine Pflicht getan, der Idee gedient, als Soldat gekämpft.« Ob der Soldat nicht doch einmal Offizier werden wollte?

Masaryk war im September 1937 gestorben, als 87-Jähriger. Thomas Mann, damals auf Initiative von Ludwig Czech und mit Unterstützung von Beneš von der kleinen Gemeinde Proseč im Bezirk Hohenmauth (Vysoké Mýto) eingebürgert, nannte ihn einen »milden und starken Mann«, einen »zu Tat und Macht berufenen Geistesmenschen«.

Wenzel Jaksch sagte auf der gemeinsamen Trauerfeier des demokratischen deutschen Prags: »Wir haben den Ruhm genossen, Mitbürger Masaryks zu sein.« Nicht einmal die Henlein-Leute wagten laute Widerworte. Selten hatte ein so kleiner Staat eine so weltweit anerkannte Führungsfigur gehabt. Als der Prager Professor Edgar Voltin beim Grenzübertritt nach Deutschland von den deutschen Grenzbeamten routinemäßig mit »Heil

Hitler« begrüßt wurde, antwortete er freundlich »Heil Masaryk«. Mit dem Tod Masaryks verschwand eine große Autorität aus einem immer bedrohteren, innerlich zerklüfteten Staatswesen. Wie bedroht und zerklüftet auch immer: Nach der Machtübernahme Hitlers nahm Prag die zur Flucht gezwungene Führung der SPD auf. Die Stadt war eine der ersten Drehscheiben der antifaschistischen Emigration.

Inzwischen hatte Großbritannien – aber auch Frankreich, der engste Verbündete der Tschechen – allerdings erkannt, dass die Pariser Vororteverträge keine friedensfähige Struktur geschaffen hatten. Weder der britische Premierminister Arthur Neville Chamberlain noch sein französischer Kollege Édouard Daladier wollten einen Krieg wegen der Sudetendeutschen. Im heißen Juli 1938 machte London den bemerkenswerten Vorschlag, die Prager Regierung solle sich mit der Sudetendeutschen Partei auf einen britischen Vermittler einigen. In Aussicht genommen war Viscount Runciman of Doxford (1869–1949), der zwar große Erfahrungen im Wirtschaftsleben gesammelt und auch mehrfach einem britischen Kabinett angehört hatte, den Minderheitenproblemen in Mitteleuropa aber ziemlich fern stand. Beneš konnte es irgendwie vermeiden, mit Henlein einen gemeinsamen Vorschlag zu machen. Runciman reiste im Land umher und sprach mit Politikern, Honoratioren, deutschen Großgrundbesitzern, dem Prager Kardinal und wem auch immer. Derweil spielte Henlein den Staatsmann – mal Gespräche in London, mal Gespräche bei Hitler in Berchtesgaden. Die Briten machten Druck auf Beneš, und die Franzosen traten inzwischen am liebsten gemeinsam mit den Briten auf. Wilde »Kompromisspläne« schwirrten durch die Sommerluft.

Hier muss man die Erzählung kurz unterbrechen und einen Einschub machen. Die Idee, vorwiegend deutsche Grenzgebiete Böhmens abzutrennen und den Deutschen zu überlassen, war uralt. Schon der so genannte Grégr-Plan von 1888 sprach vom »Abtreten jener deutschen Zipfel, die außen hinter dem Schutzwall unserer Berge liegend in die Ebenen des Deutschen Reiches übergehen«. Und Julius Grégr war kein Versöhnler.

Es handelte sich um das alte Problem, das Palacký mit dem Satz zu beenden versucht hatte, der böhmische Kessel sei nicht teilbar. Und trotzdem gab es immer wieder Teilungspläne nach dem Motto »Gebt den Deutschen ein paar tausend Quadratkilometer rein deutsches Gebiet und zwingt sie gleichzeitig, eine oder anderthalb Millionen ihrer Landsleute mitzunehmen.« Dann wäre die deutsche Minderheit, so dachten die tschechischen Geopolitiker, »kleiner, schwächer, leichter assimilierbar«. Selbst Beneš schickte – noch Mitte September – seinen Sozialminister Jaromir Nečas mit einem Zettel nach London und Paris, auf dem er eine solche Idee skizziert hatte. Nečas hatte allerdings eine besondere Weisung bekommen: Er solle den Zettel lesen und dann vernichten.

Was sich im September 1938 vollzog, ist oft als tragisch bezeichnet worden. Da viele unschuldige Menschen in die Mühlen einer schlechten Politik gerieten, ist der Begriff auch nicht ganz falsch. Die Haupt- und Staatsaktionen aber waren weniger tragisch als dilettantisch. Beneš verhielt sich so ähnlich wie der Habsburger-Kaiser Karl I.; er produzierte Kompromisspläne am laufenden Band. Karl allerdings kam an die Macht, als es schon zu spät war. Beneš hatte ein Dutzend Jahre Zeit gehabt. Seine »Pläne« näherten sich immer mehr den Forderungen der Slowaken und vor allem der Deutschen; der so genannte »IV. Plan« (den der ratlose Lord Runciman dann adoptierte) wäre mit seiner fairen Sprachklausel, der Einrichtung nationaler Kurien und sogar einem Beschwerderecht dieser Kurien 1925 oder 1930 die Lösung aller Probleme gewesen. Jetzt, da Henlein 90 Prozent der Sudetendeutschen hinter sich versammelt hatte, war der Plan höchst fragwürdig. Er hätte die deutschen Gebiete (und damit 400 000 oder 500 000 übrig gebliebene Nazigegner) einem Filialbetrieb Hitlers ausgeliefert, der letztlich von dessen Machtorganisationen – SS, SD, Gestapo – bestimmt worden wäre.

Es ging dann Schlag auf Schlag. Der Propagandaapparat von Goebbels funktionierte perfekt; er produzierte »Ereignisse«, also Schlägereien, in Mährisch-Ostrau, Teplitz oder sonst wo. Daraus

Einzug motorisierter deutscher Truppen in Saaz am 9. Oktober 1938. Deutscher Jubel.

wurden in der deutschen Presse Hunderte von deutschen Greisen, Frauen oder Kindern, die von Tschechen abgeschlachtet worden seien. In einer Sportpalastrede – dann schon am 26. September – behauptete Hitler: »Ganze Landstriche werden entvölkert, Ortschaften werden niedergebrannt, mit Granaten und Gas versucht man, die Deutschen auszuräuchern.« Der Fachbegriff für diese Art von Kampfkommunikation lautet »Gräuelpropaganda«. Goebbels handhabte dieses Mittel hundsföttischgeschickt – nach 1989 ist es, zum Beispiel in Kuweit, aber auch in den jugoslawischen Nachfolgekriegen, wieder zu hohen Ehren gekommen.

Das Deprimierendste am September 1938 ist die Überlegenheit der skrupellosen (und zur Zerschlagung der Tschechoslowakei längst fest entschlossenen) Naziregierung in Deutschland.

Berlin inszenierte kalt einen Nervenkrieg, dem die Westmächte nicht gewachsen waren. Die Nazis schickten zum Beispiel, beim Nürnberger Parteitag am 10. September, zuerst Goebbels und Göring mit brutalen Hetzreden vor. Göring bezeichnete die Tschechen als »kleine Volkssplitter«, als »lächerliche Knirpse«, hinter denen Moskau, die »ewige jüdische-bolschewistische Zerrfratze« stehe. Er benutzte die grauenhafte Volkstümlichkeit, zu der er sein ganzes Leben, bis zu den Nürnberger Prozessen, fähig war: »Wir sind allezeit Schießer gewesen, niemals aber Scheißer.« Zwei Tage danach hielt Hitler eine scheinbar staatsmännische Rede. Sie war zwar auch drohend: »Die armen Araber in Palästina sind wehrlos und vielleicht verlassen. Die Deutschen der Tschechoslowakei sind weder wehrlos noch sind sie verlassen. Das möge man zur Kenntnis nehmen.« Aber er verwendete nicht Görings Gossenton, mit dem die Aufseher in den Konzentrationslagern die Häftlinge hetzten. Also schöpften die zivilisierten, aber planlosen Westmächte wieder Hoffnung. So ging es hin und her.

Henlein floh nach Deutschland und versuchte von dort ein Sudetendeutsches Freikorps zusammenzustellen. Die sudetendeutschen Massen waren zwar zu gewaltsamen Aufständen nicht bereit, aber einige Gruppen von fanatischen Nazis und jungen Arbeitslosen, die die Rolle »empörter Volksmassen« spielten und in irgendeinem Ort alles kurz und klein schlugen, gab es natürlich immer. So kam es zu jener hundert Mal geschilderten, aufgeregten Pendeldiplomatie, die schließlich am 29. und 30. September 1938 in der Münchner Konferenz endete, bei der Chamberlain und Daladier kein gemeinsames Konzept hatten, Hitler und Mussolini aber sehr gut abgestimmt waren. Die sudetendeutschen Gebiete – und damit eben auch die verbliebene Minderheit der Hitler-Gegner – wurden an Nazideutschland ausgeliefert.

Aus der Perspektive der Jahre nach dem Zweiten Weltkrieg, nachdem man Auschwitz befreit hatte und in die Dokumente des SS-Staates Einblick haben konnte, wirkt der britische Premier Arthur Neville Chamberlain wie ein Trottel mit Regenschirm. Ein Trottel war er nicht. Die Erkenntnis, dass die Staatenkonstruktionen der Jahre 1918/19 nicht haltbar waren, war richtig. Aber das Versäumnis sowohl der Briten als auch der Franzosen, Hitler klipp und klar zu sagen, dass ein Angriff auf die

Arthur Neville Chamberlain
(1869–1940). Sein Versuch zum
Frieden scheiterte an seiner krassen
Fehleinschätzung Hitlers.

Tschechoslowakei Krieg bedeuten würde, war ein katastrophaler politischer Fehler. Er hatte seinen Kern in der Fehleinschätzung Hitlers, die allerdings nicht nur Chamberlain unterlief, sondern vielen politischen Analytikern dieser Zeit, unter anderen den Leitartiklern der ehrwürdigen *Times*. Nach Rückkehr von seiner Begegnung mit Hitler in Berchtesgaden diktierte Chamberlain den Satz: »Ich habe den Eindruck gewonnen, es mit einem Mann zu tun zu haben, dem man vertrauen kann, sobald er einmal sein Wort gegeben hat.« 1938 hatte Hitler längst gezeigt, wie er mit seinen politischen Gegnern umging und dass er sich an »Worte« nur so lange hielt, wie es ihm nützlich erschien. Die Blutspur, die Adolf Hitler bis September 1938 schon hinterlassen hatte, hätte man auch in der Downing Street riechen müssen.

Beneš ist oft vorgeworfen worden, dass er sich gegen Hitler nicht militärisch gewehrt habe. Er hatte am späten Abend des 23. September zwar die allgemeine Mobilisierung der Streitkräfte verkündet, die sogar gelang, aber die Überlegenheit der deutschen Armee gegenüber der tschechoslowakischen war gewaltig. Wie lange deutsche oder slowakische Wehrpflichtige der tschechoslowakischen Armee gegen die Deutschen wirklich gekämpft hätten, kann man heute nicht mehr feststellen. So wie viele Tschechen im Ersten Weltkrieg nicht mehr für Österreich kämpfen wollten und desertierten, wären vermutlich auch viele Sudetendeutsche und (vielleicht in geringerem Ausmaß) auch Slowaken übergelaufen. Man kann die Theorie vertreten, dass ein gewaltiges Blutopfer zur rechten Zeit die politische Lage schlagartig hätte verändern können. In Polen ist diese Idee immer wieder verwirklicht worden. Aber das Blut wäre das Blut von Tausenden von Schreinern, Bankangestellten, Kleinbauern oder Kolonialwarenhändlern gewesen, natürlich auch von Frauen und Kindern, weil Kriege immer viel mehr zivile Opfer fordern, als die Kriegsführenden zugeben. Nein, dass sich Beneš anders verhielt als Saddam Hussein fünfundsechzig Jahre später, das sollte man ihm nicht vorwerfen.

Er flüchtete nach London, wo er zuerst eine ziemlich unbeachtete Privatperson war, bekam dann eine Gastprofessur in Chicago und kehrte erst ein Jahr später, als Hitler die »Resttschechei« überfallen hatte, als Vorsitzender eines Nationalrats und später dann als Präsident einer Exilregierung nach London zurück. Den Spott der Sudetendeutschen ertrug er stoisch. Sie hatten seinen vielfach geäußerten Satz: »Ich habe einen Plan« mit dem hämischen Kommentar versehen: »Ja, ja, einen Aeroplan.« Vielleicht stammte dieser Witz aus der Giftküche von Goebbels.

Bis zum Schluss gekämpft haben die deutschen Sozialdemokraten. Ihre Republikanische Wehr war ein Machtfaktor, bis die

Sudetendeutsche begrüßen am 3. Oktober 1938 die einmarschierenden deutschen Truppen mit dem Hitlergruß.

ersten deutschen Truppen unter dem Generaloberst Wilhelm Ritter von Leeb am 1. Oktober 1938, dem Münchner Abkommen gemäß, die Grenze der Tschechoslowakischen Republik überschritten. Wenzel Jaksch entband alle sozialdemokratischen Funktionäre von ihren Verpflichtungen und dankte ihnen »für die herrliche Treue«.

Bitter schrieb er in seinem Aufruf: »Die Großmächte haben über die Abtretung der sudetendeutschen Gebiete entschieden. Wir sind die Opfer dieser Entscheidung geworden. Es hat keinen Sinn, über diesen Vorfall, der mit der Wucht eines gewaltigen Schicksals über uns hereingebrochen ist, zu rechten. Vielleicht wird das Schicksal auch noch jene zu seinen Opfern ausersehen, die uns geopfert haben.«

Im deutsch-tschechischen Verhältnis spielt immer wieder »unbeschreiblicher Jubel« eine Rolle: Einmal jubelten die einen, dann die anderen. 1938 waren es die Sudetendeutschen.

Auch in den Gemeinden, in denen es keine harten Konflikte zwischen Deutschen und Tschechen gegeben hatte, zum Bei-

Nach der Besetzung des Sudetenlandes begann die Flucht der hitlerfeindlichen Bevölkerung in das Landesinnere der Tschechoslowakei.

spiel in Landskron (Lanškroun), wurde der Anschluss bejubelt. »Selbst harte Männer weinten«, sagte ein Reichenberger Akademiker in jener Diktion, die noch aus dem 19. Jahrhundert stammte, »und schämten sich nicht ihrer Freudentränen.« Ein Heer von Hakenkreuzfahnen hing aus den Fenstern. Die deutschen Soldaten wurden mit Blumen überhäuft. Als Henlein, an der Seite Hitlers, in Eger einzog, spielten sich hysterische Szenen ab. Gelegentlich (wenn auch sicherlich nicht sehr oft) waren sie sogar den deutschen Soldaten ekelhaft. In den Akten kann man Stellen wie diese finden: »Als ein Häuflein junger Mädchen vor lauter ›Sieg Heil!‹, ›Sieg Heil!‹ den Mund nicht schließen konnte, drehte sich ein Landser am Absatz herum und schrie in die jauchzende Menge: ›Wir möchten gerne heraus aus der Knechtschaft und ihr wollt hinein?‹ Das war eine starke Pille, die musste verdaut werden, doch bald hob das Heil-Hitler-Ratschen wieder an. Ja, man war wie hypnotisiert.«

Die Hitler-Gegner – tschechische und deutsche – waren nicht hypnotisiert, sondern auf der Flucht.

Das Sudetendeutsche Freikorps hatte auf Antrag Franks von

Der mühsame Weg der Flüchtlinge.

Hitler drei Tage Jagdfreiheit auf die politischen Gegner bekommen. In Reichenberg trieb man Sozialdemokraten durch die Straßen, denen man Tafeln mit der Aufschrift »Ich bin ein Volksverräter« umgehängt hatte. Irgendwo bei Komotau wurde die Vorsitzende der sozialdemokratischen Frauensektion gezwungen, einen Tag lang die Straße zu kehren. Ihre Nachbarn standen um sie herum und lachten und scherzten.

Vielen ging es schlimmer, zum Beispiel dem Gewerkschaftssekretär Hans Gottfried aus Holeischen (Holyšov) bei Mies (Stříbro). »Es war wieder was los im Orte«, berichtete der Londoner *Sozialdemokrat.* »Die Buben waren in großer Zahl zusammengeströmt, und ihre frohen Gesichter ließen auf die große Hetz schließen, die bevorstand. ›Ja, da bringen sie ihn.‹ Sie – die Gestapo-Leute – brachten Hans Gottfried. Sie hatten den 63-Jährigen in ihrer Mitte, und die Buben johlten und spuckten nach ihm, wie man es ihnen angelernt.« Man transportierte ihn nach Dachau und prügelte ihn dort zu Tode.

Natürlich versuchten viele Menschen zu fliehen. Wie es in manchen Familien zuging, berichtete eine Sozialdemokratin aus Asch: »Am Abend bin ich zu meiner Mutter gegangen, mich von ihr zu verabschieden. Sie ist bei der Sudetendeutschen Partei – meine ganze Familie. Sie hat geweint und meinen Mann angeschrieen: ›Zu den Tschechen willst du sie schicken? Weißt du denn, was da mit ihr geschieht?‹ – ›Ja‹, hat mein Mann gesagt, ›bei den Tschechen ist sie in Sicherheit. Glaubst du, ich lasse sie hier von euch massakrieren?‹« Die Frau fuhr dann nach Prag und wurde von irgendjemandem in die Elektrische gesetzt. Dort kam eine Frau auf sie zu und fragte sie etwas. »Sie sprach Tschechisch, und ich habe nichts verstanden, ich habe ihr deutsch geantwortet, dass ich aus Asch bin, da hat sie genickt und mich in den Arm genommen und mich gestreichelt. Beide haben wir geweint. Als ich ausstieg, hat sie mir nachgewinkt.« Das war nicht das Übliche. Aber so etwas gab es auch. Es gab auch Flüchtlingslager für wichtige Mitglieder der Sozialdemokratischen Partei und der Republikanischen Wehr. Aus diesen Lagern gingen sie in die Emigration nach England und Frankreich, aber auch nach Schweden, Kanada und in die USA.

Große Zahlen von Flüchtlingen wollte die so genannte Zweite Republik (die nur vom Oktober 1938 bis zum 15. März 1939 existierte) allerdings nicht. Die Tschechen schickten ganze Zugladungen von Demokraten, die ins Landesinnere geflohen waren, zurück, und zwar ohne jede Rücksicht auf ihre mit Händen zu greifende Gefährdung. Henlein hatte »die Verhaftung der aus der ČSR zurückkehrenden Marxisten« gefordert. Diese Leute müssten hart angefasst werden, denn sie seien bereit, mit der Waffe in der Hand der deutschen Wehrmacht entgegenzutreten. Sie wurden hart angefasst. Auch 170 000 Tschechen mussten das Sudetenland verlassen, in das sie – meist als Beamte oder Staatsangestellte – versetzt worden waren. Auch sie waren Flüchtlinge, gelegentlich Vertriebene. Man nahm ihnen den Broterwerb, zeigte ihnen, dass sie unwillkommen waren. So gingen sie mit Sack und Pack ins Innertschechische zurück.

Am schlimmsten ging es den Juden. Sie waren auch in der Zweiten Republik der Tschechen nicht gern gesehen. Die Nazis trieben Scharen von jüdischen Einwohnern aus dem besetzten

Gebiet in das Niemandsland, eine schmale Zone zwischen dem deutschen und dem tschechischen Territorium. »Dort irrten die Unglücklichen ohne Obdach und Nahrung wochenlang auf den Feldern umher«, hieß es in den Deutschlandberichten der SOPADE (des SPD-Vorstands im Exil), »unter ihnen Greise, schwangere Frauen und Kinder, bis es ihnen gelang, wenigstens vorübergehend Einlass in die Tschechoslowakei zu finden.« Denn die Nazis leisteten ganze Arbeit. Am 9. November 1938 brannten auch im Sudetenland die Synagogen. In mehreren Städten wurden Juden, meist Alte und Kranke, die nicht hatten fliehen können, zum Tanzen um ihre brennenden Tempel gezwungen. Viele begingen Selbstmord. Henlein zog in eine arisierte Villa in Reichenberg, das nun »Gau-Hauptstadt« war.

Am 15. März 1939 besetzte Hitler Böhmen, machte daraus das Protektorat Böhmen und Mähren und verwandelte die Slowakei in einen selbstständigen Staat unter deutschem »Schutz«. Am 18. März 1939 telegrafierte der Exilvorstand der SPD, der sich eine Zeit lang in Prag aufgehalten hatte und jetzt nach Paris ausgewichen war: »Im Kampf um die Wiederaufrichtung seiner zu Boden getretenen Rechte wird das tschechoslowakische Volk alle Deutschen anständiger Gesinnung an seiner Seite finden.«

Beneš antwortete zehn Tage später: »Ich bin dessen gewiss, ebenso wie Sie es sind, dass in dem gemeinsamen Kampf um die Freiheit die Zeit des Sieges und der gemeinsamen freundschaftlichen Arbeit wiederkommen wird.« Zunächst einmal aber hatte Hitler gesiegt.

Jaksch flüchtete in die englische Gesandtschaft in Prag und schlug sich dann, als Wintersportler getarnt, zur polnischen Grenze durch. Die letzte Nacht in seiner Heimat – die er nie wieder betreten sollte – verbrachte er in dem kleinen Dorf Ostravica bei einem Bauern, der die Flüchtlinge bewirtete. Sie saßen im Licht einer Petroleumlampe, tranken, sangen die Lieblingslieder Masaryks, zum Beispiel »Teče voda teče«. Jaksch schrieb: »Hier, in diesen bescheidenen Wänden, herrschte tiefer Frieden. Es war ein rührender Abschied von den kleinen Leuten des tschechischen Volkes.«

Kapitel 5

Das Protektorat »Dass dieser Raum einmal deutsch werden muss.«

Es ist nicht ausgeschlossen, dass wir in einer Periode katastrophaler Umwälzungen unser Staatsrecht durchsetzen können. Für uns als Nation und als Land wäre es das Ärgste. Wir würden dann vorübergehend selbstständig werden, aber nur um von zukünftigen Siegern als Beute eingesteckt zu werden ... Wenn Österreich-Ungarn sich nicht halten sollte, dann werden die Flammen eines neuen Dreißigjährigen Krieges über Europa zusammenschlagen, und wie im Gefolge des Westfälischen Friedens würden wir Tschechen einen Leidensweg antreten.

Bohumír Šmeral
Rede auf dem 11. Parteitag der tschechoslawischen Sozialdemokratie, 1913

Am Vorabend des 28. Oktober 1939, also am Vorabend des ersten tschechoslowakischen Unabhängigkeitstages unter deutscher Besatzung, waren die Gasthäuser in Prag nur schlecht besucht, der Verkehr war schwächer als sonst. Das Innenministerium der tschechischen Protektoratsregierung wusste, dass sich etwas zusammenbraute. Fliegende Händler hatten rund 30 000 Bänder in den Nationalfarben verkauft. So genannte »Masaryk-Mützen« waren ausverkauft. Man hörte, dass der Vorschlag gemacht worden sei, das Abzeichen der Einheitspartei des tschechischen Volkes, die Präsident Hácha sofort nach dem Einmarsch der Deutschen gegründet hatte, umzudrehen. Das Abzeichen trug normalerweise die Initialen NS für *Národní souručenství* (Nationale Gemeinschaft). Die umgedrehte Version SN stand nach der Flüsterpropaganda für »Smrt Němcům«. Das heißt: Tod den Deutschen.

Eigentlich lief in den Morgenstunden alles ruhig an. Die meisten Prager Betriebe arbeiteten. Nur einige mittlere Unternehmen und die Baustellen blieben leer. Zwischen zehn und elf kam es zur Bildung größerer Menschenansammlungen auf dem Altstädter Ring und dem Wenzelsplatz. Die tschechische Polizei blieb passiv. Gegen Mittag strömten weitere Demonstranten aus den Vorstädten und der Umgebung in die Innenstadt. Dann ging es los.

Es lässt sich nicht mehr nachweisen, ob die deutschen Studenten, die den Tschechen die »Masaryk-Mützen« vom Kopf schlugen und die nationalen Abzeichen zu entreißen versuchten, gezielt eingesetzt worden waren. Es gab selbstverständlich auch rüde Szenen, die von Tschechen begonnen wurden. Jedenfalls rotteten sich auf dem Altstädter Ring 800 Menschen zusammen, die vorbeigehende Deutsche schmähten. Vor dem Gestapo-Gebäude in der Bředovská-Straße protestierte eine riesige Menschenmenge gegen den Gestapo-Terror. Vor dem Palasthotel, wo die Gestapo-Angehörigen wohnten, riefen Hunderte von Leuten: »Hier wohnen die Bluthunde.« Viele sangen die Nationalhymne »Kde Domov Muj« oder das berühmte »Hej Slované«. Manche riefen aber auch: »Es lebe Beneš«, »Wir wollen Stalin« oder »Nieder mit Hitler«.

Irgendwann rief ein deutscher Polizeigewaltiger den tschechischen Innenminister Ježek an: Die Leibstandarte SS »Adolf Hitler« marschiere jeden Samstag über den Wenzelsplatz. Sie werde auch an diesem Samstag über den Wenzelsplatz marschieren. Wenn die Ordnung nicht wieder hergestellt sei, werde sie Ordnung machen. Daraufhin griff die tschechische Polizei ein und räumte den Platz. Die Leibstandarte marschierte. Die Mehrheit der Tschechen wandte ihr den Rücken zu. Gegen sechs Uhr abends, nachdem der zweite Mann der Deutschen, Karl Hermann Frank, bei Hácha interveniert hatte, gab die tschechische Polizei ihre passive Haltung auf. Bei den folgenden Kämpfen wurde der Arbeiter Otakar Sedláček erschossen, der Medizinstudent Jan Opletal schwer verletzt. 175 zweisprachige Tafeln der Straßenbahnen waren heruntergerissen und zertrampelt worden. Die Zahl der Leichtverwundeten ging in die Hunderte, 400 Personen waren verhaftet worden, 350 von den Deutschen, 50 von der tschechischen Polizei.

Karl Hermann Frank wollte diese Ereignisse sofort zu einer Verschärfung des Kurses benutzen. Aber noch war Konstantin von Neurath, der Reichsprotektor, stark genug, um den scharfen Hund an seiner Seite zurückzuhalten. Es gab keine deutschen Strafmaßnahmen. Aber der 8. November stand bevor, der Jahrestag der Schlacht am Weißen Berg. Allerhand Flugblätter wurden verteilt, an Allerheiligen war der Besuch der nationalen Gedenkstätten größer als in früheren Jahren. Alle bereiteten sich vor – vor allem die neu gebildeten tschechischen Widerstandsorganisationen wie die (rechtsorientierte) Obrana národa (ON – Verteidigung der Nation), die von früheren tschechoslowakischen Offizieren organisiert worden war, die PU (Politické ústředí – Politisches Zentrum), eine Zusammenfassung von Kräften der politischen Mitte, die Beneš nahe standen, und die PVVZ (Petiční výbor »Věrni zůstaneme« – Petitionsausschuss »Wir bleiben treu«), eine Vereinigung von Gewerkschaftern und früheren Sozialdemokraten. Die tschechischen Behörden warteten mit bösen Ahnungen ab. Bei den Deutschen rumorte es hinter den Kulissen.

Am 11. November starb Jan Opletal. Er war das symbolische Opfer, das die Stimmung zum Sieden brachte. Als er am 15. in seine Heimatstadt überführt werden sollte, begleiteten den Sarg 3 000 Studenten über mehrere Straßenzüge bis zu dem Auto, das den Sarg zum Bahnhof fuhr. »Kde domov můj« wurde angestimmt. Dann stürmten die Studenten in Gruppen durch die Stadt, sangen ihre nationalen Lieder und rissen wieder einmal deutsch-tschechische Tafeln von den Straßenbahnwagen ab. Aber die tschechische Polizei passte diesmal auf. Es passierte nicht viel. Am 16. November gingen die Menschen wieder wie gewohnt ihrer Arbeit nach. Neurath und Frank flogen nach Berlin zur persönlichen Berichterstattung beim Führer. Das Ergebnis dieser Besprechung war allerdings fürchterlich.

Was dort wirklich gesprochen wurde, wissen wir nur aus den Verhören, die die tschechischen Behörden nach 1945 mit Frank durchführten. Der wollte sich natürlich selber schützen und behauptete, Hitlers Beschlüsse hätten bei der Ankunft seiner Prager Paladine schon festgestanden. Wie dem auch sei: Die Deutschen ließen die tschechischen Hochschulen für drei Jahre schließen, erschossen neun studentische »Rädelsführer«, trieben 1850 Studenten in Ruzyňe zusammen, von denen sie 1 200 ins KZ Oranienburg schickten. Ministerpräsident Eliáš wollte sofort zurücktreten. Ein Teil seiner Minister aber weigerte sich. Neurath sagte später zu Hácha: »Am 28. Oktober hat Frank verloren, am 15. November dagegen ich.«

Am 3. Dezember warnte Beneš in einer Ansprache über die BBC vor verfrühten »überflüssigen Opfern«. Ein Opfer aber lag schon blutend am Boden: die tschechische Intelligenz. Die Hochschulschließung für ganze drei Jahre vernichtete die Zukunftsaussichten von Tausenden von jungen Maturanten, die sich jetzt nicht weiterbilden konnten, sondern versuchen mussten, in untergeordneten Stellen der Industrie oder Verwaltung unterzukommen. Nicht zu reden von den 1 200 Geiseln, die die Deutschen nach Oranienburg gesteckt hatten und in den folgenden Jahren portionsweise, als »Belohnung« für ordentliches Verhalten der Tschechen, freiließen.

Menschen als Instrumente

Hier halte ich den Fluss der Erzählung für einen Moment auf, um mit Respekt und Trauer von jenen Figuren dieses Buches zu sprechen, die unter dem eisernen Zugriff von technokratisch höchst geschickten Nazifunktionären wie Heydrich oder Frank versuchten, Unheil abzuwenden und Leid zu mildern, so gut das ging. Letztlich sind sie alle gescheitert; wer sich mit einer überlegenen Macht einlässt, die jede moralische Bindung abgeschüttelt hat, ist dazu verurteilt, schuldig zu werden. Begriffe wie »Kollaborateur« oder »Quisling« sind schnell bei der Hand.

Aber sie passen oft genug so schlecht wie geliehene Kleider in falscher Konfektionsgröße. Wer in einem wilden Wirbel mitgerissen wird, kann nicht die Schwimmbewegungen machen, die er in der Schwimmschule gelernt hat.

Ich rede nicht von den offenen Verrätern, sagen wir von dem früheren tschechischen Oberstleutnants Emanuel Moravec, der 1940 mit allen Konsequenzen zu den Nazis überlief und als Kultur- und Propagandaminister der Protektoratsregierung lupenrein die Politik der Deutschen trieb. Seine Eindeutigkeit ersparte ihm gerade den Spagat, der einen zerreißt. Ich rede zum Beispiel von den Judenältesten des Lagers Theresienstadt, von Jakob Edelstein aus Prag, Dr. Paul Eppstein aus Berlin und dem Rabbiner Dr. Benjamin Murmelstein aus Wien, die – in der Hoffnung, die mörderischen »Transporte« in die Todeslager des Ostens wenigstens verzögern zu können – mustergültig mit der SS zusammenarbeiteten. Ihre Ghetto-Wachen teilten die Stockschläge aus, die wegen unerlaubter Kontakte zwischen Mann und Frau oder Mutter und Kind von der SS befohlen wurden. Die Judenältesten erreichten manchen kleinen Kompromiss, der einer alten Frau ein besseres Bett, einem Kind einen weniger trostlosen Tag beschert haben mag. Aber sie verhinderten keinen Transport. Man kann darüber streiten, ob sie sich nicht hätten verweigern sollen. Aber irgendjemanden hätten die Lagerleiter gefunden; sie hatten jedes Zwangsmittel zur Verfügung. Manche drängten sich in Positionen, die kleine Vergünstigungen versprachen. Jakob Edelstein nahm solche Vergünstigungen übrigens nicht in Anspruch. Er endete trotz dieser Redlichkeit und trotz seiner Kooperationsbereitschaft mit der SS vor dem Peloton.

Ähnliches gilt für jene tschechischen »Politiker« – oft genug waren es herausgepickte Administratoren, die die Nazis zu Politikern machten –, die sich dazu hergaben, den Schein einer tschechischen Autonomie im Protektorat zu wahren. Nehmen wir den Ingenieur Alois Eliáš, einen General, der zwischen April 1939 und Ende September 1941 Vorsitzender der Protektoratsregierung war. Er hatte die Überzeugung gewonnen, eine Ablehnung jeder Zusammenarbeit mit den Nazis sei Selbstmord. Er arbeitete mit ihnen also zusammen; gleichwohl hielt er Kontakt mit den Londoner Exilanten – und wurde deshalb später inhaftiert und nach dem Attentat auf Heydrich exekutiert. Aber war er ein Opportunist oder Defätist? Ja, es gibt Berichte des Sicherheitsdienstes, in denen ihm bescheinigt wird, er wolle »sich einerseits nicht durch allzu große Willfährigkeit deutschen Forderungen gegenüber bei den Tschechen unbeliebt machen«, lasse aber andererseits »an der Bereitschaft zu Mitarbeit keine Zweifel aufkommen«. Ist er also ein Verräter, dessen Verrat nur deshalb nicht an einem tschechischen Galgen endete, weil ihn die Deutschen schon vorher ermordet hatten?

Ein Deutscher, der in diesen Zwiespalt geriet, war Wenzel Jaksch.

Der tschechische Historiker Václav Král hat ihn in der kommunistischen Periode – 1962-1990 – mit folgender Kennzeichnung abzutun versucht: »Ein intimer Freund Otto Strassers, ein Chauvinist, der seit dem Jahre 1938 in engen Beziehungen zu den Nazis stand.« Das mit den Nazis war eine Lüge. Richtig aber ist, dass der Emigrant Jaksch etwas vermutlich Unmögliches versuchte: bei seinen Landsleuten, die zwischen 1935 und 1945 mit erdrückender Mehrheit für Hitler waren, nicht jeden Rückhalt zu verlieren – und für eine demokratische Zukunft der Tschechoslowakei samt deutscher Minderheit zu kämpfen. Natürlich blieb er erfolglos. Beneš ließ ihn in der Emigration am ausgestreckten Arm verhungern. Am Ende wurden Jakschs Landsleute vertrieben. Er auch. Was hätte er tun sollen? Ganz auf die tschechische Seite treten, die damals schon zu einer mehr oder weniger radikalen Vertreibung der Deutschen und Magyaren entschlossen war? Viele Menschen, von denen in diesem Kapitel die Rede ist, konnten sich nur zwischen zwei Übeln entscheiden. Das Richtige stand nicht zur Verfügung. So wurden sie schuldig.

Ihre Schuld soll nicht verkleinert werden. Man muss sie aber vor dem kostenlosen Moralismus Nachgeborener schützen, ge-

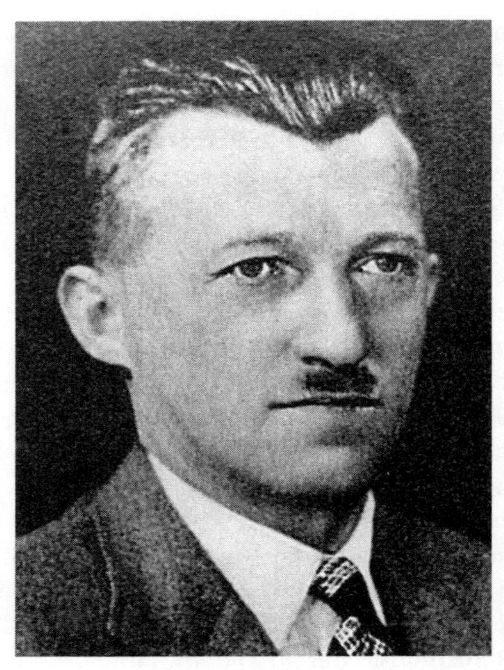

Wenzel Jaksch (1896–1966), der letzte bedeutende deutschböhmische Sozialdemokrat.

legentlich auch vor dem rechthaberischen Rigorismus von Zeitgenossen, die rechtzeitig beiseite springen konnten. Das Beiseitespringen war gegenüber Systemen wie dem Nationalsozialismus oder dem Stalinismus zwar die einzig richtige Reaktion; man kann solche Apparaturen von innen nur in seltenen Glücksfällen für kurze Momente anhalten. Man wird mitgeschleift, gnadenlos benutzt. Im Protektorat war so eine gnadenlose Maschine am Werk. Der nationale deutsche Dichter Rudolf Borchardt hat, wenn er gleichgültige Routinegespräche deutscher Soldaten dieser Zeit hörte, gemeint, er könne diese Soldaten »sich meiner Sprache nur mit innerem Grauen bedienen hören und die Empfindung nicht loswerden, einem in Zeit und Ewigkeit verlorenen Bruder von jenseits der Gerichtsschranken in die verschlossene Miene zu blicken«. Wen wundert es, dass 1945 dann die Tschechen diese Sprache nicht mehr hören konnten?

Den Tschechen zeigen, wer Herr im Hause ist

1938 hatte man den 66-jährigen Verwaltungsjuristen Dr. Emil Hácha zum Staatspräsidenten der zweiten so genannten Tscheco-Slowakischen Republik gewählt. Er war zwischen 1925 und 1938 Präsident des Obersten Verwaltungsgerichts gewesen, ein unpolitischer, weicher tschechischer Patriot, der weder seinem direkten Gegenspieler Frank noch gar Heydrich oder Hitler gewachsen war. Gelegentlich hatte er kleine Erfolge, zum Beispiel gegen den Versuch Franks, alle Legionäre des Ersten Weltkriegs aus dem öffentlichen Dienst zu entfernen. Manchmal drohte er mit Rücktritt, gelegentlich mit Selbstmord. Der kranke Mann meinte das durchaus ernst; er kannte das Geschick vieler seiner Landsleute in den Konzentrationslagern. Er versuchte auch immer wieder, es zu mildern. Aber seine Gegenspieler pressten ihn von Zugeständnis zu Zugeständnis. Zu seinem 70. Geburtstag schenkte ihm der Führer einen großen Wagen, und das obwohl Heydrich ihn für »nicht eindeutschungsfähig« hielt. Ab 1942 war er nur noch ein Requisit der deutschen Politik.

Wer Emil Hácha gerecht beurteilen will, darf aber auch nicht vergessen, in welcher Lage dieser ebenso korrekte wie mittelmäßige Mann war. Hitler hatte Polen, Belgien und Frankreich überrannt. Stalin hatte mit ihm einen Pakt geschlossen. Ein großer Teil der tschechischen Bourgeoisie dachte so, wie es eine große liberale Prager Zeitung 1938 geschrieben hatte: »Wenn wir schon nicht mit den Engeln singen können, müssen wir mit den Wölfen heulen.« Und hinter den Háchas bauten sich die tschechischen Faschisten, die »Vlajka« (Fahne) auf. Das war zwar eine kleine Truppe mit nicht mehr als 13 000 Anhängern, also 0,16 Prozent der Bevölkerung der Tschechoslowakei. Aber sie hatten eine Art SA, die »Svatopluk Garden«, und wurden von den Nazis benutzt, um die Protektoratsregierung unter Druck zu setzen. Ihr Führer, General Gajda, verlangte die Lösung der Judenfrage auf rassischer Grundlage, den Aufbau einer Gestapo nach deutschem Vorbild, eine Revision der Bodenreform, die Entfernung der Freimaurer und natürlich die Beteiligung seiner Partei an der Regierung. Er wollte Innenminister werden; und seine Leute organisierten Straßenschlachten, bei denen sie den Passanten die Národní-Souručenství-Abzeichen abrissen und Juden zusammenschlugen. Hácha empfand sich als das kleinere Übel. Hácha war das kleinere Übel.

Und dann kam Reinhard Heydrich, ein straffer, intelligenter, siebenunddreißigjähriger Nachwuchspolitiker der NSDAP mit glänzender Karriere. Als junger Mann war er Marineoffizier gewesen; dort warf man ihn 1931 – also mit siebenundzwanzig Jahren – wegen einer Frauengeschichte hinaus. Er trat im selben Jahr der NSDAP und der SS bei. 1932 wurde er Chef des Sicherheitsdienstes, 1933 Leiter der politischen Polizei in Bayern, drei Jahre später der Geheimen Staatspolizei in Berlin, 1939 wurde er zum Chef des Reichssicherheitshauptamtes der SS ernannt. Heydrich war der bestinformierte Mann im Reich und dazu ein kühler, entschlossener und bestens organisierter Technokrat.

In Berlin galt Heydrich als Oberverdachtsschöpfer. Jetzt wurde er Hitlers »Herzog Alba«. Seinem direkten Vorgesetzten Himmler war er durch seine Nüchternheit weit überlegen. Joachim Fest hat ihn so beschrieben: »Er war ein Mensch wie ein Peitschenknall, in seiner luziferischen Gefühlskälte, seiner Amoralität und der unstillbaren Machtgier nur den großen verbrecherischen Renaissancenaturen vergleichbar, mit denen er das Bewusstsein von der Allmacht des Menschen teilte, nur ins Technizistische methodisch gewendet als die Überzeugung, dass durch Konstruktion und überlegene Organisation alles möglich und zu verwirklichen sei: Herrschaftsgebilde, Reiche, Rassenneuschöpfungen, blutmäßige Flurbereinigungen in weit gesteckten Räumen, und damit und zuletzt immer nur dies eine – Macht.«

Man hat Heydrich nachgesagt, dass er als Planungschef der Judenvernichtung so fanatisch gewesen sei, weil er vergessen machen wollte, dass er eine jüdische Großmutter hatte. Jedenfalls war er es, der am 20. Januar 1942 die berühmte Besprechung zur »Endlösung der Judenfrage« nach Wannsee einberief. Er verfolgte historische, globale Pläne. Das »Ordnungschaffen« in Protektorat war für ihn nur ein kleiner Schritt, eine Aufgabe, der sich ein hoher Offizier des Führers eben unterziehen musste, wenn es gerade notwendig war. Am 28. September 1941 traf er in Prag ein. Am 2. Oktober trommelte er im Czernin-Palais in Prag die Oberlandräte und andere hochrangige Funktionsträger des Besatzungsregimes zusammen. Über die Rede sollte »strengstes Stillschweigen« bewahrt werden. Heydrich machte kurz und bündig klar, dass er wusste, was er wollte. Man müsse »forschungsmäßig und erkundungsmäßig planen«. Dann wörtlich:

»Aber die Grundlinie muss für all dieses Handeln unausgesprochen bleiben, dass dieser Raum einmal deutsch werden muss und dass der Tscheche in diesem Raum letzten Endes nichts verloren hat. Das sind Dinge, die meine Aufgabe hier in zwei ganz große und klare Etappen und Aufgabengebiete teilen. Das eine ist die kriegsmäßige Nahaufgabe und das zweite ist die Einleitung einer weitsichtigen Endaufgabe. Die erste, die Nahaufgabe, ist diktiert von der Notwendigkeit der Kriegsführung. Ich brauche also Ruhe im Raum, damit der Arbeiter, der tschechische Arbeiter, für die deutsche Kriegsleistung hier vollgültig seine Arbeitskraft einsetzt und damit wir bei dem riesigen Vorhandensein von Rüstungsindustrien hier den Nachschub und die rüstungsmäßige Weiterentwicklung nicht aufhalten. Dazu gehört, dass man den tschechischen Arbeitern natürlich das an Fressen geben muss – wenn ich es also deutlich sagen darf –, dass er seine Arbeit erfüllen kann. Es gehört aber auch dazu aufzupassen, dass der Tscheche nach seiner Eigenart nicht diese Notlage des Reiches benutzt, um für sich privaten und eigenen tschechischen Sondernutzen herauszuholen. Diese Nahaufgabe setzt voraus, dass wir zunächst einmal den Tschechen zeigen, wer Herr im Hause ist.«

Reinhard Heydrich (1904–1942), ein möglicher Nachfolger des »Führers«.

Sein rassistisches Programm war glasklar. Er wolle nicht nach alter Methode versuchen, »dieses Tschechengesindel deutsch zu machen«, sondern zuerst prüfen, »was von diesen Menschen in diesem Raum eindeutschbar ist«. Es war dasselbe Programm, das der angeblich freundliche, alte, nach Meinung Hitlers von den Tschechen aber für dumm verkaufte Konstantin von Neurath und sein Stellvertreter Frank schon früher in Denkschriften entwickelt hatten. Heydrich drückte sich nur unumwundener und drastischer aus: »Gutrassige assimilieren und eindeutschen, schlechtrassig Gutgesinnte sterilisieren, gutrassig Schlechtgesinnte an die Wand stellen.«

Heydrich zögerte keinen Tag. Er ließ den Ministerpräsidenten Eliáš verhaften und zum Tode verurteilen, er verhängte den zivilen Ausnahmezustand über Prag, Brünn, Mährisch-Ostrau, Olmütz, Kladno und Königgrätz. In der Zeit vom 27. September bis zum 29. November 1941 ordnete er an, 404 Personen, Männer wie Frauen, zu erschießen. 379 davon wurden in den Zeitungen namentlich aufgeführt. Der Technokrat des Terrors kalkulierte bewusst und kühl das An- und Abschwellen der Exekutionen. Dann ging er an Verwaltungsreformen, kam der Arbeiterschaft und den Gewerkschaften entgegen, schuf Stipendien, mit denen tschechische Studenten an Hochschulen des Reichs studieren konnten, kümmerte sich um die Umerziehung der Jugend und setzte eine neue Regierung ein, deren maßgeblicher Kopf ein Deutscher war. Die angeblich tschechische Regierung musste von diesem Tag an deutsch sprechen. Der Widerstand nahm ab. Längst hatte die Gestapo viele tschechische Widerstandsgruppen unterwandert. Als Heydrich nach Prag kam, griff sie zu. Am 4. Februar 1942 wird Heydrich sagen: »Die Widerstandbewegung haben wir in dem Augenblick zerschlagen, als sie noch nicht im Stande war, in großem Maßstab Einfluss auf die breiten Massen zu gewinnen.«

Die Ziehharmonika

Edvard Beneš kehrte im Juni 1939 aus den USA nach London zurück. Er wusste, was ihm bevorstand. Welche Art von Brot man in der Emigration zu essen bekommt, hatte er als zweitwichtigster Mann der tschechischen Auslandsaktion während des Ersten Weltkriegs erfahren. In London wimmelte es von geflohenen Hitler-Gegnern aus allen möglichen Ländern, die als Exilregierung anerkannt werden wollten. Und London war, das wird Edvard Beneš nie mehr vergessen, die Hauptstadt jenes Staates, der zuallererst und an führender Stelle versucht hatte, sich mit Hitler zu arrangieren, und zwar auf Kosten der Tschechoslowakei. Der nun 55-Jährige war in keiner beneidenswerten Lage.

Aber er hatte zwei Jahrzehnte lang, als Außenminister und später auch als Staatspräsident, die tschechoslowakische Außenpolitik geführt. Er kannte nahezu alle handelnden Personen, sehr viele in- und auswendig. Es gibt Politiker, die den direkten

Kontakt mit ihren Anhängern, zum Beispiel in Versammlungen, brauchen wie die Luft zum Atmen. Sie sind immer gut, wenn sie von Blitzlichtgewitter zu Blitzlichtgewitter gehen können.

Beneš brauchte das alles nicht. Er lebte mit Aktennotizen, Memoranden und vor allem »Plänen«, die er zu nummerieren pflegte. Er überzeugte im Einzelgespräch oder in der kleinen Runde, er witterte neue Tendenzen, die sich in dieser oder jener Bürokratie auftaten, und er war ein Meister in der Interpretation eines Halbsatzes oder einer Nebenbemerkung, die ihn seinem Lebensziel näher bringen konnte: der Wiederherstellung der tschechoslowakischen Republik Masaryks, der Rückkehr auf den Hradschin. So erreichte er schon in einem halben Jahr die Anerkennung seines tschechoslowakischen Nationalausschusses durch die Franzosen und die Engländer. Im Dezember 1939 war er wieder Präsident – wenn auch nur Präsident einer Exilregierung, allerdings der wohl aktivsten und hartnäckigsten, die es im Westen gab.

Seine Kraft bezog Beneš aus einem sehr klaren und seit seinem Rücktritt und seiner Flucht im Prinzip fest stehenden Konzept: Das Münchner Abkommen musste annulliert und die Tschechoslowakei in ihren »historischen Grenzen« anerkannt werden. Beneš war nie sentimental. Er hat deshalb, wie auch andere Führer des tschechischen Volkes vor ihm, imm er wieder über kleinere Grenzkorrekturen nachgedacht, insbesondere über die Abtretung kleinerer »Zipfel« an Deutschland. Der Sinn dieser möglichen Abtretungen (zu denen es dann gar nicht kam) war aber jeweils, Deutschland nicht nur ein Stück Land, sondern gleichzeitig die Bewohner dieses Landstrichs und noch Hunderttausende Deutsche zusätzlich zuzuschieben. Dem Exilpräsidenten war bis in das Jahr 1942 hinein nicht klar, wie viele Deutsche man abschieben könne, denn er wusste natürlich, dass die Tschechen die Unterstützung der Großmächte, jedenfalls ihre Duldung, für die Vertreibung brauchten. Deshalb versuchte er, die unter dem Terror der deutschen Besatzungsmacht immer erbitterter und radikaler werdenden Menschen in der Heimat gelegentlich zu mäßigen. Man darf ihm auch glauben,

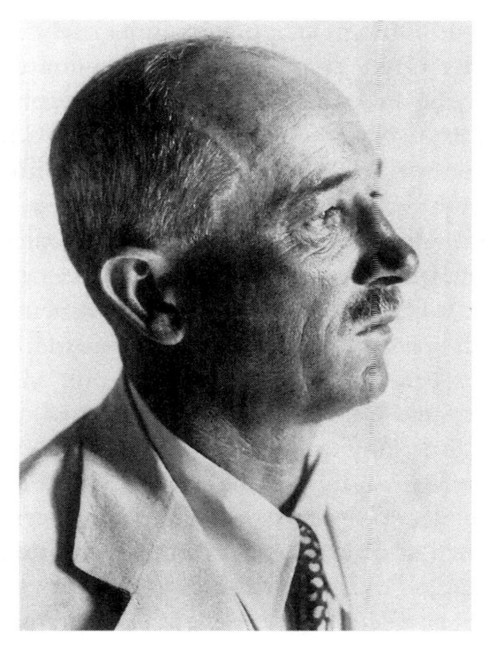

Edvard Beneš (1884–1948).

dass er es Anfang der Vierzigerjahre noch für unmöglich hielt, dreieinhalb Millionen Menschen zu vertreiben. Wenzel Jaksch, der sudetendeutsche Gegenspieler von Beneš im Londoner Exil, hat dieses periodische Auf- und Abschwellen der Vertreibungspläne später, 1944, richtig gekennzeichnet: »Die Transferpropaganda wird auf einer Ziehharmonika gespielt: Abwechselnd wird der Eindruck erweckt, als ob nur einige Hunderttausende Schuldiger gehen müssten oder dass nur eine Minderheit ganz Unschuldiger bleiben könne.« So war es.

Aber dieser Jaksch war natürlich in einer ungleich schwächeren Position als Beneš. Dieser war schnell nach dem Überfall Hitlers auf die »Resttschechei« von allen rivalisierenden Widerstandsorganisationen als die Führungsfigur aller Tschechen anerkannt worden. Er konnte sagen: Ich repräsentiere die erdrückende Mehrheit des tschechischen Volkes. Jaksch repräsentierte einige hundert sozialdemokratische Emigranten; in London waren Mitte 1940 noch knapp 1 200 übrig geblieben. Er war der Führer der »Treuegemeinschaft sudetendeutscher Sozialdemokraten«, die die Emigranten sofort nach ihrer Austreibung gegründet hatten. Natürlich gab es auch in der Heimat einige tausend treue Sozialdemokraten, von denen einige hundert auch Widerstand leisteten. Aber über eins ließ sich nicht hinwegreden: Die große Mehrheit der Sudetendeutschen hörte in dieser Zeit nicht auf Wenzel Jaksch oder andere demokratische Politiker. Sie hörte auf Hitler und Henlein. So war der zähe Kampf, den Beneš und Jaksch zwischen 1940 und 1942 miteinander führten und den Jaksch überhaupt nur wagen konnte, weil er Helfer und Unterstützer im britischen Außenministerium hatte, höchst ungleich.

Die beiden Männer führten ihr erstes Gespräch am 3. August 1939, also kurz vor Ausbruch des Zweiten Weltkriegs. Ende 1942 brach Beneš den Kontakt mit einem empörten, triumphierenden und in einzelnen Passagen auch höhnischen Brief ab. Er hatte seine Ziele bei den Alliierten – jedenfalls den Westalliierten – inzwischen weitgehend erreicht. Die deutschen Verbrechen in der Tschechoslowakei, aber auch anderswo, überhoben ihn der Notwendigkeit, mit einem Deutschen zu verhandeln. Und es klang sehr plausibel, als er Jaksch schrieb: »Halten Sie es für möglich, dass irgendein Tschechoslowake, irgendein alliierter Politiker begreifen würde, dass man jemand in den Staatsrat oder in den Beamtenstab des tschechoslowakischen Staates beriefe, der sich bisher niemals öffentlich als tschechoslowakischer Bürger bekannt hat, der es ablehnt, seine bürgerlichen Pflichten zu erfüllen und der seine Zugehörigkeit zum Staat immer noch an Bedingungen knüpft und sich Türen offen hält, um in der Zukunft einen anderen Standpunkt einnehmen zu können?« Als Beneš dies schrieb, hatte er den Häusler-Sohn aus dem südlichen Böhmerwald, der seine Lehrzeit auf den Baustellen Wiens nach der Jahrhundertwende verbracht hatte, ausgespielt und beiseite geschoben.

Aber ganz so einfach, wie Beneš es sich machte, war es nicht. Anfangs hatte er den emigrierten Sozialdemokraten Plätze in seinem Nationalrat und seiner Regierung angeboten. Der Zankapfel war das Münchner Abkommen. Jaksch wollte natürlich nicht jede Möglichkeit verspielen, nach dem Krieg von den Sudetendeutschen akzeptiert zu werden. Deswegen riet er seinen Leuten, nicht in die tschechoslowakische Exilarmee, sondern in die englische Armee einzutreten. Seine Position vom Oktober 1939, also zu einer Zeit, als auch Briten und Franzosen keineswegs bereit waren, das Münchner Abkommen einfach aufzugeben, legte er in den *Richtlinien für die Auslandspolitik der Sudetendeutschen Sozialdemokratie* nieder, in denen es hieß:

»Wir verkennen nicht, dass die Grenzen von München vielfach unter Verletzung des Nationalitätenprinzips gezogen wurden und dass innerhalb dieser Grenzen ein erneuerter Staat der Tschechen und Slowaken nicht lebensfähig wäre. Als ein Teil des sudetendeutschen Volkes haben wir aber vor allem die Interessen dieses Volkes zu vertreten. Auf Grund unserer zwanzigjährigen Erfahrung müssen wir es daher ablehnen, unter gleichen oder ähnlichen Bedingungen, wie sie bis zum Münchner Übereinkommen bestanden, das sudetendeutsche Volk einem vorwiegend tschechischen Staate neu einzugliedern. Unserer tiefen Überzeugung nach würde eine solche Lösung den Keim neuer Konflikte bedeuten. Es war ein Grundfehler der Staatskonstruktion vor München, dass sie zwei Millionen Slowaken alle Rechte eines Staatsvolkes einräumte, während drei Millionen Sudetendeutsche als Minderheit behandelt wurden.«

In einem ziemlich schäbigen Hotel in Loughton in der Provinz Essex namens Holmhurst bestätigte der erweiterte Vorstand der Treuegemeinschaft Jakschs Positionen.

Auf den kühlen Beneš machte das keinerlei Eindruck. Solange er die Engländer für seine Pläne noch nicht gewonnen hatte und sie ihn drängten, mit Jaksch zu reden, tat er das. Die Sitze im Staatsrat hielt er ihm dabei als Lockmittel vor die Nase. Aber er war von vornherein fest entschlossen, Jaksch keinerlei Zugeständnisse für die Rolle der Deutschen nach Kriegsende zu machen. Vielmehr betrachtete er diese Gespräche als therapeutische Sitzungen, in denen ein Patient zu einer Verhaltensänderung gebracht werden muss. »Jaksch kam zur Erklärung des Gesprächs, das wir neulich hatten«, erzählte Beneš seinem Kanzleichef Jaromír Smutný am 17. Oktober 1940. »Ich verabreichte ihm eine weitere Dosis: Wir müssen eine Million Deutsche aus den böhmischen Ländern aussiedeln.« Smutný schrieb dann in seiner Aktennotiz: »Jaksch sagte, dass er diese Basis akzeptiere. Auf meine Frage sagte der Präsident, dass er mit ihm über das Grenzgebiet noch nicht gesprochen habe und dass er ihm das wiederum das nächste Mal sage. Dass er ihm das in Portionen verabreiche, damit er es besser verdauen könne.«

In der Tat zog Beneš Jaksch über den Tisch. Der war zwar niemals bereit, eine Massenvertreibung aller Deutschen zu akzeptieren, aber er machte allerhand Kompromisse. Er sagte Beneš auch, dass er einsehe, dass eine Vertretung von Deutschen in der Regierung und im Nationalrat erst einmal nicht möglich sei. Das alles aber half ihm nichts.

Beneš war, wie gesagt, 1939 bereit gewesen, eine Vertretung der sudetendeutschen Sozialdemokraten in seinen Gremien zu akzeptieren. Die Engländer übten Druck aus; gleichzeitig erklärten die tschechischen Kommunisten (unter dem Eindruck des Hitler-Stalin-Pakts vom August 1939) die Auslandsaktion von Beneš stünde »gegenwärtig im Dienste der Imperialisten und Sowjetfeinde«. In dieser Situation hätten ein paar Deutsche im Staatsrat vielleicht hilfreich sein können. Schon bald aber bekam Beneš gewaltigen Druck von zuhause. Selbst der gemäßigte langjährige sozialdemokratische Minister Rudolf Bechyně warnte die Deutschen mit drohendem Unterton: »Geht auf Zehenspitzen, mit dem Hut in der Hand, und schweigt ehrfürchtig, damit ihr im tschechischen Märtyrer nicht den Rächer weckt.« Die Widerstandsorganisationen im Land und die Exilarmee sagten klipp und klar, dass sie der Exilregierung die Gefolgschaft aufkündigen würden, wenn dort Deutsche säßen. Sie hatten die Nazis vor der Nase. Auf diplomatische Formeln reagierten sie mit Brachialgewalt. Schon im März 1940 hieß es in der Untergrundzeitschrift *V boj:* »Für wilde Bestien, als die sich die Deutschen abermals erwiesen haben, ist Nachsicht, ist Vergebung nicht angebracht, und ein ruhiges Zusammenleben ist mit ihnen nicht möglich, solange sie sich nicht zu menschlichen Kreaturen entwickeln. Bis dahin bleiben wir von ihnen bedroht, und deshalb werden wir in unserer wiederauferstandenen Republik unsere Zukunft dadurch sicherstellen müssen, dass wir das deutsche Element innerhalb der Staatsgrenzen mit den Wurzeln vertilgen!« Der Artikel trug die Überschrift »Was wird mit den Sudetendeutschen geschehen?« Die Linie hieß: »Abrechnung bis zum letzten Blutstropfen und bis zum letzten Heller.« Im März 1940!

Hätte Jaksch seine Position verbessern können, wenn er von vornherein auf das Konzept Benešs eingeschwenkt wäre? Das war die Auffassung einer Oppositionsgruppe unter dem Gewerkschafter Josef Zinner, der eine England-Gruppe von Vertrauensmännern der Gewerkschaften ins Leben gerufen hatte. Es war also ein doppelter Konflikt, den Jaksch mit den Zinner-Leuten ausfechten musste: ein politischer um den mehr oder weniger orthodoxen Marxismus und ein persönlicher mit dem national tauben Vorsitzenden der sudetendeutschen Sozialdemokraten bis 1938 – Ludwig Czech. Natürlich wurden dabei auch alte Rechnungen beglichen. Jaksch, der in seiner Jugend Kleinbauernsekretär seiner Partei war, war ein Volkspartei-Mann. In seiner Zeit musste er noch von »Volkssozialismus« sprechen. Mit den Zinner-Leuten war er zusammengestoßen, als er 1938 Czech als Vorsitzenden der sudetendeutschen Sozialdemokratie abgelöst hatte. Zinner und seine Anhänger standen in enger Beziehung zu Benešs Leuten, vor allem zu Jaromír Nečas und František Neměc, früheren Ministern aus der alten Heimat. Beneš kannte alle Interna der Treuegemeinschaft und finanzierte die Oppositionsgruppe gelegentlich auch. Kühl, überlegt und wirkungsvoll spaltete er die sudetendeutsche Emigration.

Zinners Anhängern hat ihr frühes Einschwenken auf die Linie des Präsidenten nichts geholfen. Sie hatten keinerlei Einfluss auf die tschechische Politik. Manche von ihnen wurden nach der Rückkehr in die ČSR ebenfalls vertrieben, wenn auch auf weniger brutale Weise. Daraus kann man schließen, dass es Jaksch auch nichts genützt hätte, wenn er Beneš bei der Politik gefolgt wäre, das Münchner Abkommen von Anfang an – ex tunc – für ungültig zu erklären. Am Schluss hätte er die Vertreibung seiner Landsleute mit unterschreiben müssen. Das wollte er nicht.

Auch die Alliierten zögerten lange, Benešs Politik zu akzeptieren. Der britische Gesandte bei der provisorischen tschechoslowakischen Regierung, Robert Bruce Lockhart, schrieb seiner Regierung am 7. Oktober 1940: »Präsident Beneš hat seine eigene Lösung des Problems gefunden. Er hat sie von Hitler geborgt. Es ist ein Austausch der Bevölkerungen.« Aber Lockhart und eine Reihe seiner Kollegen (so Frank Kanyon Roberts, der Leiter des Central Department des Foreign Office) setzten sich bei ihren Oberen nicht durch. Beneš sagte Lockhart mit brutaler Offenheit, dass er sich ebenso gut mit den Russen über die Grenzen und die Deutschen einigen könne. Bei dem Kriegspremier Winston Churchill und seinem Außenminister Anthony Eden hatte er schließlich Erfolg. Am 6. Juli 1942 gab das Kriegskabinett sowohl der Erklärung zum Münchner Abkommen als auch dem Prinzip des »Transfers« der deutschen und der magyarischen Minderheit seine Zustimmung. Als Jaksch das erfuhr, protestierte er in Telegrammen an den amerikanischen Außenminister und den kanadischen Premierminister und kündigte die »stärkste Opposition der Sudetendeutschen gleich welcher politischen Einstellung« an. Das half ihm gar nichts.

Lidice und Ležáky

Das Attentat auf Reinhard Heydrich oder einen gleichermaßen herausragenden Repräsentanten der Deutschen wurde im tschechischen Verteidigungsministerium in London schon fünf Tage nach der Ankunft Heydrichs in Prag erwogen. Eigentlich hatte man daran gedacht, am Unabhängigkeitstag, am 28. Oktober 1941, eine spektakuläre Aktion zu organisieren. Aber Jozef Gabčik und Jan Kubiš konnten wegen technischer Schwierigkeiten und schlechtem Wetter erst sehr viel später als geplant über dem Protektorat abspringen. Die Adressen, die man ihnen mitgegeben hatte, erwiesen sich als nicht hilfreich. Irgendwie kamen sie aber mit der illegalen Organisation OSVO (Obec sokolská v odboji, Sokolgemeinde im Widerstand) in Kontakt. Nur durch diesen Kontakt konnten sie überleben. Sie planten alle ihre Schritte sehr sorgfältig. Erst am 27. Mai 1942 schlugen sie zu und verletzten den im Auto vorbeifahrenden Heydrich mit einer Handgranate so schwer, dass er am 4. Juni starb.

Hat Beneš persönlich den Befehl zu diesem Attentat gegeben? Beweisen lässt es sich nicht, und nach dem Krieg ließ er es dementieren. Er war aber ein Mann, der es nicht zu dulden pflegte, dass wichtige Dinge um ihn herum geschahen, ohne dass er davon informiert war. Dafür dass er Bescheid wusste, spricht auch ein erregter Depeschenwechsel zwischen dem heimischen tschechischen Widerstand und der Londoner Exilregierung.

Gabčik und Kubiš, von den Engländern vorzüglich ausgebildet, gingen professionell an ihre Aufgabe heran. Sie redeten mit niemandem über das, was sie vorhatten. Sie wollten ihre Gastgeber und Helfer nicht gefährden. In den langen Monaten der Vorbereitung wurde dem Leiter des OSVO, einem gewissen Professor Vaněk, aber offenbar doch klar, worum es ging. Er setzte eine Depesche an die Londoner auf, in der es hieß:

»Aus den Vorbereitungen, die O. und Z. (Kubiš und Gabčik) unternehmen, und dem Ort, an dem sie dies machen, schließen wir trotz ihres beharrlichen Schweigens, dass sie ein Attentat auf Heydrich vorbereiten. Dieses Attentat würde den Alliierten nichts nützen, für unser Volk aber hätte es unübersehbare Folgen. Es würde nicht nur unsere Geiseln und politischen Gefangenen bedrohen, sondern würde Tausende weitere Leben fordern, würde das Volk einer noch nicht da gewesenen Unterdrückung aussetzen und gleichzeitig die letzten Reste irgendwelcher Organisationen hinwegfegen und es dadurch unmöglich machen, hier noch irgendetwas Nützliches für die Verbündeten zu unternehmen. Wir bitten ... den Befehl zu geben, das Attentat nicht zu unternehmen.«

Die Folgen dieses Attentats sah Vaněk realistisch. Aber die Londoner Exilregierung stand längst unter großem Druck. Ständig wurde ihr vorgehalten, dass der Widerstand in Polen, Russland oder Jugoslawien weit stärker sei als in der Tschechoslowakei. In einer Antwortdepesche an den Nationalen Widerstand vom 15. Mai behauptete Beneš deshalb, die Deutschen würden bald »Vorschläge für einen Friedensschluss ohne Sieger« machen. Ob er das im Mai 1942 wirklich glaubte, kann man bezweifeln.

Die Zeit für irgendwelche Friedensschlüsse war vorbei. Aber die Exilregierung brauchte den Nachweis, dass das tschechische Volk gegen die Nazis kämpfte. Es gab zu viele weithin sichtbare Kollaborateure. Deswegen kabelte er: »Für eine derartige gefährliche Situation stellen jedoch die derzeitigen Verhältnisse im Protektorat und in der Slowakei, das heißt die Zusammenarbeit mit den Deutschen, Hácha als Präsident, die Protektoratsregierung, Emanuel Moravec, Tiso und Tuka für uns eine große Belastung, wenn nicht sogar große Gefahr dar, darüber müssen wir uns im Klaren sein. In einer solchen Lage könnten auch bei uns irgendwelche Gewaltakte, Revolten, direkte Aktionen, Sabotageakte und Kundgebungen wünschenswert oder auch unerlässlich werden.«

Beneš hatte durchaus Recht. Später, in seinen Gesprächen mit Molotow, zeigte sich das. Der raffinierte, im Überlebenskampf unter Stalin bösartig gewordene Meisterdiplomat stichelte: »Die Polen haben Untergrundorganisationen und machen einen Sabotageakt nach dem anderen, sie sprengen Brücken und Züge in die Luft.« Beneš antwortete peinlich berührt: »In unserem Land sind die geographischen Bedingungen anders. Wir sind am weitesten weg von der Front. Unsere Leute haben ja darum gebeten, dass Fabriken bombardiert werden, aber nichts passierte.« Molotow setzte nach: »Aber niemand weiß das. Gleichzeitig haben uns die Polen Listen von terroristischen Aktionen geschickt, die von ihrem Widerstand ausgeführt worden sind.« Der damalige stellvertretende Außenminister der Sowjetunion Kornejtschuk befreite Beneš dann aus seiner peinlichen Lage.

Gegen 10.30 Uhr am 27. Mai 1942 fuhr eine Frau ohne Hut im Auto durch die Kurve in Prag-Libeň, in der Gabčik und Kubiš Heydrich töten wollten. Das war das Zeichen, dass der Reichsprotektor ohne Begleitauto kam. Gabčik sprang mit seiner Maschinenpistole auf die Straße. Als Heydrich ihn sah, stand er halb auf und griff zu seiner Waffe. Gabčiks MP blockierte. Kubiš sah das und warf eine Handgranate, die vor dem Hinterrad von Heydrichs Wagen explodierte. Beide Attentäter verschwanden zunächst einmal spurlos. Kurz vor ein Uhr Mittag rief Hitler bei Frank an. Er befahl ihm, bis zu Heydrichs Genesung die Geschäfte des Reichsprotektors zu führen und eine Million Reichsmark als Belohnung für die Ergreifung der Attentäter auszusetzen. Als »Sühne« sollten 10 000 »verdächtige Tschechen oder solche, die politisch etwas auf dem Kerbholz haben«, verhaftet oder – sofern sie sich schon in Gefängnissen oder Konzentrationslagern befanden – dort erschossen werden. Diesem Befehl gab Himmler abends um neun noch einmal eine besondere Wendung. Man solle in erster Linie »die gesamte oppositionelle Intelligenz verhaften und die wichtigsten 100 sofort erschießen«.

Karl Hermann Frank war ein überzeugter Nationalsozialist und ein gehorsamer SS-Führer. Aber er hatte seinen Auftrag im Auge. Das Protektorat sollte als Waffenschmiede Hitlers funktionstüchtig bleiben. Deswegen hielt er die Erschießung von 10 000 unbeteiligten Geiseln für falsch. Er rief sofort Martin Bormann an, den Leiter von Hitlers Kanzlei, und besorgte sich eine Einladung ins Führerhauptquartier. Über diesen Besuch bei Hitler existiert eine Aufzeichnung Franks, die seine Gespräche in allen Einzelheiten festhält.

Frank war nicht nur zu Hitler geflogen, um irgendwelchen Menschen das Leben zu retten. Er wollte seinem Führer auch sagen, dass dessen blitzartige Entscheidung, an die Stelle Heydrichs den Generaloberst Kurt Daluege (und nicht Frank selbst) zu setzen, für ihn eine zweite Zurücksetzung und schwer erträglich sei. Der »in der heiklen Politik des Raumes bisher vollkommen fremde Generaloberst« müsse bei »den delikaten Gesprächen und Unterhaltungen mit Hácha, der tschechischen Regierung und den einzelnen tschechischen Ministern Fehler machen und unser Konzept verderben«. Hitler beruhigte Frank. Er sei »als der einzige gute Kenner des tschechischen Problems« in der Stellung des Staatssekretärs unentbehrlich. Heydrichs Stelle sollte aber für eine begrenzte Zeit Daluege einnehmen. Punktum.

In der Frage der Geiselerschießungen aber setzte sich Frank durch. In seinem Protokoll heißt es:

»Nach den bisherigen Ergebnissen der Untersuchungen und Ermittlungen seien sich mit mir alle meine Mitarbeiter, vor allem aber auch Generaloberst Daluege, mit dem die ganze Situation durchgesprochen wurde, darüber einig, dass es sich bei dem Attentat um einen vom Feinde in Szene gesetzten Einzelfall und nicht um den Akt einer großen im tschechischen Volk verankerten Aufstands- und Widerstandsbewegung handle. Wenn wir auch bisher die Täter nicht ergriffen haben, so deuten die englische Maschinenpistole und das für die Bomben verwendete Isolierband englischen Ursprungs ... auf englische Agentenarbeit hin. Die Täter seien ziemlich sicher entweder englische Fallschirmagenten oder tschechische Fallschirmspringer in englischen Diensten oder Angehörige einer tschechischen Widerstandsgruppe, die mit den Fallschirmagenten zusammenarbeiteten. Würden wir nunmehr – wie am 27. 5. telefonisch befohlen – Massenverhaftungen und Massenexekutionen in so großem Ausmaße (10 000 Tschechen) durchführen, so würde dadurch Folgendes eintreten: Erstens die bisher von Obergruppenführer Heydrich gehaltene politische Linie würde verlassen, was schwere Auswirkungen politischer Art nach sich ziehen müsste ... Zweitens die Feindpropaganda, die von einer großen, von der ganzen tschechischen Bevölkerung getragenen Aufstandsbewegung spricht, würde recht bekommen ...«

Hitler hörte sich diese Ausführungen ruhig an. Er machte eine Pause, offenbar um seine Worte zu wählen. Dann tat er etwas Seltenes. Er erklärte, dass Franks Argumente ihn überzeugten und er den zuerst gegebenen Befehl zurücknehme.

Frank enttäuschte Hitler nicht. Er legte auf der Stelle ein Zwölf-Punkte-Programm vor, das zwar keine Massenverhaftungen und Massenexekutionen vorsah, wohl aber gezielte Maßnahmen gegen die Attentäter, gegen den Widerstand und die tschechische Emigration. So ganz nebenbei, unter Punkt 12b, machte Frank dann doch noch eine Konzession an Himmler (der gar nicht anwesend war): »Verhaftungen und Erschießungen größeren Umfangs (KZ-Häftlinge und neu zu verhaftende Intellektuelle)«. Frank war ein guter Technokrat. Er war nicht für unterschiedslose, sondern für gezielte Einschüchterung und Vergeltung. Die *Meldungen aus dem Reich* vermerkten zu diesem Thema: »Deutscherseits hat das Ausbleiben der erwarteten schärfsten Maßnahmen zu einer gewissen Enttäuschung geführt.«

Die nächsten Tage waren von der fieberhaften Suche nach den Attentätern bestimmt. Daluege ordnete Erschießungen »wegen Gutheißung des Attentats« an. Viele Tschechen trotteten hinter der Lafette her, auf der Heydrichs Leiche durch Prag getragen wurde. Auf vielen Plätzen standen Tschechen und hoben – in der Hoffnung, sich damit schützen zu können – die Hand zum Hitler-Gruß. Am 30. Mai 1942 erklärte Hácha im Rundfunk Beneš zum »Feind Nr. 1 des tschechischen Volkes«. Der wirksamste Kollaborateur Moravec hielt seine berühmte Wehe-Wehe-Wehe-Rede: »Wehe dem tschechischen Volk, wenn die Verbrecher nicht gefasst werden, die den Herrn Stellvertretenden Reichsprotektor General Heydrich ermordeten. Ich sage dreimal wehe, wehe, wehe. Hier darf es nicht die geringsten Zweifel geben ... an Stelle von Dutzenden und Tausenden Briefen der Ergebenheit, der Dankbarkeit und der Liebe brauchen wir zur Rettung des tschechischen Volkes nur ein paar Worte, die zur Ergreifung des Täters führen.«

Aber die Sicherheitsorgane stocherten weiter im Nebel herum.

Am Abend des 9. Juni 1942 musste Frank nachgeben. »Aufgrund einer Führerbesprechung« ordnete er die Vernichtung »der Ortschaft Liditz« an. Es gab keine stichhaltigen Anhaltspunkte dafür, dass die Bewohner von Lidice irgendetwas mit dem Attentat zu tun hatten. Ein Fabrikbesitzer aus Slaný hatte einen Brief aus Lidice an einen seiner Angestellten abgefangen und der Polizei übergeben. Ein Sohn einer Familie aus Lidice diente bei der tschechoslowakischen Auslandsarmee. Aber wirkliche Anhaltspunkte für eine Beteiligung einzelner Bewohner an dem Attentat gab es nicht. Die Kladnoer Schupo erschoss alle Männer, lieferte die Frauen in Konzentrationslager, verteilte die Kinder. Die Leichen mussten von dreißig jungen Juden aus Theresienstadt in einem Massengrab bestattet werden.

Ein Mitglied der Ghettowache hat darüber berichtet:

»Ohne Pause, ohne Verpflegung, unter ständigen Drohungen und Peitschenhieben wurde 36 Stunden gearbeitet. Zur Beleuchtung in der Nacht wurden Scheiterhaufen aus Möbeln, Türen und so weiter angezündet. In das vier Meter tiefe Grab mit den Ausmaßen zwölf mal neun Meter werden zuerst die Leichen nebeneinander geschichtet, dann aber nur noch hineingeworfen. Schuhe und Kleider werden den Opfern abgenommen, ebenso der Tascheninhalt. Das Geld verschwindet in den Taschen der SS. Nun wird Kalk hineingeschüttet und zum Schluss werden von den betrunkenen SS- und Gestapo-Leuten, die aus den vorgefundenen Vorräten ein Freudenmahl veranstaltet hatten, zwei erschossene Hunde nachgeworfen. Ins Ghetto Theresienstadt werden Schafe, Ziegen, Gänse und sonstiges Vieh aus Lidice getrieben.«

Frank hatte für den Fall, dass die Mörder Heydrichs bis zum 18. Juni nicht gefunden werden sollten, schreckliche Drohungen ausgestoßen. Den entscheidenden Hinweis gab schließlich Karel Čurda, ein Fallschirmspringer, der nach Gabčik und Kubiš gelandet war und der offenbar plötzlich schreckliche Angst um seine Familie bekommen hatte. Čurda wusste nicht, wo sich Gabčik und Kubiš versteckt hatten. Aber er denunzierte Helfer der beiden. Durch Folter kam die Gestapo schließlich darauf, dass eine Gruppe von sieben Fallschirmspringern in der

Gräueltaten von Deutschen in Lidice.

Prager Kyrill- und Metod-Kirche saßen. Keiner der Widerstandskämpfer begab sich lebend in die Hand der Nazis. Franks »planvoll bewegte Nervenmühle« hatte doch noch gewirkt. Čurda bekam als Belohnung 3 000 Reichsmark monatlich. Nach 1945 wurde er zum Tode verurteilt und exekutiert.

Durch den Verrat Čurdas kam die Gestapo einer Funkstation auf die Spur. Sie stand in Ležáky. Am 24. Juni 1942 wurden an diesem Ort alle Erwachsenen, einschließlich der Frauen, erschossen. Der deutsche Historiker Detlef Brandes zitiert aus den Quellen: »Die Vergeltungsmaßnahmen gegen Ležáky riefen unter der deutschen Bevölkerung angeblich ‹allgemeine Genugtuung› hervor. Besonders die Tatsache, dass in dem Pressebericht darauf hingewiesen wurde, dass alle Erwachsenen, einschließlich der Frauen, erschossen wurden, ‹wurde begrüßt›. Es gelang der Gestapo mehr und mehr, die Widerstandsbewegung von der übrigen Bevölkerung zu isolieren.«

War das Attentat gegen Heydrich eine richtige Maßnahme im Kampf der Tschechen gegen Hitler? Der amerikanische Historiker tschechischer Herkunft Vojtěch Mastný hat das bezwei-

Karl Hermann Frank nach seiner Auslieferung an die tschechoslowakische Regierung am 25. Juli 1945.

felt. »Obwohl die Ermordung Heydrichs brillant ausgeführt wurde, war sie ein politischer Fehler. Sie dezimierte den tschechischen Untergrund in einem Ausmaß, das kaum eine Parallele irgendwo in Hitlers Europa hatte ...« Diese Schlussfolgerung ist fragwürdig.

Der Massenmord von Lidice (nicht der von Ležáky, obwohl er noch schlimmer war) wurde zum Fanal. Nach dem Juni 1942 kam Beneš seinem Ziel, die Weltmeinung für die Vertreibung eines möglichst großen Teils der Sudetendeutschen zu gewinnen, immer näher. Die Planer des Attentats in London waren sich natürlich darüber im Klaren, dass die Tötung eines Mannes wie Heydrich Tausende Opfer kosten musste. Aber sie sagten sich: Es ist Krieg. In dem Feldzug, der das Ziel hatte, die Tschechoslowakei in ihren alten Grenzen wieder zu errichten und von der deutschen und magyarischen Minderheit so viele Menschen zu vertreiben wie nur möglich, war das Attentat ein logischer Schachzug.

Theresienstadt

Theresienstadt (Terezín) war von Kaiser Joseph II. 1780 zu Ehren seiner Mutter Maria Theresia gegründet worden. Der kleine Ort direkt neben Leitmeritz (Litoměřice), sechzig Kilometer nördlich von Prag, sollte eine Festung werden. Da der Feind ihr aber keine Beachtung schenkte, gab man sie 1882 auf. Es war ein sternförmiger, zwölfeckiger Festungsbau mit sechs Toren in idyllischer Umgebung, gut bewachbar. Nordöstlich der Stadt, an der Eger, in einem Überschwemmungsgebiet, lag die »Kleine Festung«. Sie wurde viele Jahrzehnte als Gefängnis genutzt, ihre feuchten Kasematten waren gefürchtet, dort fristete Gavrilo Princip, der Mörder von Sarajewo, seine Tage, bis er an Tuberkulose starb. Theresienstadt selbst war über anderthalb Jahrhunderte Garnisonsstadt. Bis zur Jahreswende 1941/42.

Dann hatten Himmler und Heydrich eine Idee, das Theresienstädter Projekt. Man konnte die Juden nicht alle gleich verschwinden lassen, das wäre der internationalen Öffentlichkeit aufgefallen. Also brauchte man einen Ort, wo Juden erreichbar waren, wo man ihnen Karten oder Briefe schreiben konnte, wo sie irgendwelchen Kommissionen vorgezeigt werden konnten. Es gab zum Beispiel einen bekannten Geographen, dem Sven Hedin einen Brief schrieb. Kaum war der angekommen, wurde dem Mann und seiner Frau ein Einzelzimmer, in Theresienstadt ein gewaltiger Luxus, zugewiesen. Theresienstadt war in der Kleinen Festung ein besonders brutales Konzentrationslager, »draußen« in der Stadt mit 219 Häusern aber ein Judenghetto – allerdings ein streng bewachtes. Fluchtversuche wurden natürlich sofort geahndet.

Aber Theresienstadt war nicht einfach ein Aufbewahrungsort, ein Altersheim, oder, wie man manchen alten jüdischen Ehepaaren weismachte, denen man ihr Eigentum abschwatzte, ein Kurort, in den man sich einkaufen konnte. Die Stadt war eine Drehscheibe. Vom 9. Januar 1942 bis zum 28. Oktober 1944 wurde aus Theresienstadt deportiert, in den Osten. Gelegentlich redete man von »Alterstransporten«. Der Begriff »Transport« gewann dort einen furchtbaren Klang, obwohl – oder weil – die Menschen auf Gerüchte angewiesen waren. Briefe durften sie oft nicht empfangen. Gelegentlich zwang man Menschen, die in das Vernichtungslager Birkenau – Teil von Auschwitz – geschafft worden waren, freundliche Postkarten nach Theresienstadt zu schreiben. Dort hielt sich dann eine Zeit lang die Auffassung, Birkenau sei das »zweitbeste« Lager nach Theresienstadt.

Die dürre Wahrheit über das »beste« Lager war: Vor der Auflösungsphase kamen nach Theresienstadt 141 000 Juden, im Lager starben 33 500, aus dem Lager verschickt wurden 88 000, davon kamen ums Leben 84 000, nur 3 500 überlebten. Insgesamt kamen 118 000 Menschen ums Leben, 23 000 wurden gerettet.

Unter den Lagerleitern der SS stand eine jüdische Verwaltung mit ausgefeilter, grotesk und pedantisch überregulierter Struktur. Reszö Kastner, Mitglied eines Budapester Rettungskomitees, das mehrere Transporte aus Konzentrationslagern in die Schweiz, einen auch aus Theresienstadt, organisieren konnte, hat den Mechanismus exakt beschrieben:

»Funktioniert der Judenrat, ist er gefügig, so vermag er den Prozess der Liquidierung zu beschleunigen. Verweigert er den Gehorsam, so beschwört er Sanktionen gegen die Gemeinschaft herauf, ohne die Gewissheit, den Liquidierungsprozess damit aufgehalten zu haben!« Unter diesem Gesetz mussten Jakob Edelstein, Paul Eppstein und Benjamin Murmelstein als Judenälteste amtieren. Umgeben waren sie von Freiwilligen, die helfen, die ihr Leben retten, oder die ein paar kleine Privilegien genießen wollten. Oft waren all diese Motive heillos gemischt. Aber es gab auch Sadisten wie den Leiter der »Transportabteilung«, Robert Mandler, der mit Reitstiefeln und Lederjacke auftrat, die Leute schikanierte und quälte und deshalb, obwohl Jude, einen Sonderstatus bei der SS hatte. Es gab alles im Mikrokosmos Theresienstadt, was es im großen Kosmos gibt: Gebrochene, Betäubte, Gedankenlose, Illusionisten, Opportunisten, Brutale, sogar einige Realisten. Die Mischung im Lager war anders als draußen – mehr Gebrochene; denn die Mehrheit stellten ältere Menschen. Es gab aber auch ein Kinderlager; und als ein einziges Mal ein Kindertransport aus Polen gekommen war, gab es verzweifelte Szenen, weil die Kinder sich weigerten, in die »Schleuse« zu gehen. Sie hatten Angst, vergast zu werden. Vergast wurde in Theresienstadt nicht.

Bei der Ankunft empfanden manche diesen Mikrokosmos – in dem man dann und wann »Verschönerungsaktionen« durchführte und sogar ein »Kaffeehaus« einrichtete, in dem gelegentlich ein Lagerorchester spielte – als kleine Sicherheit. Seit Heydrichs Amtsantritt war das Leben für Juden im Protektorat ein Spießrutenlaufen. In Roudnice und Klattau durften Juden das Trottoir nicht betreten. Es gab Überfälle der Hitlerjugend und der »Vlajka«, ständige Hausdurchsuchungen, immer neue Wellen von Ablieferungsanordnungen; schließlich mussten Juden sogar ihre Hunde und Kanarienvögel abgeben. Selbst Jugendliche konnten aufgehängt werden, wenn sie ohne Judenstern erwischt wurden. Da schien Theresienstadt eine Zuflucht. Schien.

Das Schlimmste dort waren die allgegenwärtigen, oft blitzartig verordneten und unkalkulierbaren Transporte. Aber es gab auch Quälereien genug; Stockschläge, wenn die Grußordnung verletzt wurde, und bewusste Demütigungen, wenn es den kleinen Göttern der SS oder der Lagerhierarchie gefiel. Der SS-Mann Franz Stuschka veranstaltete in einem Außenlager an freien Sonntagen Zählappelle; und wenn das keinen Spaß mehr machte, befahl er Frauen, sich mitten im Oktober in einer gewaltigen Wasserlache auf den Boden zu setzen und mit dem Gesäß den Schlamm nach rechts oder nach links zu schieben. Das Schlimmste war die Abschiebung aus dem Ghetto in die Kleine Festung, das eigentliche KZ. Kaum jemand kam da lebend wieder heraus.

In der ersten Zeit war Theresienstadt die Sammelstelle für böhmische Juden. Ab dem Spätherbst 1942 wurde die Zahl tschechischer und slowakischer von deutschen und österreichischen Juden übertroffen. Es hat keinen Sinn zu verschweigen, dass der Nationalismus auch im Ghetto Theresienstadt nicht verschwand. Er saß inzwischen zu tief. Eine ältere Berliner Jüdin, die zwischen Oktober 1942 und August 1945 in Theresienstadt war, hat das in folgenden Worten festgehalten:

»Wir hatten uns eingeredet, dass wir, wenn wir in die Tschechoslowakei kämen, in ein Freundesland kämen, mit uns vereint in unserem Hass gegen Hitler und seine Helfershelfer. Aber welche Enttäuschung für uns. Die Tschechen hassten uns genauso wie wir Hitler hassten, und sie machten für das Unglück, das sie betroffen hatte, uns mitverantwortlich. Sie sahen in uns nicht Leidensgefährten, sondern nur Deutsche, die sie hassten.

Mord, Totschlag und Quälerei hatten übrigens mit der Befreiung des Ghettos kein Ende. In die Kleine Festung wurden nun Deutsche eingeliefert. Sie wurden ähnlich behandelt, wie man dort vorher mit Tschechen und Juden umgegangen war.«

Im Januar 1946 öffnete man am Grab des Rabbi Löw auf dem alten Prager Judenfriedhof eine Sammelbüchse. Man fand einen mit Bleistift geschriebenen Zettel, der offenbar von einem jungen Mädchen stammte: »Mein lieber guter Wunderrabbi, bitte hilf mir, dass die Mutti noch diese Woche nach Hause kommt und nicht im Transport kommt. Ich danke Dir, Deine Dita.«

Der Widerstand

Natürlich gab es Widerstand gegen diesen Terror. Aber es war bitterschwer für die, die Widerstand leisten wollten, das Volk für Sabotageakte oder gar für einen Partisanenkampf – wie es ihn in Frankreich, im »Generalgouvernement« oder in Jugoslawien schon früh gab – zu gewinnen. Es ist leicht erklärbar, warum das so war. Die deutsche Minderheit war in ihrer Mehrheit für Hitler, unter den Slowaken gab es viele, die immer schon für Autonomie oder gar einen eigenen slowakischen Staat eingetreten waren. Die Tschechen waren sicher in ihrer Mehrheit gegen die Deutschen im Allgemeinen und Hitler im Besonderen, aber sie hatten sich über Jahrhunderte daran gewöhnt, dass Fremde, oft Deutsche, ihre Vorgesetzten waren. Wer Widerstand leistete, musste mit dem Schlimmsten rechnen, nicht nur für sich, sondern auch für seine Familie. Es ist dumm und ungerecht, alle Tschechen für Schwejks zu halten, also für Menschen, die sich achselzuckend wegduckten und sich für sechs Uhr nach dem Krieg in einer Kneipe verabredeten. Bei der harten Güterabwägung zwischen offener Kollaboration, unauffälliger Einordnung und verdecktem, aber eindeutigem Widerstand entschieden sich die meisten allerdings für unauffällige Einordnung.

Natürlich verlief der Widerstand in Wellen. Er war zwischen 1939 und 1942 vergleichsweise stark; spätestens mit dem Eintreffen Heydrichs rollte die Gestapo die Widerstandsbewegungen auf. Als schließlich jeder sehen konnte, dass Hitler den Krieg verlieren würde, fassten die Hitler-Gegner neuen Mut. Das führte zum slowakischen Aufstand im August 1944 und zum Prager Aufstand kurz vor der deutschen Kapitulation, bei dem die russische Wlassow-Armee auf tschechischer Seite eingriff. Man muss diese Phasen genau voneinander unterscheiden, wenn man nicht den Legenden der verschiedenen Gruppen auf den Leim gehen will. Dass es bis 1942 zwar keinen Partisanenkrieg, wohl aber einen spürbaren Widerstand gab, hat Heydrich selbst bestätigt. Am 4. Februar 1942 – also nachdem er den ÚVOD (Ústřední výbor odboje domácího), den Zentralausschuss der Widerstandsorganisationen, mit Gestapo-Agenten durchsetzt und schließlich zerschlagen hatte, erklärte er: »Sie [die nationale Widerstandsbewegung] war weitaus umfangreicher und weitaus gefährlicher als man das allgemein zu erwarten schien. Wenn wir jetzt, nach Ablauf von vier Monaten, nur auf dem Gebiet der Bekämpfung des tschechischen Nachrichtendienstes, vom technischen Standpunkt aus feststellen, dass wir in der vergangenen Zeit ungefähr 90 Kurzwellensender erfassten, wenn wir anführen, dass die Zahl der standgerichtlichen Verurteilungen bei ungefähr 400 bis 500 liegt, während die Zahl der Verhafteten zwischen 4 000 und 5 000 lag und liegt, dann wird Ihnen klar sein, dass es sich hier um eine Organisation handelte, für die es noch charakteristisch war, was wir betonen müssen, dass die Leute, die verhaftet oder zum

Tode verurteilt wurden, sämtlich Leute mit hohen geistigen Qualitäten waren, das waren keine Mitläufer, das war der Führungsapparat. Daraus können Sie ersehen, was hier zu erwarten gewesen wäre, wenn nicht gründlich und hart eingeschritten worden wäre.«

Auf die deutsche Kriegswirtschaft hatte der Widerstand trotzdem nur geringe Auswirkungen. Erst Ende 1944 sank das, was die Deutschen gern »Arbeitsmoral« nannten. Große, wirklich wirksame Sabotageakte in den Rüstungsbetrieben gab es nicht. Das Protektorat erbrachte für den Gesamthaushalt des Reichs direkte Kontributionen, die von 1940 bis 1943 von 300 auf 1 000 Millionen Mark pro Jahr anwuchsen. Nach 1942 bewältigten die Deutschen das mit einer reibungslosen Eingliederung der tschechischen in die deutsche Bürokratie. Am Ende des Jahres 1942 arbeiteten 350 000 tschechische Beamte und Angestellte unter der Kontrolle von nur 738 Deutschen, die zur Behörde des Reichsprotektors gehörten, und von weiteren 1 146 deutschen Beamten, die in den verschiedenen Ministerien und Agenturen saßen. Die beiden Jahre zwischen dem Herbst 1942 und dem Herbst 1944 hatten die Deutschen das Protektorat im Griff.

Was blieb der Exilregierung, den exilierten deutschen Demokraten in London und den exilierten Kommunisten in Moskau also anderes als »importierter Widerstand«? Das Attentat auf Heydrich war die spektakulärste Aktion dieser Art. Viele andere Widerstandskämpfer, die mit dem Fallschirm über dem Protektorat absprangen, endeten durch sofortige Exekution, durch Selbstmord oder im Konzentrationslager. Das lag auch daran, dass die Aktionen oft dilettantisch geplant waren. Leopold Grünwald, ein Mitbegründer der Kommunistischen Partei der Tschechoslowakei, der nach 1945 als Journalist in der Kommunistischen Partei Österreichs, tätig war, sprach verächtlich vom »geistigen Arsenal der Konspirationsromantik der russischen Sozialisten in der Zarenzeit«. Damit meinte er russische Organisatoren, die zum Beispiel sudetendeutsche Kommunisten ohne entsprechende Kenntnisse, ohne Meldeausweis und Versorgungsvorschriften über dem Sudetengebiet absetzten. Die englischen Dienste waren bei diesen Vorbereitungsarbeiten exakter und kenntnisreicher. Aber auch deren »Fallschirmagenten« (dies übrigens ein Begriff, den Hitler persönlich geprägt hat) wurden sehr oft gefangen, getötet oder in Lager eingeliefert. Die Gestapo hatte zu viele Spitzel in den verbliebenen Widerstandsorganisationen, und deren Netz war in weiten Teilen des Landes nach 1942 einfach zu dünn.

Wie solche Einsätze enden konnten, hat Roman Wirkner beschrieben:

»Pichl, Hoffmann und Echsler übernahmen es aus freien Stücken, den Gesinnungsgenossen in der Heimat eine direkte Botschaft der in Freiheit lebenden Genossen zu überbringen und die Sudetendeutschen zum Widerstand gegen den Nationalsozialismus zu ermuntern. Der Grundgedanke war, dass durch eine Erhebung der Sudetendeutschen gegen den Nationalsozialismus den tschechischen Chauvinisten alle Argumente und Scheinargumente für die Volksvertreibung aus der Hand geschlagen würden. Die drei sprangen aus einem Flugzeug über der Heimat ab, überbrachten die Botschaft und vernahmen, dass die Gesinnungsgenossen in der Heimat mit der Haltung der Freunde im Ausland einverstanden sind. Für ein Wirken über den engen Kreis der Vertrauten hinaus gab es keine Voraussetzungen, wenn auch der Widerstand gegen die Nazis im Wachsen war. Die drei wurden allmählich von der Gestapo eingekreist, nachdem sie im Frühjahr 1944 gelandet waren. Otto Pichl entzog sich der Verhaftung und Marterung durch Selbstmord mit Gift. Ernst Hoffmann wurde gefangen und nach fürchterlichen Martern hingerichtet. Albert Echsler war ausgekundschaftet worden. Die ihn beherbergt hatten – Marie Günzl aus Graslitz, deren Schwester, Frau Werner in Aussig und Echslers Bruder Franz – wurden verhaftet. Der Bruder wurde von der Gestapo zu Tode gemartert, die beiden Frauen schließlich zusammen mit Echsler zum Tode verurteilt. Die Hinrichtung war auf den 8. Mai 1945 festgesetzt. Da sich aber Ende April die Amerikaner Leitmeritz näherten, wo das Urteil vollstreckt werden sollte, ließen die Kerkermeister die drei Todeskandidaten frei, um sich selber besser schützen zu können. Die Dichterin Erna Haberzettl, die damals in Wien lebte, hatte Echsler lange Unterschlupf geboten. Auch sie wurde aufgespürt, verübte jedoch vor der Verhaftung Selbstmord. Otto Pichl hinterließ einen Zettel, auf den er geschrieben hatte: ›Jakschens Auftrag ausgeführt. Es lebe die Freiheit.‹«

Ja, es war im Protektorat schwierig, die Masse der Menschen zu aktivem Widerstand zu bringen. Noch im Oktober 1943 schrieb das kommunistische Zentralorgan *Rudé právo* (Rotes Recht): »Es ist wahr, in der letzten Zeit hat der Widerstand nicht die Stärke und die Durchschlagkraft, die diese Situation erfordern würde; das tschechische Volk ist deshalb in seinem Kampf gegen die deutschen Eindringlinge nicht nur hinter den slawischen, sondern der Bevölkerung aller geknechteten Völker zurückgeblieben.« Wer solche Urteile allerdings dazu ausnützte, um die Tausende Widerstandskämpfer, die wirklich ihr Leben riskierten – unter anderen auch 300 katholische Priester –, zu vergessen oder klein zu reden, würde sich versündigen. Es gab Streiks, zum Beispiel im August 1943 in einem Werk der Böhmisch-Mährischen Maschinenfabrik in Prag. Aber dann kam die Gestapo, erschoss die Streikführer, schickte zehn Personen in ein Arbeitslager – und der Streik war beendet. Arbeitern, die unentschuldigt gefehlt hatten, entzog man die Lebensmittelzusatzkarten. Das führte oft genug dazu, dass die Familien nichts mehr zu essen hatten. Es gab schon Sabotageakte, zum Beispiel an Verteilermasten von Starkstromleitungen, Eisenbahnlinien oder Transformatorenstationen der Elektrizitätsbetriebe. Letztlich aber war der deutsche Apparat mit seinem Netz von Agenten stärker.

Die Lage änderte sich dann im Herbst 1944. Die sowjetisch geführte Partisanenbrigade »Jan Žižka« unter dem Slowaken Janko Ušiak hatte so spürbare Erfolge, dass Karl Hermann Frank sich ein Büro in Brünn (Brno) nahm, um die Partisanen bekämpfen zu können. Es gab etwa dreißig solche Partisanengruppen; mehr als die Hälfte war von sowjetischen Fallschirmspringern aufgebaut worden. Die Führung in diesem Kampf hatten also die Kommunisten. Militärisch hatten die Partisanen keine Chance. Da die Deutschen vor allem im Osten immer mehr an Terrain verloren, gab es im Protektorat auch immer mehr Soldaten und SS. Aber die Widerstandsaktionen setzten Zeichen.

Die schwierigste Aufgabe eines solchen Widerstands ist die Koordination zwischen dem Exil und den verbliebenen (und oft genug verzweifelt mit dem Rücken zur Wand kämpfenden) Widerstandsorganisationen in der Heimat. Das kann man an den vielfältigen Debatten zwischen Beneš und dem tschechischen Widerstand in den ersten Jahren des Protektorats sehen, in denen die Leute vor Ort schon sehr früh die Vertreibung aller Deutschen forderten, während Beneš immer noch vorsichtig blieb, weil er auf die öffentliche Meinung in Großbritannien, Amerika und anderswo Rücksicht nehmen wollte.

Das zeigt sich aber auch an den jähen Wendungen in der Politik Klement Gottwalds und seiner kommunistischen Genossen in Moskau, die nach dem Massenmord von Lidice eine radikale Wendung vollzogen. Plötzlich sollte der *Sudetendeutsche Freiheitssender* die Linie vertreten, dass die Sudetendeutschen (von denen ohnehin nur eine Minderheit für diese Propaganda ansprechbar war) ihren Kampf gegen das NS-Regime als Bestandteil des nationalen Freiheitskampfes der Tschechen verstehen sollten. Der alte Kommunist Leopold Grünwald hat dazu später bemerkt: »Sie [diese These] war einfach sektiererisch. Wie anders sollte die Notwendigkeit eines Widerstands gegen Hitler den Sudetendeutschen verständlich gemacht werden, denn als eine Tat im ureigensten Interesse, zur Rettung der eigenen Existenz? Gewiss, das war schwierig. Aber unglaubwürdig und daher wenig wirksam musste es sein, diesen antifaschistischen Kampf – wenn auch unter Hinweis auf das Eigeninteresse – auf eine sudetendeutsche Hilfsrolle für den nationalen Kampf der Tschechen zu reduzieren. Das war ein reiner Lippendienst, aber keine wirkliche Hilfe für diesen gerechten Kampf.«

»Das ist nichts, das ist leicht.«

Man muss sich klar machen, dass die Idee, man könne Millionen Menschen aus ihrer Heimat vertreiben und irgendwo anders hin verpflanzen, keineswegs von Edvard Beneš stammte. Der Gedanke des »Ethnic Engeneering« gehörte zum Repertoire der Politik. Die erste Massenvertreibung hatten die Türken 1915 mit den Armeniern praktiziert, das war noch eine einseitige, gewaltsame Maßnahme, ein Genozid. 1923 aber wurde auf einer internationalen Konferenz – in Lausanne – ein vereinbarter obligatorischer Bevölkerungsaustausch beschlossen. Trotz aller Versprechungen, dass dieser Austausch »kontrolliert und human« vor sich gehen solle, war er für viele der betroffenen Familien grausam und oft genug auch mörderisch. Das Wichtigste aber war: Hitler hat Umsiedlungen als ein selbstverständliches Mittel seiner Politik begriffen. Am 6. Oktober 1939, nach der Eroberung Polens, verlangte er eine »neue Ordnung der ethnographischen Verhältnisse«, propagierte er eine »Umsiedlung der Nationalitäten« und redete von »nicht haltbaren Splittern des deutschen Volkes«. Man kann sich vorstellen, was er von Splittern des tschechischen, slowakischen oder polnischen Volkes dachte; im Grunde hielt er – wie viele Jahrzehnte vor ihm Marx – ganze Völker für »Splitter«, und es war ihm selbstverständlich, dass man sie hin und her schieben könne. Das alles beeindruckte die Tschechen tief. Als Hitler am 15. Oktober 1939 mit Estland das »Protokoll über die Umsiedlung der deutschen Volksgruppe Estlands in das Deutsche Reich« vereinbart hatte, schrieb die Widerstandszeitschrift *V boj:* »Aus Riga werden 35 000 Deutsche und aus Reval 10 000 Deutsche umgesiedelt ... Wir werden uns das gut merken, mit welchen Methoden Hitler seine teuren Stammesgenossen umsiedelt, und wir werden uns danach richten, wenn unsere Stunde gekommen ist. Aber bereits heute können wir den Deutschen in Böhmen, Mähren, in Schlesien und in der Slowakei verraten, dass sie sich mit dem Umsiedeln noch mehr als heute werden beeilen müssen. Wir werden ihnen eine noch kürzere Frist geben als Hitler.«

In seinem Kampf um die Zustimmung der Alliierten zur Vertreibung der Deutschen und der Magyaren aus der Tschechoslowakei hatte Beneš also starke Verbündete. Er verlangte etwas Abwegiges, dieses Abwegige aber war zu seiner Zeit zwar nicht unbedenklich – es gab zum Beispiel im britischen Foreign Office eine ganze Reihe von hohen Beamten, die solche Überlegungen für unmenschlich, jedenfalls für undurchführbar hielten – aber doch machbar. Beneš wirksamstes Argument war dabei im Übrigen der Hinweis auf die rasenden tschechischen Volksmassen, die die Deutschen einfach massakrieren würden. In vielen Gesprächen stellte Beneš die Vertreibung als eine Art Schutzmaßnahme dar – als Schutz vor spontaner Vergeltung. Allerdings war es so, dass er und seine Regierung den Wunsch nach spontaner Vergeltung auch kräftig schürten.

Beneš hatte manchen Widerstand zu überwinden. Aber er war ein zäher Verhandler, er hatte langfristige Ziele, und ihm fielen viele Argumente ein. So erreichte er schließlich – wie schon erzählt – die Zustimmung des britischen Kriegskabinetts zur Vertreibung. Am 3. April 1943, direkt vor seiner Amerikareise, wurde Beneš von Churchill empfangen. Der sagte in diesem Gespräch: »Der Bevölkerungstransfer ist notwendig. Wer die baltischen Staaten verlassen will, soll gehen. Ebenso aus Ostpreußen, wenn es den Polen zufällt, und auch aus dem Sudetenland. Sie bekommen eine kurze Frist, um sich das Nötigste zu nehmen und zu gehen – ich hoffe, dass wir das bei den Russen durchsetzen. Das hat sich vor Jahren in der Türkei und Griechenland bewährt und wird sich auch jetzt bewähren.«

Churchill wusste vermutlich, wie Lord Curzon, britischer Außenminister von 1918 bis 1924, diesen Bevölkerungsaustausch bewertet hatte. Er nannte ihn eine »durch und durch schlechte, verwerfliche Lösung, für welche die Welt in den nächsten hundert Jahren schwer büßen wird«. Aber Churchill kämpfte gerade gegen den Massenmörder Hitler. Die Unmenschlichkeit von Hitlers Regime hatte ihn moralisch stumpf gemacht – und ebenso Roosevelt.

Roosevelt war ein Mann mit weniger drastischen Formulierungen. Aber auch er muss sich klar ausgedrückt haben. Benešs Kanzleichef, Jaromír Smutný notierte: »Den Transfer hat der Präsident vollkommen akzeptiert. Ich habe gesagt, dass die Deutschen aus Siebenbürgen, von uns und Ostpreußen umgesiedelt [přestěhovat] werden müssen, weiter welche Kategorien von Deutschen wir behalten wollen. Damit war er vollkommen einverstanden. Das bedeutet jedoch nicht, dass schon alles gewonnen wäre.«

Der letzte Satz zeigt, wie misstrauisch Beneš war. Als er wieder in London war, hatten sich die Beratungen in ihm aber gesetzt. Dem britischen Botschafter sagte er, dass er als Ergebnis seines Washington-Besuchs das Einverständnis zu den Vor-Münchner-Grenzen und zur Vertreibung von – wörtlich – »drei Millionen Sudetendeutschen« habe. Im Übrigen sollten Minderheitsabkommen in Zukunft eine Bestimmung enthalten, die es erlaube, gefährliche Minderheiten in ihre Ursprungsländer zu deportieren. Der beste Kenner der Materie, der Historiker Detlef Brandes, hat zu diesem Gespräch zwischen Beneš und dem Botschafter bemerkt: »Soweit ich sehe, hat Beneš in dieser Unterredung erstmals von drei statt zwei Millionen Vertriebenen gesprochen ... Es dürfte sich um einen Versuchsballon gehandelt haben, denn Ende September kehrte er zur Zahl von zwei Millionen zurück.«

Von den Russen, die selbst Erfahrung mit der Verschiebung von Millionen von Menschen hatten, war, wie es schien, die Zustimmung zur Vertreibung am leichtesten zu erhalten. Beneš hatte auch schon viele Eisen geschmiedet und dabei allerhand Zusagen oder halbe Zusagen erhalten. Aber er kannte die Herrschaftsstruktur in der Sowjetunion. Er wollte eine Zusage von Stalin persönlich. Schon im Herbst hatte er nach Moskau fahren wollen; das hatte sich zerschlagen. Am 11. Dezember 1943 war es schließlich so weit. Beneš, Zdeněk Fierlinger und Jaromír Smutný wurden mit einem Staatsbankett von Stalin empfangen.

Beneš hatte vorher schon eine Woche mit informellen Gesprä-

Vertriebene aus der Tschechoslowakei.

chen auf der Habbaniyha Royal Airforce Base im Irak mit dem stellvertretenden sowjetischen Außenminister (oder »Volkskommissar«, wie es damals hieß) Aleksandr E. Kornejtschuk verbracht. Angeblich war das Wetter zum Fliegen zu schlecht gewesen. Es war auch schon erwogen worden, Beneš per Zug nach Moskau zu bringen. Wahrscheinlicher ist die Version, dass die Sowjets zunächst einmal wissen wollten, was Beneš wollte und was er dachte. Kornejtschuk quetschte ihn aus und berichtete darüber natürlich in allen Details nach Moskau. So waren Stalin und Molotow bestens informiert, als Beneš eintraf.

Die Protokolle der Gespräche liegen fast vollständig vor. Sie beruhen auf Mitschriften Jaromír Smutnýs, Vojtěch Mastný hat Auszüge daraus schon 1972 veröffentlicht. Inzwischen ist das gesamte Konvolut, das im Archiv für russische und osteuropäische Geschichte und Kultur an der Columbia University in New York lag, zugänglich. Es ist ein ebenso vielsagendes wie deprimierendes Dokument.

Beneš bekam die klare Zustimmung der Sowjets zur Vertreibung. Laut Smutný verlief das Gespräch zwischen Beneš und Molotow über die Vertreibung der Deutschen aus Polen am

14. und 16. Dezember 1943 so: »Der Präsident veranschlagte die Zahl auf dreieinhalb Millionen.« – »Das ist nichts, das ist leicht«, erklärte Molotow.

Das Interessanteste dieser Protokolle ist aber nicht die – schon vorher von der Sowjetunion signalisierte – Zustimmung zur Vertreibung der Deutschen. Es ist die Grundhaltung, mit der Beneš an die Gespräche mit Stalin, Molotow und ihren Mitarbeiten herangeht: als kundiger Berater, der Gott und die Welt kennt, als echter Freund der Sowjetunion, der immer wieder betont, dass er dies oder jenes mit den Engländern und Amerikanern noch nicht endgültig besprochen habe, weil er vorher die Meinung der Sowjetunion kennen wolle, als Planer einer nationalen Revolution, die zugleich eine soziale Revolution werden solle. Die fürchterliche Enttäuschung, die Großbritannien und Frankreich ihm mit dem Münchner Abkommen bereitet hatten, trieb ihn geradewegs auf die Sowjets zu. Was immer Beneš über die Handlungsfähigkeit gedacht haben mag, die er nach der deutschen Kapitulation und nach einer Rückkehr in die Tschechoslowakei als Präsident – vielleicht als »Befreierpräsident« (wie Masaryk) – haben würde: Mit seinen Moskauer Gesprächen hat er die Weichen für eine sehr enge Anlehnung seines Landes an die Sowjetunion gestellt.

Wer die Atmosphäre dieser Gespräche begreifen will, muss Smutnýs Protokolle in einem gewissen Zusammenhang zur Kenntnis nehmen. Nur so bekommt man einen Eindruck von der Verhandlungsführung des Exilpräsidenten und derjenigen der Großmacht.

Zu Deutschland

»Die zweite Frage, Nachkriegsdeutschland und die Magyaren.

Der Präsident: Wie allen bekannt, habe ich darüber bereits mit Stalin gesprochen, und als er mir sagte, dass Deutschland zerschlagen werden soll, habe ich ihm meine Freude darüber ausgesprochen, dass ich das von ihm höre, denn erst jetzt könne ich in dieser Sache klar sprechen. Stalin antwortet: ›Und könnten Sie sich denken, dass es anders sein könnte?‹ Aber ich [Beneš] möchte betonen: Wir sind nun Verbündete, zwischen uns muss ein engeres Verhältnis sein, und deshalb muss ich Ihre Auffassung kennen. Die deutsche Frage ist eine grundlegende Frage. Ich muss wissen, was Sie in puncto Deutschland denken, damit unsere Politik gegenüber England und Amerika in dieser Sache die gleiche ist. Ich will nicht im Detail wissen, welches Ihre Politik ist, aber ich will nur so viel wissen, wie unsere Zusammenarbeit notwendigerweise erfordert. Also was machen Sie mit Deutschland?

Stalin sagte: ›Zerschlagen.‹ Ich stimme zu, aber es ist notwendig, das klar zu wissen.

Molotow: Mit einer Kopfbewegung gibt er zu erkennen, dass also Dr. Beneš bereits alles wusste, als ihm Stalin sagte, warum also darüber sprechen?

Der Präsident: Ich habe über diese Sache mit Churchill gesprochen. Der sagte auch ganz klar: ›zerschlagen‹. Aber ich habe ihm meine Meinung nicht exakt gesagt, ich wollte mich nicht definitiv festlegen, solange ich nicht Ihren Standpunkt kannte. Genauso auch in Amerika. Ich habe darüber mit Roosevelt, Wendel Willkie, Hopkins, S. Welles und Hull gesprochen, ich hatte im Radio in Washington dazu ein Interview mit einem Professor, das vom State Departement arrangiert war; ich habe so gesprochen, dass es möglich war, daraus den Schluss zu ziehen, dass ich aus taktischen Gründen nicht dagegen bin. Aber im Grundsatz stimme ich zu, das sagte ich Roosevelt. Ich glaube nicht an einen gerechten Frieden, und ich glaube nicht an einen langen Frieden. Einen gerechten Frieden stellt sich ein jeder anders vor, jeder auf seine Weise. Der Friede wird von langer Dauer sein, wenn wir gut darauf vorbereitet sind, ihn zu verteidigen. Der Versailler Friede war nicht schlecht. Sein Fehler bestand darin, dass weder Sie noch die anderen ihn verteidigen wollten. Der Schluss daraus: Ich stimme Ihnen zu, wir passen unsere Deutschlandpolitik Ihrer Politik an, wir geben allen unseren Diplomaten eine Weisung, die Regierung wird ebenso vorgehen. Die Regierung in London ist in der Mehrheit für eine radikale Deutschlandpolitik; vor allem Šrámek, der Ministerpräsident. Vor der Abreise hat er mich daran erinnert: Vergessen Sie nicht darauf zu drängen, Deutschland zu zerschlagen.

Molotow fragte, was der Präsident mit dem Wort zerschlagen meinte. Aufteilen?

Der Präsident: Ja, aufteilen. Aber definitiv wollte ich darüber erst dann sprechen, bis ich Ihre Meinung dazu kenne. Prag muss die gleiche Politik haben wie Moskau.

Molotow: In den Details kann man darüber bis jetzt nicht sprechen, in wie viele Teile und wie aufteilen. Aber im Prinzip ja.

Der Präsident: Die zweite Frage bezüglich Deutschland betrifft die Bestrafung nach dem Krieg. Ich habe auch hier schon davon gehört, wir wollen unsere Politik Ihrer Politik anpassen. Wir treffen bereits Maßnahmen und stellen Verzeichnisse von Schuldigen auf. Wir wollen ziemlich weit gehen, so wie Sie. Ich habe Ihre öffentlichen Verlautbarungen gelesen und stimme damit überein. Nur eine Sache: Wir haben und wir werden noch Schwierigkeiten mit den Amerikanern und den Engländern haben, was das Maß der Bestrafung betrifft und was unsere Schuldigen betrifft. Wir haben unsere Deutschen, die sind schuld an München und daran, dass die Deutschen bei uns eingefallen sind, und an allem, was geschehen ist. Das waren die Ersten, die den Krieg verschuldet haben. Eine andere Sache sind dann die Schuldigen aus Deutschland, das ist für uns eine große Frage. Unter den Tschechen wird es wenige Schuldige geben, unter den Slowaken mehr, aber unter unseren Deutschen sicherlich 90 Prozent. Eine weitere Frage ist die Entwaffnung Deutschlands. Darin stimmen wir mit Ihnen überein. Unsere Delegierten auf den Konferenzen gehen immer mit Ihnen.

Molotow: Das Problem wird nicht in der Entwaffnung bestehen, sondern in der Sicherung des Friedens. Nicht in der Entwaffnung, sondern in einer besseren Rüstung. Über Abrüstung kann man nicht sprechen.

Der Präsident: Ich denke damit an die Entwaffnung Deutschlands, jetzt nach dem Krieg. Ich versichere Sie in dieser Hinsicht unserer loyalen Zusammenarbeit. Ich denke, dass das klar ist.

MOLOTOW: Es scheint klar zu sein, wir haben vorläufig nichts hinzuzufügen …

DER PRÄSIDENT: Zum vierten Punkt: Minderheitentransfer. Auch darüber habe ich, wie Sie sich erinnern, beim Abendessen mit Marschall Stalin gesprochen. Er erklärte kategorisch: Wir stimmen zu. Das ist für mich sehr wichtig. Von den Engländern habe ich eine offizielle Note erhalten, dass sie dafür sind. Sie baten darum, dass wir das nicht publik machen, das soll nur unter uns bleiben. Aber das britische Kriegskabinett hat darüber diskutiert, als wir die Frage München lösten. Ich kann nicht mehr zu den alten Verhältnissen zurückkehren, dank der Hilfe unserer Deutschen ist Hitler von Prag 60 km entfernt, wir müssen die Berge in tschechischer Hand haben.

Zu den Reparationen

DER PRÄSIDENT: Aber ich will, dass die Reparationen so durchgeführt werden, dass das Eigentum der von uns ausgesiedelten Deutschen auf die tschechoslowakische Regierung übergeht. Die Deutschen erhalten von uns eine Bestätigung, mit der sie sich dann wegen einer Entschädigung an die deutsche Regierung wenden können. Ich will nichts von der Art wie die Reparationen nach dem vergangenen Krieg. (Schmunzeln bei der sowjetischen Delegation.)

Das ist einfach, eine einfache Form, und es ist auch radikal. Wir werden den Landbesitz, die Fabriken, die Gruben, die Hütten und die Banken der Deutschen konfiszieren. An Einzelpersonen kann ich das nicht geben, damit daraus keine unmöglichen Kämpfe entstehen, so übernimmt alles der Staat, es wird nationalisiert. Und wenn ich das mit dem deutschen Eigentum gemacht habe, dann muss ich das Gleiche von den Tschechen verlangen.

MOLOTOW: Und sie glauben, dass sie das akzeptieren? Ich sage Ihnen *dobře* [rot hervorgehoben], die dort, das sind Deutsche, aber wir sind Tschechen – ich benutze ständig das Wort Tschechen, das bedeutet, dass ich damit an ihre fortschrittlichsten Kräfte denke.

DER PRÄSIDENT: Ich begreife, dass es schwierig ist und sein wird, und glaube, dass es uns gelingt. Aber fangen wir an damit: Der Transfer des deutschen Eigentums wird der Beginn dieser Nationalisierung sein. Sie verstehen also, was für uns der Transfer bedeutet: Tschechisierung und Beginn eines großen sozialen Umsturzes.

KORNEJTSCHUK: Und wie steht es mit den tschechischen Bankiers?

DER PRÄSIDENT: Natürlich, das wird ein Kampf, aber wir werden ihn gewinnen.

Zu den Slowaken

BENEŠ: Die zweite Angelegenheit ist recht heikel. Mir wäre lieb, wenn Ihre Regierung unsere unter Druck setzen und verlangen könnte, dass alle diejenigen bestraft werden, die in der Slowakei für den Krieg gegen die Sowjetunion verantwortlich waren. Ich würde mir wünschen, dass Sie unsere Regierung freundlich, aber bestimmt dazu drängen könnten, sowohl diejenigen schwer zu bestrafen, die für die Kriegserklärung verantwortlich waren, als auch diejenigen, die mit den Deutschen an der Front zusammengearbeitet und ihnen Zugeständnisse gemacht haben.

MOLOTOW lächelt, nickt verständnisvoll und bemerkt dann: Aber es wäre doch nicht fair, diese Slowaken mit den Deutschen und den Ungarn in einen Topf zu werfen.

BENEŠ: Nein, das geht nicht. Ich möchte, dass wir beide uns über diese Frage einig werden. Ich möchte nicht, dass die slowakische Frage zu einem internationalen Problem wird; sie soll unter uns bleiben. Aber ich möchte auch sichergehen, dass niemand die Angelegenheit innenpolitisch ausschlachten und behaupten kann, den Tschechen sei an einer Bestrafung der Slowaken gelegen. Deswegen bitte ich Sie um Ihre Hilfe. Was sie getan haben, ist auch unter slawischen Gesichtspunkten für uns völlig unakzeptabel; wir müssen sie danach beurteilen, dass sie für die Deutschen und gegen die Slawen gearbeitet haben.

MOLOTOW: Ich verstehe. Was Sie brauchen, ist die Unterstützung der Sowjetunion gegen die Slowaken. Wen möchten Sie bestrafen?

BENEŠ: Tuka, Šaňo Mach, Tiso und auch Gašpar, Medrický, Čatloš – er muss hängen, und andere auch. Es ist schwierig, die Schuldigen unter den Slowaken dingfest zu machen. Die ganze Slowakei ist ein Clan, und sie haben gegenseitig gut vorgesorgt; der eine Bruder ist in London, der andere in der Slowakei. Wenn es den Alliierten schlecht geht, dann sorgt der Bruder in der Slowakei für den im Ausland, und im gegenteiligen Fall beschützt der im Ausland den Bruder zu Hause. Natürlich übertreibe ich hier, aber ich will nur zeigen, wie schwierig es für uns Tschechen und sogar für die Slowaken selbst ist, alle Kriegsverbrecher zur Verantwortung zu ziehen. Aber um der Zukunft und der Moral willen ist das absolut unabdingbar.

Zu Frankreich

BENEŠ: In Frankreich ist von 1939 und 1940 her noch viel Verbitterung gegenüber den Briten geblieben.

MOLOTOW: Aber sie helfen Hitler sehr, und das kann nicht unbestraft bleiben. Was ihre Regierung getan hat, war für sie der Grund, zu den Deutschen überzulaufen. Man kann das meiner Meinung nach nicht einfach so stehen lassen. Nicht nur Einzelne haben sich schuldig gemacht, sondern die gesamte herrschende Klasse.

BENEŠ: In diesem Sinne will ich Frankreich auch nicht verteidigen. Sie haben Recht, es handelt sich um eine moralische Frage. Sie sollten nur nicht in die Arme der Deutschen getrieben werden.

MOLOTOW: Sie haben mehrfach öffentlich erklärt, dass ohne Frankreich nichts erreicht werden kann. Aber beim besten Willen: Frankreich ist paralysiert. Politisch gesehen ist das Land verrottet; die gesamte Rasse hat sich als schwach erwiesen.

BENEŠ: Soweit ich sehen kann, gibt es hier keine Meinungsverschiedenheiten.

Kornejtschuk fragt nach der ungarischen Grenze.

Beneš erklärt, er wolle ebenfalls die Magyaren umsiedeln oder gegen Slowaken aus Ungarn austauschen und den Grenzverlauf neu festlegen.

Molotow: Schön. Haben Sie diese Pläne den Amerikanern und den Briten vorgelegt?

Beneš: Sie kennen meine Meinung, aber ich habe ihnen keine offiziellen Vorschläge gemacht, solange ich mich noch nicht mit Ihnen geeinigt habe. Ich habe im letzten Krieg schlechte Erfahrungen gemacht; unter den Briten gibt es zahlreiche Magyarophile. Die Grundzüge sind ihnen bekannt, aber ich wollte zuerst wissen, inwieweit Sie uns unterstützen. Ich habe die Angelegenheit zweimal mit Roosevelt besprochen; ich habe ihm alles erklärt, und bei meinem letzten Besuch wollte ich sichergehen, dass er mich richtig verstanden hat. Roosevelt ist dafür. Ich habe ihn gefragt, ob ihm die Bedeutung dessen klar sei, was ich ihm über unseren Vertrag mit Moskau gesagt hatte, und er antwortete: ›Ich verstehe.‹ Als ich ihm die gleiche Frage über die Umsiedlung stellte, antwortete er, er habe nicht nur verstanden, sondern er sei auch der Meinung, dass die gleiche Lösung auch in anderen Ländern angewendet werden solle. Dabei erwähnte er Transsylvanien. Aber ich habe immer ausdrücklich auf der Einhaltung der vor den Münchner Verträgen existierenden Grenzen bestanden.

Molotow: Glauben Sie, dass sie das wirklich wollen? (Er bezieht sich dabei auf die Versprechungen der Briten und Amerikaner im Hinblick auf die Umsiedlung.)

Beneš: Kommt darauf an. Ich glaube schon, aber dann fragen sie: Was wollt Ihr dafür bezahlen? Jetzt, nach der Konferenz von Teheran, sind sie vermutlich umgänglicher.«

Die Teheraner Konferenz zwischen Roosevelt, Churchill und Stalin lag bei diesen Verhandlungen gerade drei Wochen zurück. Dort hatte man neben allerhand militärstrategischen Fragen die »Westverschiebung« Polens zugunsten der Sowjetunion besprochen. Wer Polen verschieben konnte, konnte erst recht Deutsche oder Magyaren verschieben. Zu diesem Zeitpunkt waren im Krieg schon viele Millionen Menschen der verschiedensten Nationen elend krepiert. Es war noch kein Ende mit dem Töten abzusehen. Man muss den Herren, die da an irgendwelchen Tischen im Kreml über die zukünftige Gestalt der Tschechoslowakei, das Münchner Abkommen, die Vertreibung der Sudetendeutschen und die der Magyaren verhandelten, wohl zugute halten, dass sie sich sagten: ›Wer vertrieben wird, wird wenigstens nicht totgeschlagen.‹

In unterschiedlichen Zeiten und in unterschiedlichen Kulturen gilt ein Menschenleben unterschiedlich viel. Man kann sich die knappen, oft genug zynischen Bemerkungen Molotows – die meist nur Einwürfe zu den langen Erläuterungen Benešs waren – gut erklären. Wie viele Massaker, Völkerverschiebungen, Schlachten und Schauprozesse hatte dieser Mann in den letzten zwei Jahrzehnten erlebt! Aber wie erklärt man sich die Verhandlungslinie, mehr noch die Attitüden des tschechischen Exilpräsidenten, der ja nun nie ein leninistischer Revolutionär war?

Es fing schon damit an, dass Beneš den »Vertrag über Freundschaft, gegenseitige Hilfe und Zusammenarbeit nach dem Kriege« von seinem Ministerpräsidenten unterzeichnen ließ, bevor er überhaupt mit Stalin, Molotow und den anderen verhandelt hatte. De Gaulle und Sikorski hatten es genau umgekehrt gemacht. Jeder dritte Satz von Beneš lief darauf hinaus, dass dies oder jenes mit den Amerikanern oder Engländern erst endgültig besprochen werden sollte, wenn Russen und Tschechen einig seien. Wie kam es zu dieser Vorzugsstellung der Sowjetunion? Wie konnte der kühle und kalkulierende Politiker Beneš immer wieder betonen, dass die nationale Revolution, die er nach 1945 in seinem Land machen wolle, gleichzeitig eine soziale Revolution sein müsse? Offerierte er damit seine Tschechoslowakei den Russen nicht auf einem Präsentierteller?

Der Grund war natürlich das Münchner Abkommen, der

Verrat der alten Freunde, in die er so viel investiert hatte – und das seit dem Ersten Weltkrieg. Der ausgefuchste Balance-Politiker achtete nicht mehr auf Balance, weil er von der Idee besessen war, sein Lebensziel eines tschechischen Nationalstaats am ehesten mithilfe Stalins verwirklichen zu können. Eine Ironie der Geschichte: Nach all den Kämpfen und Wirren fiel Beneš auf die panslawistischen Träume seines alten Feindes Karel Kramář zurück. Das Unternehmen endete so katastrophal, wie er selbst prophezeit hatte, dass solche Unternehmen enden müssten.

Das Münchner Abkommen, das Beneš als Verrat an seiner höchstpersönlichen Politik empfand, kann allerdings nicht alles erklären. Warum schlug Beneš in diesen Gesprächen vor, Stalin solle Polen besetzen und dort ein prosowjetisches Regime etablieren? Warum argumentierte er gelegentlich radikaler als die Sowjets, zum Beispiel mit der Idee, man müsse den »Feudalismus« in Polen (und in Ungarn) zerschlagen? Warum verlangte er nicht nur die Vertreibung der magyarischen Minderheit aus der Slowakei, sondern riet Stalin auch noch, Ungarn von der Roten Armee statt von westlichen Armeen besetzen zu lassen? Jaromír Smutný hat seinen langjährigen Chef einmal als »den größten Machiavellisten des 20. Jahrhunderts« bezeichnet. Das alles aber war schlechter Machiavellismus.

Die Befreiung

Man kann tun, was man will: Bei nationalen Auseinandersetzungen beginnt alles mit Straßenschildern und Fahnen, es endet auch alles mit Straßenschildern und Fahnen. Die Protektoratsregierung war seit dem Attentat auf Heydrich ein reines Vollzugsorgan der Deutschen gewesen. Aber am 4. Mai 1945 gab der Verkehrsminister dieser Regierung plötzlich den Befehl an alle Bahn- und Postämter, die deutschsprachigen Bezeichnungen auf Tafeln und Schildern an Türen und Schaltern zu entfernen. Die Beamten taten das mit Feuereifer; die Passanten rissen deutsche Straßenschilder herunter und an vielen Wohnungen, aber auch an Polizeistationen und Kasernen, wurde die tschechoslowakische Fahne gehisst. Die deutschen Behörden, die noch immer zigtausend Soldaten und SS-Männer hinter sich hatten, duldeten es. Frank verhandelte mit der Protektoratsregierung.

Die stärkste Gruppe im Widerstand waren ohne Zweifel die Kommunisten. Sie hatten ein illegales Zentralkomitee unter Josef Smrkovský – der später im Prager Frühling noch einmal eine tragische Rolle spielen sollte – gebildet und verfügten über verschiedene Widerstandsgruppen wie den Předvoj, sie hatten Betriebsgruppen in Prag gegründet und propagierten eine nationale Einheitsfront von Kommunisten, Beneš-Anhängern, Sokol-Mitgliedern und Katholiken. Auf der »bürgerlichen« Seite hatte man versucht, ein neues Koordinationsorgan des Widerstands zu schaffen. Führungsorgan war der so genannte »Rat der Drei« (R 3). Im November 1944 hatte diese Formation vielleicht 300 bewaffnete Mitglieder, kurz vor Kriegsende dann 3 000. Ende Januar 1945 bildeten die unterschiedlichen Gruppen einen Tschechischen Nationalrat (Česká Národní Rada). Eine regelrechte Armee war das natürlich nicht, man war vor allem damit beschäftigt, die Engländer um Waffenlieferungen zu bitten. Etwa 30 000 Prager mögen kurz vor Kriegsende bewaffnet gewesen sein.

Deutschland hatte den Krieg längst verloren. Aber es gab noch genügend Militär und SS im Protektorat und um Prag herum. Der Befehlshaber der Waffen-SS, Graf Pückler, hatte noch Anfang April 67 000 Mann zur Verfügung. Über die militärische Gewalt verfügte Feldmarschall Schörner. Beide waren intransigente Durchhalter. Eine beliebte Formulierung der damaligen Zeit war: bis zum letzten Blutstropfen.

Am 5. Mai besetzten Widerstandsgruppen den Rundfunk Prag II. Punkt sechs Uhr begann der Sprecher seine Nachrichten in Tschechisch: »Je 6 hodin« (Es ist sechs Uhr). Das ist das Zeichen. Es beginnt der Kampf um Prag. Dieser Kampf ist gut dokumentiert. Die Prager bauten in der Nacht vom 5. Mai knapp zweitausend Barrikaden. Pückler befahl alle übrig gebliebenen Ersatzeinheiten der SS nach Prag. Berühmt wurde sein Befehl: »Viel Brandbomben, das ganze Nest muss brennen.« Im Morgengrauen griffen Schörners Flugzeuge dann auch den Stadtkern mit Spreng- und Brandbomben an. Diese Luftangriffe versetzten manche Prager in solche Wut, dass sie sich an internierten Deutschen vergriffen. Verhandeln oder nicht verhandeln hieß die Auseinandersetzung bei den Aufständischen. Am 7. Mai setzte dann eine Gruppe amerikanischer Panzer dem Kampf ein Ende. Sie überbrachten Schörner den Kapitulationsbefehl von Hitlers Nachlassverwalter, dem Großadmiral Dönitz.

Die Exilregierung saß schon seit einiger Zeit nicht mehr in London, sondern im slowakischen Kaschau (Košice). Am 10. Mai traf sie in Prag ein, am 11. Mai übergab ihr der Nationalrat die Macht. Schon nach kurzer Zeit hatte der heimische Widerstand keinerlei Einfluss mehr auf die Staatsgeschäfte. Die KPČ zwang Smrkovský zum Rückzug. Als Klement Gottwald 1948 die ganze Macht in der Tschechoslowakei in seine Hände nahm, wurden übrigens einigen prominenten Mitgliedern des Nationalrates Prozesse gemacht.

Die Deutschen verbarrikadierten sich in ihren Wohnungen. Viel half ihnen das nicht. In der Hauptstadt der Tschechoslowakei, deren Moldaubrücken das deutsche Militär fast gesprengt hätte, gab es genügend spontanen Volkszorn, den man nicht erst aufstacheln musste. Leider gebietet die Wahrheit, darauf hinzuweisen, dass nicht nur irgendwelche mittleren Kader Öl ins Feuer gossen, sondern auch Beneš selbst.

Man kann ihn von dem Vorwurf, Hetze von höchster Stelle aus betrieben zu haben, mit verschiedenen Argumenten entlasten. Erstens befand er sich in einem Kampf auf Leben und Tod, in dem seine Feinde wie Verbrecher redeten und wie Verbrecher handelten. Zweitens stand der Emigrant Beneš unter dem Druck des Widerstands in der Heimat. Immer wieder bekam er Depeschen, in denen ihm seine vorsichtigen Formulierungen und seine außenpolitisch bedingte Zurückhaltung um die Ohren geschlagen wurden. Drittens sah er den Konkurrenzkampf mit den Kommunisten schon kommen. Sie hatten sich nach Lidice auf dem Absatz umgedreht und verkauften sich jetzt als die Retter des Vaterlandes. Er fürchtete und musste fürchten, dass sie ihm das Wasser abgraben würden.

Zu den politischen Motiven kamen aber auch persönliche. Man darf sie nicht gering schätzen. Anfang Dezember erhielt Beneš einen zusammenfassenden Bericht über das Schicksal der Familienmitglieder herausragender Emigranten. In diesem Bericht hieß es:

»Für den Herrn Präsidenten: Jiři Beneš [Enkel] in Dachau. Alle Vlčeks [d. h. die Familie von Beneš Frau Hana] im Gefängnis. Olga Drtina in Ravensbrück, die Übrigen in Freiheit. Für Minister Masaryk: Die gesamte Verwandtschaft Masaryks befindet sich in Freiheit und hat keine Schwierigkeiten. Die Deutschen haben bewusst keinen von ihnen angerührt mit Rücksicht auf die sehr empfindliche tschechische öffentliche Meinung in Bezug auf das Andenken des Befreierpräsidenten. Für Minister Dr. Feierabend: Ing. Feierabend (85 Jahre) und die beiden Söhne sind in Dachau; beide Frauen in Ravensbrück; die Kinder sind gesund und bei Hartmann, der für sie sorgt. Für Dr. Outrata: beide in Dachau. Für Prof. Dr. Klecanda: Die Frau ist tot, die Kinder in Ravensbrück. Für Dr. Opočenský: Frau Opočenský ist in Ravensbrück. Für Julius Fürth: Beide Frauen gesund. Für František Němec: Frau und Tochter starben im Konzentrationslager.«

Der Bericht ging noch lange so weiter.

Auch wer diese Fakten kennt und zu verstehen versucht, kommt nicht an der Erkenntnis vorbei, dass Dr. Beneš das Motiv der Rache schon kurz nach seiner Emigration angeschlagen hatte und in der Intensität von Jahr zu Jahr steigerte.

Am 10. Oktober 1941, nach der Auflösung des Sokol im Protektorat, sagte Beneš in einer Rundfunkrede an die Heimat: »Nach der Plünderung unserer Sokol-Gemeinden wird es keinen einzigen Tschechoslowaken geben, der noch glauben könnte, dass Hitler-Deutschland nicht unsere ganze Nation vernichten will. Erinnert euch daran, werdet nicht müde und rüttelt das

Gewissen aller Männer, Frauen und Kinder wach. Und besonders das der Kinder. Euren Jungen und Mädchen flüstert jeden Tag ins Ohr, dass sie sich gut erinnern und nie vergessen, wie die brutale Hand der Nazis rücksichtslos nach dem großen kulturellen nationalen Gut gegriffen hat, das der Sokol darstellt … Die am Sokoltum verübte nazistische Willkür ruft nach Rache. Die Rache Gottes kommt.«

Am Vorabend des 25. Jahrestags der Gründung der Tschechoslowakischen Republik sagte Beneš, wieder am Rundfunk: »Seid versichert, dass auch unser Militär zur rechten Zeit aus dem Ausland kommen und entschlossen eingreifen wird. Und mit ihm kommen zahlreiche unserer Freunde und die Alliierten. Das wird wahrhaftig der Tag der Vergeltung sein. Freunde, ich spreche zu euch mit Nachdruck, ernst und feierlich. Das Ende dieses Kriegs wird bei uns mit Blut geschrieben werden.«

Ein Jahr später, am 27. Oktober 1944: »Im Unterschied zum letzten Krieg wird es nach dem jetzigen Krieg die Pflicht aller anständigen Menschen sein, sich unbarmherzig für eine ordentliche Vergeltung an allen Schuldigen einzusetzen.«

Und am 12. Mai 1945 sagte Beneš in einer Rede in Brünn: »Das deutsche Volk hat in diesem Krieg aufgehört, menschlich zu sein, menschlich erträglich zu sein, und erscheint uns nur noch als ein einziges großes menschliches Ungeheuer … Wir haben uns gesagt, dass wir das deutsche Problem in der Republik völlig liquidieren [vylikvidovat] müssen.«

Diese Arbeit begann sofort. Schon wenige Tage später mussten alle Deutschen eine Armbinde mit dem Buchstaben N für Němec – Deutscher – tragen.

Kapitel 6
Die Vertreibung – Wahre Wunder an nationaler Säuberung

Sofern das Gewissen der Menschheit jemals wieder empfindlich werden sollte, wird diese Vertreibung als die unsterbliche Schande aller derer im Gedächtnis bleiben, die sie veranlasst oder die sich damit abgefunden haben. Die Deutschen wurden vertrieben, aber nicht einfach mit einem Mangel an übertriebener Rücksichtnahme, sondern mit dem denkbar höchsten Maß an Brutalität.

Victor Gollancz, 1946

In Brünn (Brno), der mährischen Hauptstadt, wurde Ende Mai die Unruhe immer größer. Viele Belegschaften der Brünner Betriebe verlangten die sofortige Aussiedlung der arbeitsunfähigen deutschen Bevölkerung. Es dauerte bis zum 29. Mai, bis der Rat des Landesnationalausschusses einen Erlass beschloss, demzufolge die »Hinausführung« der deutschen Bevölkerung aus Brünn angeordnet wurde. Das Ganze sollte mit dem Innenminister abgesprochen werden. Wohin die Leute »hinausgeführt« werden sollten, war noch nicht festgelegt.

Am 30. Mai dramatisierte sich die Lage. Die Vertreter des Betriebsrats der Brünner Waffenfabriken drängten auf einen raschen Hinauswurf der Deutschen. Eine (kommunistisch geführte) Delegation erschien bei dem kommunistischen Oberbürgermeister Matula. Sie drohte dem offenbar ein wenig ratlosen Mann. Wenn die staatlichen Stellen jetzt nicht handelten, würden die Arbeiter aus den Fabriken die Umsiedlung der Deutschen selber durchführen.

Der Bürgermeister berief eine außerordentliche Sitzung des Nationalausschusses von Großbrünn ein. Dort tauchte dann erstmals die Bemerkung auf, dass die deutsche Bevölkerung »in

Richtung auf die österreichische Grenze hin« »hinausgeführt« werden sollte.

Ab neun Uhr abends trommelte man die Deutschen aus ihren Wohnungen und konzentrierte sie auf unterschiedlichen Plätzen der Stadt. Gegen Morgen führte man sie in verschiedenen Marschsäulen hinaus. Die arbeitsfähigen Deutschen zwischen vierzehn und sechzig Jahren sollten in einem Lager in Brünn-Malmaritz (Maloměřice) konzentriert werden. Wahrscheinlich gab es keine einheitliche Konzeption, was mit den Frauen, den Kindern und den alten Leuten passieren sollte. Die Radikalen wollten sie gleich über die österreichische Grenze treiben, andere wollten sie in irgendwelchen Dörfern an der Grenze unterbringen. Es war Fronleichnam, ein drückend heißer, schon frühsommerlicher Tag, der sich abends in einem Gewitter entlud. Der Zug bestand aus knapp 30 000 Menschen. 10 000 konnte man wirklich über die österreichische Grenze abschieben.

Aber dann begannen die Österreicher sich zu wehren. Also wurden zigtausend Menschen in Scheunen, Baracken oder Fabrikhallen der großen Gemeinde Pohrlitz (Pohořelice) untergebracht. Diese Gemeinde war auf eine solche Menschenmasse natürlich überhaupt nicht vorbereitet. Der tschechische Historiker Tomáš Staněk zog folgende Bilanz: »Der Aufenthalt im improvisierten Lager in Pohrlitz und in den umliegenden Gemeinden führte zu zahlreichen Tragödien. Entsprechend einem Bericht des Ministeriums des Inneren vom Dezember 1947 verstarben in Pohrlitz zwischen dem 31. Mai und dem 5. Juli 1945 insgesamt 408 namentlich belegte Personen. Darüber hinaus wurden 77 Tote ausgewiesen, deren Identität nicht festgestellt werden konnte.«

Eine deutsche Krankenschwester erinnerte sich sechs Jahre danach an folgende Geschichte:

»Die zweite Tote, die mir in Erinnerung ist, war eine etwa dreißigjährige Frau, die mit zwei Kindern, einem etwa dreijährigen Mädchen und einem einige Wochen alten Säugling, auf dem Beton lagerte. Beim Morgengrauen hörten wir das dreijährige Kind wimmern und nach der Mutter rufen und muss-

Vertriebene Deutsche.

ten feststellen, dass diese Frau durch Gift Selbstmord begangen hat. Ihr Gesicht war blau geworden. Aber auch der Säugling war von der toten Frau so fest an die Brust gedrückt, dass das Kind auch tot war. Ein vorübergehender tschechischer Gendarm fragte mich, warum die Frau so blau sei, worauf ich die Bemerkung machte, dass sie höchstwahrscheinlich Gift genommen hat. Darauf begann er entsetzlich zu fluchen. Er nannte die Tote eine Nazi-Hure, Drecksau, deutsches Schwein, die nach zwei Tagen Lager schon mit Selbstmord endet und gab mir den Befehl: ›Werfen Sie die Drecksau samt dem Bankerten in die Latrine.‹ Auf meine Einwendung hin, dass ich Rotkreuzschwester bin, unter Eid stehe und eine solche Tat nicht ausführen kann und auch nicht will, auch wenn er mich selbst erschießen würde, beschimpfte er mich mit ›deutsches Schwein und deutsche Hure‹, rief aber dann drei andere Frauen, die er eher gefügig machen konnte, weil sie den Drohungen keinerlei Argumente entgegenzusetzen wagten, und zwar waren diese Frauen Agnes Skalicky, Straßenbahnerswitwe aus Leskau [Lískovec] 63 Jahre alt, eine dreißigjährige Franziska Wimetal und eine dritte Frau, die mir dem Namen nach unbekannt ist. Diese Frauen mussten nun die tote Mutter mit dem toten Säugling in die offene Latrine werfen. Partisanen zwangen dann die Insassen des Lagers, diese Latrine zu benutzen, damit, wie sie riefen, ›die Drecksau mit dem Bankert so schnell wie möglich unsichtbar wird‹. Und das vollzog sich auch.«

Die Rohheit der Zeit

Heinrich von Kleist ist einer der größten Schriftsteller der Deutschen, keiner der kleineren nationalistischen Agitatoren wie Ernst Moritz Arndt. Er verlangte von den Deutschen, dass sie den »welschen Feind« gnadenlos »vernichteten«: »Schlagt ihn tot. Das Weltgericht fragt euch nach den Gründen nicht.«

Das war eine Antwort auf die napoleonischen Kriegszüge. Man darf die Gräuel dieser Zeit nicht verniedlichen, aber mit der Entwertung menschlichen Lebens im Zweiten Weltkrieg waren sie nicht vergleichbar. Durch den Angriffskrieg Hitlers starben 13,6 Millionen Soldaten in der UdSSR und 4,7 Millionen deutsche Soldaten; selbst die Amerikaner, die immer – und zwar zu Recht – versuchten, durch großen Materialeinsatz das Leben ihrer Leute zu schonen, verloren damals 229 000 Mann. Der Brandgeruch von Auschwitz-Birkenau und anderen Lagern lag betäubend, sinnverwirrend über Europa. Jeder Deutsche, der über russische, tschechische, polnische oder sonstige Verbrechen klagt, muss sich zuerst klar machen, dass Hitler im Namen Deutschlands und mithilfe von Millionen von Deutschen damit begonnen hatte, den rechtsmoralischen Common Sense, das Regelvertrauen der Europäer, wieder einmal zu zerstören, diesmal radikaler als selbst im Dreißigjährigen Krieg.

Wie sich das in den böhmischen Ländern auswirkte, zeigt in bestürzender Klarheit eine Stellungnahme des tschechischen Generals Klapálek von 1947 zu einem der größten Vertreibungsverbrechen an Sudetendeutschen, in Postelberg (Postoloprtý). Der General wehrte sich gegen Strafverfahren gegen seine Untergebenen mit den Sätzen:

»Als Kommandeur kann ich erklären, dass im genannten Vorfall Postelberg-Saaz die nachgeordneten Kommandeure und Soldaten im Geiste der vorgegebenen militärischen Grundsätze ordnungsgemäß gehandelt haben, und falls es in Einzelfällen zu Übergriffen gekommen ist, müssen wir in Betracht ziehen, dass Soldaten einfache Leute sind, welche durch die Hölle der Front hindurch mussten und zum allergrößten Teil im Krieg ihre Brüder, Schwestern, Väter, Ehefrauen, Kinder und selbst ihre Großeltern durch Grausamkeiten seitens der Deutschen verloren haben. Gerade die Postelberger Einheit, welche zum größten Teil auch aus wolhynischen Tschechen zusammengestellt worden war, hatte in der UdSSR ihre Verwandten verloren und mit eigener Haut die Gräueltaten der Deutschen erlebt; so kann sich also niemand wundern, dass gerade diese Soldaten hart gegen die Deutschen vorgingen, was demnach militärisch und menschlich verständlich ist.«

Seine Argumentation kann die wilde, spontane, nach Schuld oder Recht nicht fragende Exekution von mindestens 800 Deutschen in Postelberg nicht rechtfertigen. Sein Hinweis aber auf die innere Verwilderung der Menschen (die, wie wir wissen, Soldaten aller Seiten ergriff) ist schwer abzuwehren.

Die Zeitatmosphäre ist mit der in normalen Zeiten – was immer normale Zeiten sein mögen – nicht vergleichbar; das muss der Zeitgenosse, der überlebt hat, vor allem aber der Nachgeborene bedenken. Prinzipien wie *nulla poena sine lege* oder die Unschuldsvermutung, erst recht der Eigentumsbegriff, waren zerbrochen und wirkten gegenüber der mörderischen Realität von Krieg und Nachkrieg wie bürgerlicher Plunder. Umso mehr muss man an die Menschen – wiederum aller Seiten – erinnern, die trotz der Rohheit der Zeit mit anderen leiden konnten oder den Leidenden zu helfen versuchten. Auch diese Fälle verlangen nach Dokumentation – als Nachweis, dass der Prozess der Verrohung nicht alle ergreift.

Kein Mord, keine Folterung ist allerdings entschuldbar mit der Phrase von der »revolutionären Gerechtigkeit«, mit dem Hinweis auf die vorherigen Verbrechen der jeweils anderen. Die Sätze, die mit »Was wundert Ihr euch?« eingeleitet werden, behandeln »very grave wrongs« mit einer nonchalanten Alltagspsychologie, die brutales Hin- und Hermorden, also Blutrache rechtfertigen soll. Vierzehnjährige Jungen auszupeitschen und anschließend zu erschießen, weil sie aus Hunger Äpfel vom Baum gestohlen haben, ist ein Verbrechen, selbst wenn diese Burschen die Söhne von Verbrechern gewesen sein sollten. Sicher war nur, dass sie die Söhne von Deutschen waren. Dass solche Verbrechen zwischen Mai und Oktober oder November 1945 tausendfach vorkamen, hatte allerdings konkrete Gründe in der politischen Strategie des Transfers der deutschen und magyarischen Minderheit.

Benešs Regierung fühlte sich unter Druck. Die Potsdamer Konferenz, die die Aussiedlung der Deutschen (nicht der Magyaren) schließlich akzeptierte, war erst im August. Der erfahrene Außenpolitiker Beneš spürte, dass die Amerikaner und Briten von ihren Zusagen während des Kriegs, die Deutschen zu »transferieren«, immer mehr abrückten. Nur Stalin stand in unbeirrbarer, selbstverständlicher Brutalität zu seinem Wort. Die antideutsche Stimmung der Bevölkerung war zwar eindeutig und erschien auch haltbar. Aber es war hochkompliziert, zigtausend Deutsche zum Beispiel aus einer Mittelstadt zu erfassen, zusammenzuführen und rasch über eine Grenze zu bringen, hinter der oft genug Leute standen, die die Ausgewiesenen nicht wollten. Es war ein logistisches Riesenproblem, und es schien leichter lösbar, wenn es in der entfesselten Stimmung der ersten Nachkriegsmonate geregelt wurde. Es ging der tschechischen Regierung darum, »die Großmächte vor vollendete Tatsachen zu stellen«.

So verließ man sich nicht auf die ansässige tschechische Bevölkerung und setzte die Ostarmee Ludvík Svobodas, die »Revolutionsgarden« – angereichert durch viele falsche Partisanen – und das SNB, das Korps der nationalen Sicherheit *(Sbor národní bezpečnosti)* zur »Säuberung« ein.

Für deutsche Höfe oder deutsche Geschäfte wurden »Nationalverwalter« bestellt, die oft genug heftig darauf drängten, dass die alten Besitzer (die irgendwo zu Aufräumarbeiten abkommandiert waren) endgültig verschwinden sollten. Man warb »Neusiedler«, von denen viele auch schon in die Grenzgebiete drängten, bevor diese geräumt waren. Dabei musste man Quantität wichtiger nehmen als Qualität. So duldete man »Goldgräber«, die sich im Grenzgebiet bereicherten, um bald wieder im Inneren Böhmens zu verschwinden. Es explodierte nicht einfach Volkszorn. Es gab nicht einfach »Übergriffe«. Es wirkte ein System, das sich die Rohheit der Zeit zunutze machte.

Die Beneš-Dekrete

Es ist erstaunlich zu beobachten, wie sich Rechtswesen und Bürokratie auch in chaotischen Zeiten am Leben erhalten. Offenbar erlahmt auch im Angesicht offener Willkür und tagtäglicher Rechtsverletzung nicht das Regelungsbedürfnis der Administratoren, die eine saubere Aktenlage haben wollen. Diese Erfahrung gilt auch für die Tschechoslowakei zwischen dem 8. Mai und dem 28. Oktober 1945. In dieser Zeit war der Präsident das einzige handlungsfähige Staatsorgan, das sowohl über diktatorische Exekutivgewalt als auch über die gesetzgebende Gewalt verfügte. Am 28. Oktober trat zum ersten Mal eine provisorische gesetzgebende Körperschaft zusammen, die die Regierung höchstselbst mit der Hand verlesen hatte. Wahlen gab es dann erst im Frühjahr 1946. Zehn Dekrete, erlassen zwischen dem 8. Mai und der ersten Sitzung der Provisorischen Nationalversammlung, regelten die Rechtsverhältnisse zwischen dem Staatsvolk und der deutschen und magyarischen Minderheit.

Natürlich hat Beneš nicht nur diese zehn Dekrete erlassen. Das erste stammt schon vom 21. Juli 1940. Mithilfe dieses Dekrets errichtete Beneš seinen Staatsrat. Am 15. Oktober ermächtigte er sich selbst zur Ausübung des Amtes des Präsidenten und zum

Erlass von Gesetzen. Es gibt Juristen, auch tschechische, die behaupten, dass all diese Dekrete von Anfang an rechtswidrig gewesen seien, weil sie gegen die seit 1920 geltende Verfassung der Tschechoslowakei verstoßen hätten. Diese Kritik ist unpolitisch. Im Fall der Okkupation eines Landes muss irgendjemand die Initiative ergreifen. Das tat De Gaulle für Frankreich, das tat Beneš für die Tschechoslowakei. So unterschiedlich beide Männer waren: Es macht keinen Sinn, ihnen die Legitimation zu bestreiten, sich als Sprecher ihrer Völker zu verstehen und auf eine Exilregierung hinzuarbeiten. Nachdem die Briten – im Einklang mit dem Völkerrecht – nach dem Eintritt in den Krieg die tschechoslowakische Exilregierung anerkannt hatten, handelte Beneš nicht mehr als Privatmann. Seine Dekrete hatten rechtliche und politische Bedeutung. Ob allerdings die Dekrete, mit denen er die Vertreibung regelte (ohne sie ausdrücklich zu erwähnen), mit den Prinzipien des Völkerrechts vereinbar sind, ist eine ganz andere Frage.

Die Grundlage für jene zehn Dekrete war ein Papier, im Wesentlichen von Beneš verfasst, das auf der ersten Sitzung der tschechoslowakischen Regierung in Kaschau (Košice) am 5. April 1945 angenommen wurde, das so genannte Kaschauer Programm. Es war eine politische Prinzipienerklärung, sozusagen eine lange Präambel zu den Dekreten. Wie immer bei der Abfassung solcher Papiere achtete der Außenpolitiker Beneš klug auf die Wirkung, die ein solches Papier auf die Alliierten, die Gegner, überhaupt die Weltmeinung haben könnte. So ist die Behandlung der deutschen Hitlergegner in der Realität viel miserabler gewesen, als im Kaschauer Programm dargestellt. Ansonsten aber heißt es klipp und klar: »Die tschechoslowakische Staatsbürgerschaft der übrigen tschechoslowakischen Bürger deutscher und magyarischer Nationalität wird aufgehoben.« Durch die Blume hieß das: Diese (früheren) Mitbürger müssen verschwinden. Zwar könnten sie von neuem für die Tschechoslowakei optieren. Aber die Behörden der Republik behielten sich das Recht der individuellen Entscheidung über jedes Gesuch vor. Es war klar, was das hieß.

Bemerkenswert am Kaschauer Programm ist besonders die eindeutige Ausrichtung der Tschechoslowakei auf die Sowjetunion. Da wird die »unerreichbare Kriegskunst«, die »beispiellose Selbstaufopferung« und das »grenzenlose Heldentum« der Roten Armee beschworen und versprochen, dass die tschechoslowakische Armee die gleiche Organisation, die gleiche Ausrüstung und die gleiche Ausbildung wie die Rote Armee erhalten werde. Das ist schon eine prophetische Vorwegnahme des Warschauer Pakts. Im Übrigen wird immer wieder von der »slawischen Linie« der tschechoslowakischen Politik gesprochen. Das administrative Konzept, die klassische Bürokratie durch »Nationalausschüsse« (die schließlich zu 70 Prozent von Kommunisten geführt wurden) zu ersetzen, zeigt schon das Konzept der »wirklichen Volksdemokratie«, die Beneš an die Stelle der Ersten Republik setzen wollte. Wie viel von all diesen Formulierungen ihm selber einfielen und wie viel ihm die Kommunisten ins Papier schrieben, ist heute nicht mehr auszumachen.

In den zehn Dekreten werden vier scharfe Instrumente für den Volkstumskampf, besser: für die endgültige Beendigung des Volkstumskampfs, bereitgestellt. Das eine ist das Prinzip der Kollektivschuld, formuliert schon im Dekret vom 19. Mai 1945, das die wunderbar harmlose Überschrift trägt: »Über die Ungültigkeit einiger vermögensrechtlicher Rechtsgeschäfte aus der Zeit der Unfreiheit und über die Nationalverwaltung der Vermögenswerte der Deutschen, der Magyaren, der Verräter und der Kollaborateure und einiger Organisationen und Institutionen«. Gute Bürokratie ist immer in der Lage, tiefste Einschnitte in das Leben der Menschen mit harmlos klingenden und aufbauenden Formulierungen zu verkaufen. Das Dekret verfügte, dass das Vermögen »staatlich unzuverlässiger Personen« der Nationalverwaltung unterstellt werden sollte. Und was waren staatlich unzuverlässige Personen? Neben Leuten, die nationalsozialistischen oder tschechisch- bzw. slowakisch-faschistischen Organisationen angehört hatten, waren das – wörtlich – »Personen deutscher oder magyarischen Nationalität«. Punktum. Es gab also nur zweierlei Deutsche oder Magyaren: solche, die (und das noch von Anfang an) echte Widerstandskämpfer gewesen waren, und Schuldige, deren Vermögen zu konfiszieren war.

Da man diejenigen Menschen, denen man ihr Eigentum weggenommen hatte, aber nicht als verbitterte und hasserfüllte Opposition im Land behalten wollte, bürgerte man sie aus. In einem Dekret vom 2. August 1945 hieß es: »Die tschechoslowakischen Staatsbürger deutscher oder magyarischer Nationalität, die nach den Vorschriften einer fremden Besatzungsmacht die deutsche oder magyarische Staatsangehörigkeit erworben haben, haben mit dem Tage des Erwerbs dieser Staatsangehörigkeit die tschechoslowakische Staatsbürgerschaft verloren.« Staatsrechtlich war das ein Widerspruch in sich. Die Exilregierung hatte von Anfang an die Rechtsgültigkeit des Münchner Abkommens und damit auch aller in diesem Zusammenhang stehenden Verträge und Verordnungen verneint. Also wäre auch der Staatsangehörigkeitswechsel der Deutschen von 1938 nichtig gewesen. Aber das sind juristische Finessen.

Natürlich war die Mehrheit der Sudetendeutschen froh gewesen, als sie die tschechoslowakische mit der deutschen Staatsangehörigkeit tauschen konnte. Beneš wollte sie dafür bestrafen, und zwar alle, ausnahmslos, unabhängig von der Frage, ob sie Verbrechen begangen hatten oder nicht. Das Verbrechen war der »Verrat« an sich. Man soll nicht darüber hinwegreden, dass viele Hunderttausende Sudetendeutsche diesen Verrat lustvoll begingen nach all dem, was sie in der Ersten Republik erlebt hatten. Aber alle? Der Bauer in Schloppenhof bei Eger, der Finanzbeamte in Mährisch-Ostrau, das Kindermädchen in Teplitz-Schönau? Wurden solche Leute nicht einfach mitkassiert, so wie Millionen Tschechen im Protektorat mitkassiert worden waren und später unter der kommunistischen Herrschaft?

Das härteste Instrument war wohl das so genannte große Retributionsdekret, beschlossen am 19. Juni 1945. Der lange Katalog der strafwürdigen Verbrechen wird niemanden wundern. Man wollte eben die »nazistischen Verbrecher, die Verräter und ihre Helfershelfer« bestrafen. Das Instrument, das man zu diesem Zweck einführte, waren außerordentliche Volksgerichte, die von einem Berufsrichter geführt werden mussten, im Übrigen aber aus vier Laienrichtern bestanden, die von den Nationalausschüssen vorgeschlagen wurden. Gegen ein Urteil der außerordentlichen Volksgerichte gab es keine ordentlichen Rechtsmittel. Wörtlich: »Ein von wem auch immer eingereichtes Gnadengesuch hat keine aufschiebende Wirkung.« Das war die Einrichtung einer politischen Justiz auf Zeit. Sie wurde ergänzt durch ein Dekret zur »Sicherstellung« – also Verhaftung – von Menschen »auch außerhalb der gesetzlich statthaften Fälle«.

Neben den Dekreten des Präsidenten muss man auch noch ein Gesetz betrachten, das in späteren Jahren als »Amnestiegesetz« bezeichnet wurde. Es wurde am 8. Mai 1946 von der Provisorischen Nationalversammlung beschlossen. In Paragraph 1 ist klar und deutlich formuliert: ›Eine Handlung, die in der Zeit vom 30. September 1938 bis zum 18. Oktober 1945 vorgenommen wurde, und deren Zweck es war, einen Beitrag zum Kampf um die Wiedergewinnung der Freiheit der Tschechen und Slowaken zu leisten, oder die eine gerechte Vergeltung für Taten der Okkupanten oder ihrer Helfershelfer zum Ziel hatte, ist auch dann nicht widerrechtlich, wenn sie sonst nach den geltenden Vorschriften strafbar gewesen wäre.« Dieses Gesetz war die Grundlage dafür, viele Verbrechen aus den ersten Monaten nach Kriegsende nicht zu verfolgen.

Beneš, kein Zweifel, hatte in diesen ersten Monaten nach dem Krieg viele Fäden in der Hand. Wenn man sich aber einbildete, dass er frei und ohne Druck hätte entscheiden können, würde man sich irren. Inzwischen hat das Prager Institut für Zeitgeschichte Protokolle der tschechoslowakischen Regierung veröffentlicht. Daraus kann man sehen, wie heftig die Kämpfe der Moskauer Emigration gegen die Londoner war. Die kommunistischen Minister, an ihrer Spitze Václav Kopecký, nahmen kein Blatt vor den Mund. Schon im Juni 1945 hatte Kopecký keine Scheu zu behaupten, der Präsident der Republik höchstpersönlich ermutige Kollaborateure. In der 94. Sitzung der Regierung am 24. Oktober spielte sich laut Protokoll folgender aggressiver Dialog ab:

»Minister V. Kopecký greift den Minister der Justiz scharf an und beschuldigt ihn, unter dem Einfluss der wohlhabenderen Schichten der Bevölkerung zu stehen; die Angehörigen dieser Schichten würden bei ihm zugunsten der Kollaborateure intervenieren, während die Arbeiterschaft gegen das nachsichtige Vorgehen der Gerichte und Staatsanwälte protestiere, auch dagegen protestiere, dass der Justizminister den verspäteten Beginn der Tätigkeit der Volksgerichte verursacht habe, und das um vier Monate. Die Öffentlichkeit sei verärgert, weil die Regierung und ihre Repräsentanten aus London Tausende von Leuten denunziert und stigmatisiert hätten, und jetzt, nachdem sie versprochen hätten, dass diese Leute streng bestraft würden, liefen sie von der Sache davon.

Minister J. Masaryk fragt: ›Wer ist das, der davonläuft?‹

Minister V. Kopecký wiederholt die Anschuldigung, dass auf den Justizminister unter anderem Familien wie die Berans [letzter Ministerpräsident der Protektoratsregierung] Einfluss nähmen.

Minister J. Masaryk protestiert gegen einen derartigen Angriff auf den Minister der Justiz, neben dem er zu sitzen die Ehre habe, und protestiert insbesondere auch dagegen, dass die Londoner Regierung jemanden denunziert habe ... Der [Justiz-] Minister stellt sodann fest, dass er nunmehr dem Minister V. Kopecký in aller Ruhe aber sehr fest antworten müsse. Er sei bereit, sich augenblicklich aus dem öffentlichen Leben zurückzuziehen, falls ihm irgendjemand nachweisen könne, dass er die Tätigkeit der außerordentlichen Volksgerichte auch nur um 24 Stunden verzögert habe.«

Beneš hatte noch die Macht. Aber sie schwand schon.

Es ist richtig, dass das Völkerrecht in den Jahren 1945 und 1946 noch nicht so entwickelt war wie heutzutage. Die Völkermordkonvention wurde zum Beispiel erst im Dezember 1948 unterzeichnet. Allerdings ist im Statut des Internationalen Militärtribunals von Nürnberg die »Deportation« als Straftatbestand schon enthalten. Pierre Mounier, Hilfsankläger für die Französische Republik, hielt den deutschen Angeklagten, die für Hitlers Massendeportationen mitverantwortlich waren, vor: »Solche Deportationen verletzen die internationalen Konventionen, insbesondere Artikel 46 der Haager Landkriegsordnung von 1907, die Kriegsgesetze und Gebräuche, die allgemeinen Grundsätze des Strafrechtes, wie sie sich aus den Strafgesetzen aller zivilisierten Nationen herleiten, die Strafgesetze jener Länder, in denen solche Verbrechen verübt wurden, und Artikel 6b des Statuts.«

Artikel 6b des Nürnberger Statuts betraf Kriegsverbrechen. Mounier hielt diese Rede am 20. November 1945.

Weiße Fahnen

Wo die Rote Armee vorstieß, versuchten Dienststellen der deutschen Verwaltung und der Partei Evakuierungen zu organisieren. Schon Ende Oktober 1944 ordnete Berlin an, die Deutschen aus den Streusiedlungen der Ostslowakei und aus der Zips wegzuschaffen. Gelegentlich ging das nur mit Drohungen und Gewalt. Die Bauern wollten ihre Höfe nicht verlassen. Im Februar 1945 begann dann auch die Gauleitung des Sudetenlandes die Flucht der Deutschen zu organisieren. In Troppau (Opava) saß eine zentrale Evakuierungsleitstelle. So zogen alle möglichen Trecks durchs Land: Flüchtlinge aus dem Osten Deutschlands, vor allem aus Ostpreußen, Volksdeutsche aus der Slowakei, Leute aus dem Ostsudetenland. Das Problem war, dass es keine sicheren Bestimmungsorte gab. Viele Trecks wurden von den Russen überrannt. Dann zogen die Leute wieder in ihre Dörfer zurück. Oft waren ihre Häuser oder Höfe ausgeraubt oder schon von den Tschechen beschlagnahmt. Arbeitsfähige Männer wurden oft sofort nach der deutschen Kapitulation – weit weg von ihren Heimatorten – im Innerböhmischen zu Arbeitseinsätzen zusammengezogen. Viele Straßen waren von abziehenden Deutschen, andere von vordringenden Russen blockiert. Große Züge von Menschen irrten hin und her.

Die russische Militärführung hatte ihre Propaganda gemäßigt. Man predigte jetzt nicht mehr Rache, sondern Disziplin. Requiriert und vergewaltigt wurde trotzdem. Oft genug zwangen die nagelneuen tschechischen Nationalausschüsse und ihre Beamten die Deutschen, an ihren Häusern weiße Fahnen zu hissen. Da wussten die Russen gleich, wo sie sich zu bedienen hatten. Die Kampftruppen schonten aber auch die Tschechen nicht immer. Sie nahmen mit, was ihnen gefiel.

Der Kaufmann August Kurt Lassmann aus Troppau (Opava) war mit seiner Familie von Troppau nach Müglitz (Mohelnice) geflüchtet. Er hatte sogar versucht, einen Teil seiner Eisengroßhandlung mitzunehmen. Die Familie wollte ins amerikanisch besetzte Gebiet. Aber dann saß er in Müglitz in einem Fabrikhof:

»Unvergesslich wird jedenfalls die erste Nacht bleiben, wo wir, hinter herabgelassenen Gardinen stehend, indes die Kinder hinten übermüdet und ahnungslos schliefen, jene endlosen Massen russischen Militärs im Eilmarsch an uns vorbeiziehen sahen. Die wichtigste Aufgabe war es zu vermeiden, dass die Russen einen überhaupt richtig bemerkten und als Deutschen feststellten. Ich darf sagen, dass nun diejenigen, die tschechisch konnten oder Tschechen waren, einen richtigen Nachtdienst einrichteten. Kamen Russen ans Tor und wollten Einlass, wurden sie tschechisch begrüßt. Es half uns, dass einer unserer deutschen Müglitzer Bekannten, der mit von der Partie war, noch einige russische Brocken aus seinen Kriegsgefangenenjahren 1916 bis 1921 in Sibirien in Reserve hatte. Und wenn die Russen nicht abzuweisen waren, führten sie sie in jene zwei großen Räume, wo auf dem Boden all die Kinder und ein paar alte Frauen ausgebreitet lagen. Die jungen Mädels lagen Tag und Nacht oben auf dem dicht gefüllten Heuboden des alten Lagerhauses versteckt.«

Auf die Straße wagten sich die Männer kaum. Wer dort angetroffen wurde, dem konnte es passieren, dass er plötzlich zum

Viehtreiber ernannt wurde. Die Russen trieben endlose Herden von Vieh, das man den Bauern abgenommen hatte, nach Russland. Auch konnte man in gefährliche Geschäfte verwickelt werden. Einem Russen, so berichtete Lassmann, gefiel eine Reithose. Er nahm sie nicht einfach mit. Er bot dafür einen großen Schinken. Den hatte er sich allerdings aus dem nächsten tschechischen Fleischerladen einfach besorgt. Wehe, wenn herausgekommen wäre, wo der Schinken hingeraten war! Man lebte gefährlich.

Unterschiedlich gefährlich. Lassmann räumt durchaus ein: »Es gab auch erhebliche Unterschiede unter den einzelnen russischen Truppen. Nicht alle waren feindlich. So stellte uns ein Kavallerierittmeister mit mittelgutem Deutsch die Ermächtigung aus, dass wir gar nichts aus dem vorhandenen Lager an die Russen abzugeben haben. Wer etwas wolle, habe es zu kaufen. Der Krieg sei zu Ende. Wir atmeten auf. Zwei Tage später kamen andere Truppen, und die (schriftliche) Ermächtigung wurde uns einfach zerrissen; das Plündern begann von neuem.«

In den ersten »Russentagen« hofften die Deutschen, dass endlich die Tschechen die Verwaltung in die Hand bekommen würden. Aber das Bündnis zwischen den unpolitischen Durchschnittstschechen und den unpolitischen Durchschnittsdeutschen, das selbst im Protektorat noch an vielen Orten getragen hatte, funktionierte nicht mehr. In Lassmanns Worten: »Ja, sie übernahmen die Verwaltung; aber die uns gut gesinnten Tschechen standen völlig machtlos vor den neuen Herren. Viele von ihnen liefen dann auch mit fliegenden Fahnen ins neue Lager über und beteiligten sich brutal an dem Raub und an den Unmenschlichkeiten … Und die, die sauber und charaktervoll blieben – es gab auch solche –, die mussten schweigen und konnten nur unter der Hand mit Kleinigkeiten helfen … In jenen Wochen mussten die deutschen Müglitzer sich alle melden, und die wilden Aussiedlungen begannen.«

An vielen Orten hielt sich die eingesessene tschechische Bevölkerung – das Lumpenproletariat, das es in allen Städten von einer bestimmten Größe an gibt, vielleicht ausgenommen – bei Brutalitäten gegenüber den eingesessenen Deutschen zurück. Nicht so in Prag. Hier wütete wirklich die spontane Volkswut. Die Prager brauchten keine von außen einmarschierenden Revolutionsgarden, Partisanen, Svoboda-Soldaten, die sie aufstacheln mussten. Das hing natürlich damit zusammen, dass Prag schon immer die Hauptstadt des tschechischen Nationalbewusstseins und auch des tschechischen Nationalismus gewesen war. Es hing damit zusammen, dass die Hakenkreuzfahnen auf dem Hradschin die Tschechen demütigten. Wo einmal die Hakenkreuzfahne wehe, hatte Karl Hermann Frank irgendwann gesagt, wehe sie für immer. Die Tschechen waren begeistert, denn jetzt war bewiesen, dass sie nicht für immer wehte. Frank hatte wie ein Phantast herumverhandelt; er hatte sich eingebildet, eine antibolschewistische Regierung zusammenbringen und die Amerikaner nach Prag locken zu können. Die Alliierten hatten ihre Operationsfelder aber schon in Teheran miteinander abgestimmt. Deswegen standen zwölf Züge mit Lebensmitteln und allem Drum und Dran zur Evakuierung der Deutschen zwar bereit, aber als Frank sie schließlich einsetzen wollte, waren die Schienenwege zerstört. Vor allem aber hatten die verbliebenen Kader der SS mörderisch gewütet. Es mag Gräuelpropaganda gewesen sein, wenn die Tschechen behaupteten, die SS habe tschechische Kinder auf ihre Panzerketten geflochten. Keine Gräuelpropaganda war es, dass sie Frauen und Männer vor den Panzern hertrieben und sie als lebende Schilde benutzten. Sie mussten die Barrikaden abräumen, die der Widerstand aufgerichtet hatte. Das alles erklärt die entfesselte Orgie gegen alles, was nicht tschechisch war, übrigens auch gegen unbestreitbare Antinazis.

Einer von denen war zum Beispiel Ferdinand Marek, österreichischer Botschafter in Prag bis 1938, dann natürlich sofort ohne Pension hinausgeworfen, der mit seiner Familie aber in Prag geblieben war. Fürst Adolf Schwarzenberg hatte ihm in seinem Haus eine Wohnung angeboten. Marek lebte während der Nazizeit vom Verkauf seiner Teppiche und seiner Bilder. Schließlich bekam er gnädig wenigstens ein Viertel der ihm zustehenden Pension.

Marek reaktivierte sich selbst am 5. Mai. Er ließ Beneš wissen, dass er den Schutz der Österreicher und ihres Eigentums wieder übernehme, ging in das alte Gebäude der österreichischen Gesandtschaft, in dem in Protektoratszeiten der Oberlandrat gesessen hatte, und begann zu amtieren. Nach wenigen Tagen hatte Marek durchgesetzt, dass die Österreicher aus den Lagern entlassen wurden und in die Gesandtschaft durften. Dann passierte natürlich das, was passieren musste: Viele Deutsche flehten den selbsternannten Botschafter an, sie als Österreicher anzuerkennen. Bald war die österreichische Gesandtschaft in Prag ebenso umlagert wie 44 Jahre später die deutsche Botschaft, die Tausende DDR-Flüchtlinge als »Loch im Eisernen Vorhang« benutzten. Mareks Tochter hat die Situation wie folgt geschildert:

»Wir übernahmen das Gebäude um zehn Uhr (am 12. Mai 1945) – um zwei Uhr mittags stand ich vor der Aufgabe, die ersten 4000 Menschen zu verköstigen, darunter ungefähr 500 Kleinkinder, die teilweise aus Hunger und Vitaminmangel oder sonstigen Gründen schwarze, verrunzelte Affengesichterln hatten. Manche Männer und Frauen waren halb tot geprügelt. Die ganze Straße vor dem Haus bis hinunter zur Hauptstraße hockten Hunderte, bald Tausende Menschen, die hofften, eingelassen zu werden. Viele Frauen und junge Mädchen waren zerfetzt, da die Soldateska sich aus den Lagern die Frauen herausgesucht hatte, von denen sie sicher war, nicht angesteckt zu werden, also besonders halbe Kinder, Nonnen, alte Frauen … Nur weil es mein Elternhaus war und ich jeden Winkel kannte, konnte ich einen Kamin finden, der nicht verstopft war. Die Deutschen hatten ein paar Vorräte – einen Berg Erdäpfel und Zwiebeln – zurückgelassen. Davon machten sich die Lagerentlassenen das erste warme Essen seit Tagen. Papa requirierte zwei gegenüberliegende Schulen, denn schon am nächsten Tag lagerten fast 10 000 Menschen auf Gängen, Stiegen, Böden.«

Das Idyll hielt nicht lange. Ferdinand Marek war ein bekannter Mann in Prag; er sprach perfekt tschechisch, er hatte viele Verbindungen bis hin zu Beneš, aber bald hatte er Besuch eines mährischen Partisanenführers. Die Österreicher, sagte der Partisanenführer, hätten genauso gemordet wie die deutschen Nazis, er ließe sich an der Enteignung keineswegs hindern. Marek war ein selbstbewusster Mann. Er brüllte, er schlug mit der Faust auf den Tisch. Der Partisanenführer ging.

Aber Marek gewann das Spiel nicht. Offiziell wollten sich die Tschechen an einen so bekannten Antifaschisten nicht heranwagen. Also erschien ein russischer Offizier und bat den Botschafter zu einer Unterredung mit dem russischen Stadtkommandanten. Marek ging und kehrte nie wieder. Er ist 1947 in einem sowjetischen Gefängnis gestorben.

SS-Leute, auch Soldaten, wurden zu menschlichen Fackeln. Auch tschechische Zeugen bestätigen, dass es solche Fackeln gab. Die Leute wurden aufgehängt, mit Benzin übergossen und angezündet. Nur dafür, dass sie bei lebendigem Leibe verbrannt wurden, gibt es keine Belege. Wie es Durchschnittsdeutschen ging, die sich nicht politisch exponiert hatten, schildert eine gewisse Frau Wagenknecht [Vorname in den Dokumenten unleserlich], die am 9. Mai aus ihrer Wohnung geholt wurde. Was dann passierte, beschreibt sie folgendermaßen:

»Auf der Straße wurde ich von schimpfenden Weibern untersucht nach Waffen, dann in ein Haus getrieben und dort in den Keller gestoßen. Hinter mir wurde die Kellertür verschlossen. Als sich meine Augen an das Dunkel gewöhnt hatten, sah ich, dass bereits eine ganze Anzahl anderer Unglücklicher in den Winkeln hockten. Wir waren überzeugt, dass man uns erschießen werde. Immer wieder öffnete sich die Tür, und neue Delinquenten wurden hereingestoßen. Endlich, nach Verlauf einer Stunde vielleicht, wurden wir herausgeholt. Die johlende Menge empfing uns mit Beschimpfungen und Steinwürfen, und schon nach wenigen Minuten floss Blut.

In der Mitte der Straße stand ein großer Eimer voll weißer Farbe. Wir mussten uns mit dem Gesicht zur Wand stellen, und einer der ärgsten Wüteriche, es war der Hausmeister des Hauses Nr. 11 aus unserer Straße, malte uns unter dröhnendem Gelächter der Zuschauer ein riesiges Hakenkreuz auf den Rücken. Hierauf wurden wir von einer Anzahl Rotgardisten empfangen – sie trugen alle eine Armbinde mit den Buchstaben RG … –, die sich mit Gewehrkolben und Gummiknüppeln auf uns stürzten und uns zur Arbeit antrieben. Es handelte sich darum, die Barrikaden abzuräumen, die aus großen, schweren Steinen, dicken Balken, ja ganzen eisernen Gartentüren und Wagenrädern bestanden.

Ich hatte seit vier Tagen kaum etwas gegessen, fast gar nicht geschlafen, ich fühlte mich sterbenselend, überhaupt war ich an schwere körperliche Arbeit nicht gewöhnt, es war mir einfach unmöglich, diese schwere Arbeit zu leisten. Ich wurde daher fürchterlich geschlagen von den entmenschten Individuen, mit dem Gewehrkolben, mit den Gummiknüppeln, mit der Peitsche. Wir waren unseren brüllenden, schießenden und wahllos, hemmungslos dreinhauenden Peinigern vollkommen ausgeliefert … Trotz aller Misshandlungen hielt ich mich mit übermenschlicher Willensanstrengung aufrecht, denn wehe dem, der fiel. Die Menge johlte dann jedes Mal vor Vergnügen und klatsche in die Hände …

Endlich waren auch die Barrikaden abgeräumt. Wir wurden zusammengetrieben. Wir mussten uns paarweise anstellen, ein großes Hitlerbild lag auf der Erde, und ein jeder musste darauf treten und darauf spucken. Dann mussten wir niederknien und für die gefallenen Tschechen beten. Wir durften aber nicht mehr aufstehen, es kam der Befehl ›Hände hoch‹, und so, in dieser schmachvollen und unmöglichen Stellung, nämlich auf den Knien und mit erhobenen Armen, mussten wir uns fortbewegen. Der ganze Weg war mit Glassplittern bestreut. Zu beiden Seiten der Straße bildete die Bevölkerung Spalier, klatschte in die Hände und brüllte ironisch: ›Sieg Heil!‹. Viele fotografierten, andere filmten den traurigen Zug … Plötzlich wurde Halt befohlen. Nun trat eine Anzahl Frauen auf uns zu, jede mit einer Schere bewaffnet, packten uns Frauen an den Haaren und schnitten uns einseitig die Haare ab … Aus allen Häusern traten eimerbewehrte Frauen und Männer und übergossen uns mit eiskaltem Leitungswasser oder mit scheußlichem Schmutzwasser …

Endlich waren wir am Ziel, dem Kino Slavia in der Řípská ulice, das als KZ-Lager bestimmt war. Vor dem Kino selbst war noch ein großes Hindernis aufgerichtet, das wir überspringen mussten, mit unseren wehen, blutenden Füßen … Das Kino Slavia ist eines der wenigen Kinos zu ebener Erde, nicht wie die anderen Prager Kinos unterirdisch. An einer Seite des Saales sind drei große Tore, die auf einen Hof führen, auf den sich in normalen Zeiten die Kinobesucher in den Pausen begeben konnten. Wir wurden in diesen Hof getrieben und mussten uns mit erhobenen Armen aufstellen. So ließ man uns lange stehen.

Dann kamen wir in den Kinosaal und mussten uns in die Reihen setzen. Wir wurden von einigen Rotkreuzschwestern und einigen Ärzten, Dr. Günther und Dr. Lacher, und einer Ärztin, Dr. Lang, empfangen. Sie alle waren Deutsche und Gefangene wie wir. Unsere zerschundenen Knie und Fußsohlen wurden gewaschen und mit irgendeinem antiseptischen Mittel bestrichen, auch wurde Trinkwasser herumgereicht, das war alles, was sie für uns tun konnten, denn sie hatten fast gar keine Medikamente oder andere Hilfsmittel …«

Natürlich betrugen sich nicht alle Tschechen so wie die, die von der Prager Deutschen Wagenknecht geschildert wurden. Ilse Piecho, die eine ähnliche Situation erlebte, wurde von einem Tschechen gerettet. Als sie in die Hände von vier Kämpfern geriet, noch mitten in der Auseinandersetzung mit der SS, sollte sie auf die Barrikaden gebunden werden, als Abschreckung gegen deutsche Panzer. Sie musste mit anderen warten. Plötzlich kam der Anführer dieses Vierertrupps zurück und sagte: »Also, ich mache Ihnen ein Angebot. Ich habe von meiner Frau, die in Ihrem Studentenheim Putzfrau war, erfahren, dass Sie meiner kleinen Tochter immer heimlich Obst zugesteckt haben und immer freundlich gewesen sind. Sie brauchen nicht auf die Barrikaden, ich nehme das auf meine Kappe. Ich bringe Sie in ein benachbartes Lazarett, in dem nur Deutsche sind. Doch ich muss den Knüppel über Sie schwingen, ich muss sie beschimpfen. Nehmen Sie das bitte nicht ernst.« Ilse Piecho, bis dahin Studentin der (später durch ein Beneš-Dekret aufgelösten) deutschen Karls-Universität, verdankte diesem Mann ihr Leben.

Am schlimmsten waren die dran, die in eines der Lager in der Umgebung von Prag kamen. Man übernahm die Praxis der Deutschen; man funktionierte die Lager einfach um. H. G. Adler, der Verfasser der erschütternden Geschichte von Theresienstadt (Terezín), hat diese »Umfunktionierung« am Schluss seines Buches kommentiert:

»Die Befreiung von Theresienstadt hat das Elend an diesem Ort nicht beendet. Nein, nicht allein für die ehemaligen Gefangenen, deren Leiden mit dem Wiedergewinn der äußeren Freiheit gewiss nicht abgeschlossen war, sondern auch für neue Gefangene, deren Elend jetzt erst begann. In die ›Kleine Festung‹ wurden Deutsche des Landes und reichsdeutsche Flüchtlinge eingeliefert. Bestimmt gab es unter ihnen welche, die sich während der Besatzungsjahre manches hatten zuschulden kommen lassen, aber die Mehrzahl, darunter viele Kinder und Halbwüchsige, wurden bloß eingesperrt, weil sie Deutsche waren. Nur weil sie Deutsche waren ...? Der Satz klingt erschreckend bekannt; man hatte bloß das Wort ›Juden‹ mit ›Deutschen‹ vertauscht. Die Fetzen, in die man die Deutschen hüllte, waren mit Hakenkreuzen beschmiert. Die Menschen wurden elend ernährt, misshandelt, und es ist ihnen um nichts besser gegangen, als man es von den deutschen Konzentrationslagern her gewohnt war. Der Unterschied bestand lediglich darin, dass der herzlosen Rache, die hier am Werke war, das von der SS zu Grunde gelegte großzügige Vernichtungssystem fehlte. Das Lager stand in tschechische Verwaltung, doch wurde von ihr nicht verhindert, dass Russen gefangene Frauen vergewaltigten. Zur Ehre der Theresienstädter Juden sei gesagt, dass sich an diesen

Gefangenen, die zum Straßenkehren und anderen niederen Arbeiten, aber auch zur Pflege von Flecktyphus-Kranken in die Stadt kommandiert wurden, keiner vergriff, obwohl Russen und Tschechen dazu aufforderten.«

Die fürchterlichste Zeit war die Anfangsphase unter einer provisorischen Lagerleitung, die sich aus ehemaligen Gefangenen zusammensetzte. Den berüchtigten vierten Hof hatte J. Pruša unter sich, die gefürchtetsten Kapos waren der Pole Alfred Kling und der Deutsche Kurt Landrock. Über Kling berichtet der Arzt Dr. E. Siegel, der auf der Fleckfieber-Station arbeitete:

»Dieser ›Alfred‹ betrachtete übrigens das Totschlagen von der wissenschaftlichen Seite. Er erklärte, er könne so prügeln, dass der Betreffende sofort, in zwei Stunden oder in zwei Tagen, selbst erst nach acht Tagen sterbe, oder auch in vierzehn Tagen wieder gesund sei. Diese seine Fähigkeit führte er auch praktisch ad exemplum wiederholt vor. Ein Beispiel: Ein Internierter hatte zum dritten Mal Brot gestohlen. Der Zellen-Kapo, ein früherer Berufsverbrecher, Männe genannt, bestimmte ihn daher zum ›Fertigmachen‹. Vorher wurde er etwas blutig geschlagen. Als ich ihn das letzte Mal lebend sah, rann ihm das Blut aus verschiedenen Risswunden über das Gesicht, und in diesem Zustand wurde er zu Alfred gebracht. Dieser erklärte: ›Fünfzig Schläge – zwei Stunden.‹ Vor internierten Mädchen, die zusehen mussten, zerschlug er dann zählend dem Herbeigebrachten Arme und Beine, Brustkorb und so weiter und ließ ihn so am Boden liegen. Nach zwei Stunden starb dieser, und Alfred war sichtlich stolz.«

Derselbe Dr. Siegel schildert das Schicksal eines Mannes namens Matz, des Chauffeurs des früheren SS-Kommandanten Jeckel: »Er wurde dauernd geprügelt. Der linke Oberschenkel schwoll unförmig an infolge eines Riesenblutergusses. Dieser Matz konnte nicht schnell genug bei sich öffnender Tür, wie vorgeschrieben, aufspringen und Habacht stehen. Er musste deshalb strafweise zwanzig- und mehrmals dasselbe wiederholen, wobei er dauernd geprügelt wurde und besonders schwer auf den beschädigten Oberschenkel gehackt wurde. Dieser vereiterte später. Ich erklärte, um ihm etwas Ruhe zu verschaffen, das Bein wäre gebrochen. Es nützte wenig, er musste weiter exerzieren. Ich weiß noch wie heute, wie dieser Mann mir sagte: ›Die fortgesetzte Peinigung habe ich satt, ich verhungere.‹ Er schüttete das wenige Essen, das man ihm reichte, in die Abortschüssel und ließ das Brot, das man ihm später dick mit Butter beschmierte, stehen. Man brauchte ihn für einen späteren Termin als Zeuge. Er aber starb den freiwilligen Hungertod. Bei seinem Tod standen vier Schnitten Brot, dick mit Butter beschmiert, neben ihm. Man möge einmal den Charakter dieses Mannes vergleichen mit dem Winseln des Karl Hermann Frank, der sich zu keinem Freitod entschließen konnte.«

In Theresienstadt gab es, auch nach 1945, ein Kinderlager. Diese Kinder hatten unter anderen den Betreuer Přemysl Pitter sowie eine Rotkreuzschwester, die die Kinder »Tante Olga« nannten, Olga Fierz. Durch ihre guten Kontakte zur Prager Jugendfürsorge schafften sie es, sechsunddreißig Kinder im Alter von drei bis fünfzehn Jahren nach siebenmonatigem Lageraufenthalt in ein Kinderheim in Štiřín abzutransportieren. Zwölf Monate später wurden die Kinder aus der Obhut ihrer Retter in die Heimat entlassen. Zum Abschied hielt Přemysl Pitter eine Rede, von der alle Kinder eine Durchschrift bekamen. Das Original liegt im Komenius-Museum in Prag. Der Text lautet:

»Ihr geht nun von uns weg, ihr Kinder, und es ist so schwer Euch ›Lebewohl‹ zu sagen. So gerne möchten wir Euch sagen: ›Auf Wiedersehen.‹ Aber wir wissen, dass wir eine mögliche Art des Wiedersehens nicht erleben möchten: Wir möchten Euch nicht als Soldaten sehen. Unendlich schmerzt die Vorstellung, dass Ihr, mit denen wir wie mit einer Familie gelebt haben, mit denen wir alle Eure Schmerzen, Eure Verlassenheit und auch Eure Freuden mitgefühlt haben – dass ihr mit der Waffe in der Hand zu uns kommen könntet. Liebe, teuere, unfreiwillige Gäste: Wird in Euch wenigstens etwas von dem bleiben, was wir Euch geben wollten? In dem Chaos, in der Verwirrung der Gedanken und Interessen bei Euch in Eurer alten Heimat könntet Ihr leicht vergessen. Wird Euch da wie ein Leuchtturm in einem Meer des Hasses, in das wir Euch schicken, die Erinnerung an die hier verlebten Stunden bleiben? An die gemeinsam beim Lesen des Evangeliums verbrachten, besinnlichen Stunden? An das Evangelium, das heißt die frohe Botschaft, nämlich die frohe Botschaft von der sieghaften, ewig sieghaften Liebe?

Unsere Liebe begleitet Euch auf dem Weg in die Heimat und unsere Gebete. Auch Ihr habt uns viel gegeben. Durch Euch haben wir wenigstens zum Teil das Deutschland der letzten Vergangenheit und der Gegenwart begreifen gelernt.

Wir wissen: Nicht alles ist verloren. Es gibt ein Heilmittel, für Deutschland wie für die ganze Welt, die vom Krieg erschöpfte und abgehetzte Menschheit. Dieses einzige Heilmittel ist das, was man den Weg, die Wahrheit und das Leben nennt.

Wer verkündet es uns? Das Evangelium der Liebe, wie Ihr es in der Botschaft Jesu findet. Denkt daran, wie Jesus es einmal im Gleichnis zu seinen Jüngern gesagt hat: Die Ernte ist reich, aber der Arbeiter sind wenige.

Wir werden Euch in der Ferne nicht verlassen. Wir werden für Euch beten. Für alle werden wir beten, auch für unser Volk, auf dass die Liebe in unserem Herzen wachse, auf dass der Friede Gottes in den Seelen herrschen möge.«

Přemysl Pitter hat über vierhundert deutsche Kinder aus der Internierung gerettet. Der tschechischen Zeitschrift *Obzory* (Horizonte) kann man über das weitere Schicksal Pitters Folgendes entnehmen: »Der Landesnationalausschuss hat Herrn Přemysl Pitter mit der Aufsicht über die Lagerverwaltung betraut. Pitter stellte in einigen Fällen klare Diebstähle der Zuteilungen fest (so verschwand zum Beispiel auf mysteriöse Weise die Hälfte der Margarine, die für die gemeinsamen Suppenkessel bestimmt war), und er meldete diese Missstände dem Landesnationalausschuss; nicht nur dass der Landesnationalausschuss diese festgestellten Fälle nicht untersuchte, sondern er hat Pitter, auf Befehl seines Vorsitzenden Kopřiva, mit sofortiger Wirkung seiner Funktion enthoben.« Přemysl Pitter lebte später als Schriftsteller und Sozialarbeiter in der Schweiz.

Landskron

Am 17. Mai 1945, gegen elf Uhr, kamen auf Lastwagen Partisanen der Abteilung J. Hýbl-Brodecký in Landskron (Lanškroun) an. Sie trieben bald alle Deutschen auf den Stadtplatz. Auf dem Gehsteig vor dem Landratsamt wurde ein großer Tisch aufgestellt, an ihm nahm das »Volksgericht« Platz. Vorsitzender war der Müllerei- und Sägewerksbesitzer J. Hrabáček aus Weipersdorf (Výprachtice), der ein echter Widerständler und Partisan war. Er war der erste Nachkriegsvorsitzende des Bezirksnationalausschusses in Landskron. Um sich herum sammelte er den Angestellten einer Krankenkasse, einen Schuhmacher, einen Weber, einen Tischler, einen Gendarmerieoffizier und so weiter. Das Gericht begann zu tragen.

Man holte bestimmte Leute aus der Menge. Manche waren Sozialdemokraten und Kommunisten; denen wurde nichts getan, aber sie mussten sich den ganzen Tag das »Gericht« ansehen. Diejenigen, die man entweder schon vorher als Schuldige selektiert hatte oder die spontan als solche bezeichnet wurden, mussten vor den Richtertisch treten. Man zwang sie, die letzten zwanzig Schritte auf den Knien zu rutschen. Viele mussten ein Hitlerbild ablecken, das die Partisanen bespuckt hatten. Die Urteile lauteten entweder auf Prügelstrafen zwischen zehn und hundert Schlägen oder auf Tod durch Erschießen oder Erhängen.

Links von dem Aufgang zum Rathaus befand sich ein Luftschutz-Wasserbassin. Es entwickelte sich ein »Wasserkastenspiel«. Man warf Deutsche hinein, schoss in das Becken, zog die Überlebenden hinaus und bespritzte sie mit Feuerspritzschläuchen.

Kurt Köhler sah die Hinrichtung eines Mannes durch den Strang: »Es war Herr Schwab, ein Angestellter des Landratsamtes. Man hatte ihm die Kopfbedeckung eines politischen Leiters der NSDAP auf den Kopf gesetzt, bevor man ihn mit dem Strick am Halse hochzog. Herr Schwab hatte Kennkarten ausgestellt, war in der Stadt als anständiger und rechtlich denkender Mann bekannt und hatte in seinem Leben nie einen Menschen beleidigt … Als Herr Schwab bereits aufgehängt war,

Das Landskroner »Gericht«.

wurde ihm von einem grinsenden Tschechen eine Zigarette in den Mund gesteckt, was schallendes Gelächter unter den Mordbanditen hervorrief.

Berichterstatter Köhler wurde übrigens von einem Tschechen gerettet. Er schildert das so: »Ein Tscheche kam plötzlich auf mich zu und sagte: ›Köhler, Sie kommen heraus.‹ Ich dachte, nun ist alles aus. Schon kamen drei weitere Tschechen, und ich hörte sie fragen: ›Was ist mit dem?‹ Da sagte einer: ›Den werden wir herausnehmen, der war gut und anständig auch zu den Tschechen und Ausländern.‹ Nun erkannte ich den Sprecher; es war der Aufzugführer in unserem Betrieb. Dieser Tscheche Hasal hat mir das Leben gerettet.«

Tomáš Staněk berichtet, dass durch tschechische Quellen zwan-

Deutsche wurden zu Prügelstrafen oder zum Tod durch Erschießen oder Erhängen verurteilt.

zig Hingerichtete, darunter zwei Erhängte und zwanzig Selbstmorde belegt seien. Er selbst sagt, dass »deutsche Zeugen« auch noch mehr Opfer und mehr Selbstmorde »erinnern«. Franz J. Gauglitz berichtet von einem Massengrab am Friedhof mit einundfünfzig Toten, Barbara Coudenhove-Kalergi von »rund vierzig« Toten.

Barbara Coudenhove-Kalergi, 1945 aus Prag vertrieben und später Journalistin in Wien, auch Pragkorrespondentin des Österreichischen Rundfunks – sie ist die Nichte des Begründers der Paneuropa-Bewegung, Richard Coudenhove-Kalergi –, hat Landskron später besucht:

»Wir wollten wissen, wie man sich in Landskron heute an dieses Ereignis erinnerte.

Das Luftschutz-Wasserbassin in Landskron.

Man erinnerte sich nicht. Die Schüler in der Schule sagten: ›Ja, in unserem Haus haben früher Deutsche gewohnt. Aber die sind übersiedelt.‹ Die Lehrerin sagte: ›Ich weiß nicht, was ich den Kindern erzählen soll. In Schulbüchern steht nichts.‹ Auf dem Friedhof waren die deutschen Grabsteine herausgerissen und die Grabstätte der Opfer von damals fanden wir nur nach langem Fragen: ein mit Brennnesseln überwucherter, unmarkierter Hügel in einem Eck des Gottesackers. Im Heimatmuseum gab es zwar eine Menge Fotos, Gegenstände und Erinnerungsstücke der einstigen Bewohner, aber keine Inschrift sagte, was aus diesen Leuten geworden war und warum sie plötzlich nicht mehr da gewesen waren.«

Volksgerichte

Das Hrabáček-Gericht war kein Volksgericht, das gemäß den Vorgaben der Regierung – beziehungsweise – des Präsidenten gebildet war. Das entsprechende Dekret des Präsidenten wurde erst am 19. Juli 1945 erlassen, also einen Monat nach den Vorgängen in Landskron. Dann dauerte es auch noch eine Weile, bis die Nationalausschüsse die Listen der Kandidaten für die Volksgerichte, die dann in Prag selektiert wurden, eingereicht hatten. Bei vierundzwanzig außerordentlichen Volksgerichtshöfen wurden insgesamt 132 549 Verfahren eingeleitet, 130 111 erledigt. 713 Personen (475 Deutsche, 234 Tschechen) wurden zum Tode verurteilt, 741 Personen (443 Deutsche, 293 Tschechen) zu lebenslänglich. 19 888 Personen erhielten Freiheitsstrafen von insgesamt 206 334 Jahren. Die spektakulärsten Prozesse wurden gegen Karl Hermann Frank, Kurt Daluege und Josef Pfitzner, den stellvertretenden Primator (Bürgermeister) von Prag geführt. Alle drei wurden zum Tode verurteilt und Anfang September in Prag hingerichtet. Frank und Daluege waren schlimme Verbrecher, Pfitzner eher ein in die Politik verschlagener Professor. Aber die Tschechen betrachteten ihn als bösartigen »Germanisator«. So wurde seine Hinrichtung die symbolträchtigste. Pfitzner wurde Anfang September 1945 vor dem Pankraz-Gefängnis vor ca. 50 000 Zuschauern gehängt. Das Magazin *Life* brachte dazu eine große Bildreportage. Dieser Bericht führte dazu, dass danach öffentliche Exekutionen dieser Art eingestellt wurden.

Die Hinausführung: Brünn. Ein Bericht

Der mährische Schriftsteller Ota Filip, nach der Niederschlagung des »Prager Frühlings« nach Deutschland emigriert und in München lebend, hat 1990 Pohrlitz (Pohořelice) besucht. Ausgelöst wurde seine Reise durch einen Bericht von Josef Posednik, 1945 Mitglied des Brünner Nationalausschusses (unter dem

Vorsitzenden Matula), 1946 bis 1948 Oberbürgermeister von Brünn. Dieser Bericht wurde in einer Brünner Untergrundzeitschrift noch vor der Wende 1989 publiziert. Ota Filip berichtet:

»Am 30. Mai 1945 um acht Uhr setzte sich der Zug von 20 000 oder 25 000 Deutschen, vorwiegend alte Männer, Frauen und Kinder aus dem Garten des Augustinerklosters in Richtung Österreich in Bewegung. Die Zahl der bewaffneten ›Revolutionären Garden‹, Partisanen und Arbeiter des Rüstungswerks Zvrojovka, die den Zug bewachten, schätzten Zeugen auf 150 bis 200 Personen … Um neun Uhr läuteten in Brünn die Glocken zum Fest Fronleichnam. Die Spitze des Zuges der mit Gewalt vorangetriebenen Deutschen, der sich zehn Kilometer hinter Brünn in einen Todesmarsch verwandeln sollte, erreichte den Brünner Zentralfriedhof. Die Hitze wurde unerträglich.

Am nächsten Tag, am Montag, dem 31. Mai 1945, kam in das Brünner Rathaus eine Schreckensnachricht nach der anderen: In den Straßengräben entlang der Landstraße von Brünn nach Pohořelice lägen erschöpfte oder tote Menschen. Josef Posednik setzte sich mit seinem Stellvertreter Dr. Lekavý ins Auto und fuhr in Richtung Pohořelice los. Er schreibt in seinen Memoiren: ›Entlang der Landstraße nach Pohořelice sahen wir keine Deutschen, nur ab und zu lagen im Straßengraben zurückgelassene Koffer oder Rucksäcke. Erst am Nordrand von Pohořelice sahen wir einige Deutsche von bewaffneten Arbeitern der Zvrojovka-Werke bewacht liegen. Wir konnten jedoch nichts tun, denn wir hatten keine Vollmacht und außerdem wussten wir zu gut, dass wir uns gegen die so genannten Revolutionären Gardisten nicht durchgesetzt hätten.‹«

Josef Kratochvil, 1945 Offizier der tschechoslowakischen Armee, und sein Bruder Dr. Anton Kratochvil, beide aus Brünn, fuhren am 30. Mai 1945 nachmittags mit einem Motorrad auf der Landstraße Richtung Pohořelice und sahen, was Josef Posednik am 31. Mai vormittags entweder nicht gesehen hatte oder nicht hatte sehen wollen: tote alte Männer, Frauen und

Kinder im Straßengraben, vergewaltigte Frauen. Josef Kratochvil, in der Uniform eines Offiziers der tschechoslowakischen Exilarmee aus England, konnte einige der ›Revolutionären Gardisten‹ an Grausamkeiten hindern, aber er konnte nicht überall sein. Am Abend gab er auf, kehrte mit seinem Bruder nach Brünn zurück und erstattete seinem Kommandanten Meldung. Der Major der tschechoslowakischen Exilarmee aus England zuckte mit den Schultern. ›Verlangen Sie von mir, gegen die verrückten Gardisten und Partisanen auf der Landstraße nach Pohořelice einen privaten Krieg zu führen?‹«

Josef Posednik war, als Ota Filip Brünn und Pohrlitz besuchte, gerade ein halbes Jahr tot. Filip konnte sich nur noch an seinen Memoiren orientieren und Zeitzeugen befragen:

»45 Jahre später, Mitte Mai 1990, fuhr ich mit dem Auto die Landstraße von Brünn nach Pohořelice. Ich suchte Zeugen des Todesmarsches. Im Dorf Ledce begegnete ich einer alten Frau. Im Straßengraben mähte sie für ihre Kaninchen Gras, Löwenzahn und Brennnessel. ›Ob ich mich an die Deutschen im Mai 1945 erinnere? Das kann man nicht vergessen‹, sagte sie. ›Als sie die Landstraße von Brünn her wie Vieh, ja wie Vieh, getrieben wurden, kochte ich gerade für unser Schwein Kartoffeln. Den ganzen Kessel habe ich an die hungrigen Menschen verteilt. Und meine Freundin, die Anna, sie lebt in Nr. 22, hat frisches Wasser gebracht. Aber diese jungen Kerle mit Gewehren haben uns ins Haus gejagt. Die ganze Nacht hörten wir in der alten Scheune neben der Landstraße die, die nicht mehr gehen konnten – es müssen an die hundert gewesen sein –, weinen und um Hilfe schreien. Ab und zu fiel ein Schuss. Und in der Morgendämmerung fuhren sie mit zwei Lastern die Toten aus der Scheune weg. Wohin? Na ja, heute kann ich es Ihnen ja sagen: Wenn sie in Richtung Pohořelice fahren, dann steht rechts im Feld ein Kreuz. Ein gewisser Jakob Haška ließ es vor fast zweihundert Jahren errichten. Und rund um das Kreuz, da liegen sie. Fragen Sie mich nicht, wie viele. Man hat sie damals nicht gezählt, und heute will von diesen Toten auch keiner wissen.‹«

Ota Filip war eine Ausnahme. Er wollte es wissen. Er suchte das Kreuz des Jakob Haška, er redete mit dem Pfarrer, dem Stadtchronisten. Er versuchte, die Sache aufzuklären:

»Die von der Pfarrei geführte Sterbematrikel wurde 1949 von der Geheimpolizei beschlagnahmt; wo sie sich heute befindet, wusste der Pfarrer nicht. Aber er gab mir einen guten Rat: ›Herr Horký wohnte damals 1945 in Pohřelic, und er weiß über die Deutschen alles.‹

Herr Alois Horký verkauft vormittags Gas; ich konnte ihn erst nachmittags sprechen. ›Sie haben ein Auto, wir werden also ein wenig spazieren fahren‹, sagte er, und wir fuhren auf der Landstraße Nr. 52 in Richtung Mikulov los. Erst nach einer Weile fragte er mich: ›Sie wollen also wissen, wo die 800 Deutschen begraben liegen, die in der Lagerhalle gestorben sind?‹ – ›200 Meter hinter dem letzten Gebäude des landwirtschaftlichen Forschungsinstituts‹, sagte Herr Alois Horký: ›Bleiben Sie stehen. Hier ist es.‹

Ich blieb stehen, und wir stiegen aus dem Auto: Am Straßenrand sah ich einen sterbenden Akazienbaum und dahinter ein Kleefeld. ›Fällt Ihnen nichts auf‹, fragte Herr Horký. Nein, es war mir nichts aufgefallen. Nur die Stille war stiller als sonst, aber kein Wunder, es war Samstagnachmittag. ›Schauen Sie sich das Kleefeld genau an.‹ Ich schaute mir das Feld genauer an und erkannte im hellen Grün ein dunkelgrünes Rechteck. ›Da liegen Sie‹, sagte Herr Horký. Die Akazienbäume links und rechts hatten schon Blätter und Blüten, nur der Baum vor dem dunkelgrünen Rechteck war fast kahl. ›Es gibt ein Verzeichnis der Toten. Die Tochter des Totengräbers hat es‹, sagte Herr Horký leise und erzählte mir noch leiser die Geschichte des Totengräbers von Pohřelice: ›Herr Julius Hoffmann, er ist vor einem Jahr gestorben, war ein frommer Christ. Als ihm am 3. Juni 1945 die Revolutionären Gardisten befahlen, die ersten Toten aus der Lagerhalle in der Nacht zu holen und für alle Fälle ein Massengrab am südöstlichen Stadtrand zu schaufeln, tat Herr Hoffmann scheinbar wie befohlen. Aber er, der gute Christ, schaufelte kein Massengrab. Herr Hoffmann machte sich die Mühe und grub für jeden Toten ein Einzelgrab, wie es sich gehört.‹

Zwei Stunden später hielt ich das Verzeichnis von 439 Toten, in Schönschrift vom Totengräber Julius Hoffmann im Monat Juni 1945 geschrieben, in den Händen. In der ersten Nacht begrub Herr Julius Hoffmann in der Gräbergruppe eins, erste Reihe, die ersten acht Toten … Er führte sein Buch genau. Ein jeder von den 439 Toten bekam in den Gräbergruppen eins bis vier sein Einzelgrab und seine Nummer. Im Totenbuch ist, soweit Julius Hoffmann es erfahren konnte, der Name des Toten, sein Geburtsdatum, die Anschrift und der Tag seines Todes vermerkt. Alle Toten waren alte Männer, Frauen oder Kinder. Kein einziger Mann war im wehrtüchtigen Alter oder auch nur, im Frühling 1945, für den Volkssturm zu gebrauchen.«

Ota Filip ging der Sache genau nach. Aber ein Einzelner, der sich nicht wochenlang in irgendwelche Archive setzt und detektivische Fähigkeiten entwickelt, kommt immer nur annähernd an eine Geschichte heran, die – aus der Perspektive von 1990 – 45 Jahre früher passiert ist.

»Mir wurde klar: Herr Julius Hoffmann hat im Juni 1945 ohne Zweifel 439, wahrscheinlich 535 an Hunger, Erschöpfung, an Folter und an Ruhr gestorbene Deutsche begraben und in seinem Totenbuch sorgfältig – sorgfältiger ging es in der damaligen Zeit wohl nicht – vermerkt. Nach seinem unvollständig erhaltenen Totenbuch hat Herr Julius Hoffmann den letzten Toten am 29. Juni 1945 begraben, wahrscheinlich jedoch, da in seiner geheim geführten Sterbematrikel zwölf Seiten fehlen, fünf oder sechs Tage später. Die Sterbematrikel, die heute auch ohne Bewilligung im Büro des Nationalausschusses in Pohořelice jeder einsehen kann, ist wahrscheinlich eine Fortsetzung, bestimmt jedoch eine Ergänzung des Totenbuchs von Herrn Julius Hoffmann.«

Ota Filip geht von 800 Toten aus. Tomáš Staněk hat ermittelt, dass 649 Personen aus dieser »Hinausführung« auf tschechoslowakischem Gebiet zu Tode kamen. Es macht keinen Sinn, über diese Zahlen einen Streit zu beginnen.

Hussitisch

Prof. Dr. Zdeněk Nejedlý, Schul- und Kulturminister in der ersten tschechoslowakische Nachkriegsregierung, in einer Rede in Turnau, zitiert nach *Stráž severu* (Die Wacht des Nordens, Reichenberg/Liberec), am 5. Juni 1945: »Schon die Hussiten begannen bei uns, die Frage der Beseitigung der Deutschen aus den böhmischen Ländern zu lösen. Wir sind ihrem Werk eine Zeit lang untreu geworden, aber jetzt werden wir ihre Arbeit zu Ende führen, und ich versichere euch, dass dies ganz auf hussitische Weise geschehen wird …«

Giserl

Freitag, 15. 6. 1945

Liebe Gisi!
Soeben Dein Schreiben vom Mittwoch erhalten. Pech, Müller und Schinkmann und Frauen sowie viele andere mussten heute ihre Wohnungen verlassen. Vielleicht kommen wir auch an die Reihe, und es wird nicht so viel Zeit sein, Dich abzuholen. Die Lage ist trostlos, und es bleibt nichts anderes übrig, als ein Ende zu machen.

Liebes Giserl!
Heute sind vom Ort 72 Amtswalter mit ihren Frauen und Kindern fortgeschafft worden. Vermögen und Wohnung sind sofort beschlagnahmt. Jetzt kommt die Frauenschaft an die Reihe. Papa und ich sind alt und krank, wir können uns in der Fremde nicht mehr das Brot verdienen. Darum fasse Mut und folge uns. Wir sind dann alle mit unserem Walter vereint.
Gott verzeihe uns die große Sünde. Es bleibt uns kein anderer Ausweg. Wenn mir Zeit bleibt, gehe ich Sonntag nochmals zur Beichte. Wir haben Dich unendlich geliebt und wollten nur Dein Bestes. Gott gib, dass wir uns im Jenseits wiedersehen.
Verzeihe diese unselige Tat,

Deine Eltern

(Brief an Gisi Seidlová; der Brief der Eltern kommt aus Trautenau/Trutnov)

Kindermund

Mosschtienitz bei Prerau (Přerov) in Mähren, 18./19. Juni 1945

»Vor den Exekutionen und auch noch eine gewisse Zeit danach war es nicht ganz klar, wen die Soldaten da eigentlich erschossen hatten, denn einige der Aufgegriffenen sprachen auch slowakisch oder Dialekt. Entsprechend der Aussage eines Zeugen ›schrien‹ einige Frauen vor der Hinrichtung ›nur slowakisch‹. Nach der Ermordung einer der Mütter ersuchte ein etwa sechsjähriges Kind darum, ›dass es erschossen wird. Diese Äußerung trug es … im slowakischen Dialekt vor.« Aus den Worten, dass man nämlich ›falls eine Frau ein Kind mit sich führte, zuerst die Frau und daraufhin das Kind oder auch umgekehrt erschoss‹, weht ein Hauch des Entsetzens. Pazúr [Leutnant Karol Pazúr, ein Offizier des Abwehrnachrichtendienstes aus dem Stab der 4. Division des ersten tschechoslowakischen Armeekorps] begründete später die Motivation zur Erschießung von Kindern mit der zynischen Feststellung: ›Was sollte ich mit ihnen anfangen, da wir ihnen ja die Eltern erschossen hatten.‹« (Staněk)

Aussig

Unbestreitbar gibt es die Aussage eines Mannes namens Hodina, der 1945 ein junger Maler war und immer wieder einmal nach Prag fuhr, um dort irgendwelchen Besitz seiner deutschen Vermieter (die auch nichts zu beißen hatten) zu verkaufen. Als er am 30. Juli 1945 mit dem letzten Zug von Prag nach Aussig (Ústí nad Labem) zurückkam, berichtete er Folgendes: »Ich möchte nur wissen, warum heute so viel Militär im Zug war. Ich fragte einen Soldaten, der wusste von nichts. In Aussig angekommen, stieg das ganze Militär aus, wurde am Bahnhof formiert und halbiert. Ein Teil marschierte in die Innenstadt, der andere … über die Beneš-Brücke in Richtung Schichtwerke.«

Damit ist die seit langem hin und her gewendete These, dass

Aussig nach der Explosion des Munitionslagers im Stadtteil Schönpriesen am 31. Juli 1945.

irgendwelche staatlichen Stellen – zum Beispiel die Abteilung Z des tschechoslowakischen Innenministeriums in Prag, bei der die Fäden der Vertreibung zusammenliefen – für die Explosion im Aussiger Stadtteil Schönpriesen (Krásné Březno) verantwortlich war, natürlich nicht bewiesen. Die Explosion fand um 15.31 Uhr statt. Bemerkenswert ist, dass sofort nach der Explosion an vier unterschiedlichen Stellen der Stadt – an der Elbbrücke, am Brückenvorgelände, am Bahnhof und in seinen Seitenstraßen, am Hauptplatz der Stadt mit dem Feuerlöschteich – Deutsche »geschlagen, mit Prügeln erschlagen, erschossen, mit Bajonetten niedergemetzelt oder in die Elbe geworfen wurden« (Bericht des Innenministeriums). Es war offenbar keine einheitliche Tätergruppe: Revolutionsgarden, Rotarmisten, Svoboda-Leute, aber auch Zivilisten. Übereinstimmend wird aber gesagt, dass »einheimische« Aussiger Tschechen ihren deutschen Mitbürgern eher halfen. Die Schläger waren zumeist jüngere Leute männlichen Geschlechts, die von auswärts gekommen waren. Allerdings gab es vor dem Bahnhof auch einen älteren, besonders brutalen Zivilisten, der nicht in dieses Schema passte.

Es gibt viele Zeugenaussagen darüber, dass auf der Elbbrücke unter anderen eine Frau mit einem kleinen Kind, das sie im Kinderwagen mit sich führte, in den Fluss geworfen wurde. Die jüngste und plastischste Aussage stammt von der Rotkreuzschwester Hermine Ringelstätter, die sich 2001 wie folgt erinnerte:

»Mir wurde befohlen, mit unserem Laster dahin zu fahren, es fuhr ein Tscheche, und einer saß bei mir. Als wir über die Brücke fuhren, musste ich es erleben, als einige junge Menschen dabei waren, Menschen zu schlagen und ins Wasser zu werfen. Etwas weiter war gerade einer dabei, das Kind aus dem Kinderwagen zu nehmen, mit dem Kopf ans Geländer und ins Wasser damit. Ich war so entsetzt, dass ich schrie, und dieser Mann drehte sich um und schoss auf mich. Der Tscheche, welcher es sah, riss mir die Beine weg, so rettete er mir das Leben. Das Auto fuhr schneller, und so konnte ich nur noch sehen, wie der Kinderwagen ins Wasser flog.«

Die Behauptung, dass sich dieser Vorfall mehrfach abgespielt haben soll, ist wohl falsch. Sie dürfte auf den Bericht von Alois Ullmann zurückgehen, dem früheren Vorsitzenden der Aussiger Sozialdemokraten. In seinem Bericht hieß es im Plural: »Frauen mit Kinderwagen wurden in die Elbe geworfen und dann von den Soldaten als Zielscheibe benutzt, dabei wurde so lange auf die Frauen geschossen, bis diese nicht mehr aus den Fluten auftauchten.« So wurden vermutlich aus dem einen fürchterlichen Doppelmord gleich mehrere.

Ob nun Revolutionsgarden und Svoboda-Soldaten eine zufällige Explosion zum Anlass für die Gewalttaten nahmen oder ob die Explosion von ihnen selbst ausgelöst, vielleicht sogar von oberer Stelle angeordnet war – für die Wirkung spielt das keine Rolle. Damals gab es echte Angst vor deutschen Werwölfen, es gab auch bewusst erzeugte Angst vor Werwölfen. Die tschechische Publizistik wertete die Explosion als Angriff auf die neue Tschechoslowakei. Einer der Stichwortgeber, die kommunistische Zeitung *Rudé pravo* in Prag, schrieb am 2. August: »Der hinterhältige Angriff nazistischer Brandstifter in Aussig und die Berichte über das Wüten gemeiner deutscher Werwölfe erhalten ihre Antwort mit dem einmütigen zornigen Aufschrei unseres ganzen Volkes: ›Raus mit den Deutschen aus unserem Land. Mit eiserner Hand werden wir unser Grenzgebiet säubern.‹«

Werwölfe

Gab es nach der Kapitulation des Dritten Reichs in der Tschechoslowakei eine deutsche Untergrundbewegung? Zweifellos hatten die Nazis versucht, Leute ihres Vertrauens auf einen solchen Untergrundkampf vorzubereiten. Man hatte mit der geplanten Nachrichten- und Zersetzungsarbeit auch geprahlt. Gelegentlich erschoss ein noch bewaffneter Deutscher irgendwelche Polizisten, die ihn daran hindern wollten, sein Eigentum wegzuschaffen, oder die ihn mitnehmen wollten. Auch nachts gab es da und dort Schießereien. Aber wenn man Waffen- oder Munitionslager fand, stammten die nicht von irgendwelchen Untergrundorganisationen, sondern waren von der Wehrmacht dort liegen gelassen. Tomáš Staněk resümiert trocken: »Die Absicht, hier eine Art ›Kleinkrieg‹ zu führen, war aber aufgrund der fundamental veränderten Bedingungen nicht zu realisieren. Doch deutet alles darauf hin, dass diejenigen Sudetendeutschen, welche irgendeine Art Sabotageschulung absolviert hatten und denen am Kriegsende die Flucht nicht geglückt war, keinerlei Impulse für gewichtigere, allseitig koordinierte terroristische Aktivitäten zu geben imstande waren.«

Postelberg

Am 2. Juli 1947 wurde dem Innenminister folgender Vermerk vorgelegt:

»*Information für den Herrn Minister:* Die Mairevolution im Jahr 1945 im Landesinneren von Böhmen und Mähren fand in den Tagen vom 5. bis 9. Mai 1945 statt bzw. in den unmittelbar folgenden Tagen. Das war allerdings nur im Landesinneren von Böhmen der Fall, hingegen begann im ehemaligen Sudetengebiet die revolutionäre Tätigkeit erst weit später in Erscheinung zu treten, nämlich gegen Ende Mai und im Juni, und weil gerade in diesen Gebieten viele Deutsche waren, die Ungerechtigkeiten, Unterdrückungen und Gräueltaten gegen im Grenzgebiet lebende tschechische Minderheiten begingen, hatte die Revolution im Grenzland eine viel schärfere Einstellung gegenüber den Deutschen und war in vielen Gegenden durch das Bemühen bestimmt, Vergeltung für das zu üben, was die Deutschen dem tschechischen Volk angetan hatten.

Unter diesem Gesichtspunkt ist auch der Fall Saaz zu beurteilen, besser gesagt der Fall Postelberg, der in letzter Zeit, dank der unverantwortlichen politischen Tätigkeit mancher politischer Funktionäre, unnötigerweise unser politisches Leben aufwirbelt und so den Namen der tschechoslowakischen Republik jenseits der Grenzen gefährdet und verunglimpft.

Bei der vorläufigen Untersuchung dieses Falles zeigt sich als typisches Merkmal bei den behördlichen Instanzen der gänzliche Mangel an Bereitschaft bei der Mitteilung der näheren Einzelheiten des Falles und der Schein von Uninformiertheit bei den Amtspersonen, dagegen aber bei der breiteren Öffentlichkeit ein riesiges Interesse an dem ganzen Fall und das Bemühen, jedermann von der Sache zu informieren, wobei man Nachrichten, die aus dieser Quelle kamen, nur als Übertreibungen bezeichnen kann, wie das gewöhnlich bei Flüsterpropaganda der Fall ist, die rücksichtslos arbeitet, das heißt ohne Rücksicht auf die Interessen des Staates, nur daran interessiert, eine möglichst große Sensation hervorzurufen …

Für das Erschießen von Deutschen in Postelberg macht, nach der von Hájek durchgeführten Untersuchung, die Öffentlichkeit verantwortlich: Hauptmann Zícha, früher Petrov, der Vertreter des Abwehrnachrichtendienstes der Armee (OBZ), Fünfter Stab war und in der Sache schon ungefähr vier Tage von der fünften Abteilung des Hauptstabes verhört worden ist. Zícha kam mit der Ostarmee, obwohl er ursprünglich in der Westarmee diente und aus Saaz stammt. Zur Zeit ist er Vorsitzender des Bezirksnationalausschusses in Saaz (ONV). Ferner wird vom Publikum ein gewisser Leutnant Čubka des Erschießens von Deutschen beschuldigt, der sich in den Revolutionstagen in Postelberg aufhielt.

In der Sache erhielt die Bezirkssicherheitspolizei Saaz (OSTB) auch einen Hinweis auf Marek, ehemaligen Angehörigen des Korps der Nationalen Sicherheit (SNB), der da Kommandant der anonymen Polizei in Postelberg war, wonach er deutsche Frauen sich nackt ausziehen ließ und sie um ihre Juwelen bestohlen haben soll. Dieser Marek wälzt die Schuld auf andere ab, auf den Unterleutnant Farkaš und den Major Fišera ... Hájek schätzt die Zahl der Personen, die in Massengräbern begraben sind, auf ungefähr 2 500, außer denen, die in einigen Teilgräbern liegen ...

Aus der Gesamtheit der Untersuchung wird deutlich, dass für die Bestialitäten und die durchgeführten Hinrichtungen vor allem die Angehörigen der Armee verantwortlich zu machen sind, die eigentlich noch in der Kriegszeit lebten, als sie in diese Gegend kamen, und für die das menschliche Leben keinerlei Wert hatte. Unter diesem Gesichtspunkt muss auch die ganze Sache beurteilt werden, und man kann nicht die Angehörigen irgendeiner politischen Partei, oder gar einer bestimmten, verantwortlich machen. Dieses Handeln der Soldaten war nach einheitlichem Bekunden der Wunsch und der Wille des tschechischen Volkes als verdiente Vergeltung für die Rohheiten der Deutschen, und niemand hat in dieser Zeit an dergleichen Taten Anstoß genommen. Diese Frage, das heißt das Problem der Postelberger Vorkommnisse, muss ohne jegliche Auswirkung auf die breitere Öffentlichkeit gelöst werden, denn sie könnte die Interessen des tschechoslowakischen Staates im Ausland ernsthaft bedrohen … Im Übrigen ist es politisch offensichtlich, dass diese ganze Aktion den Zweck verfolgt, den Vorsitzenden des Bezirksnationalausschusses in Saaz, das Mitglied der Kommunistischen Partei Jan Zícha, zu beseitigen, und dass sich hinter diese Forderung die übrigen Parteien der Nationalen Front stellen.«

1947 kümmerte sich eine Parlamentskommission unter Vorsitz des Abgeordneten der tschechoslowakischen Volkspartei Dr. B. Bunža um die Vorgänge.

Aus dem Interview, das Dr. Bunža mit dem Oberledererzeuger Bohuslav Marek aus Komotau (Chomutov) führte:

»BUNŽA (nach Ermahnung zur Wahrheit und Feststellung der Personalien): Herr Marek, wo waren Sie während der Okkupation?

MAREK: Von 1929 bis 1938 war ich als Polizist in Postelberg. In das Protektorat gelangte ich 1939. Ich wurde damals vom Innenministerium nach Lenešice [Leneschitz] zugeteilt. Als die Polizei aufgelöst wurde, wurde ich den Zivilen Diensten zugeteilt. Im Jahr 1943 wurde ich verhaftet und von einem deutschen Volksgericht wegen Schwarzschlachtungen zu vierzehn Monaten Gefängnis verurteilt. Am 1. November 1944 kam ich zurück und ging ins Krankenhaus, wo ich bis zur Revolution blieb.

BUNŽA: Sind Sie Mitglied des Verbandes der Nationalen Revolution oder waren Sie am Widerstand beteiligt?

MAREK: Nein

BUNŽA: Nach der Befreiung waren Sie in Postelberg. Wie sind Sie dahin zurückgekehrt?

MAREK: Oberleutnant Zelenka forderte mich auf, den Dienst in Postelberg am 9. Mai anzutreten. Ich organisierte dort den Sicherheitsdienst und in dieser Funktion verblieb ich, bis in Postelberg die Konzentration der Deutschen durchgeführt wurde.

BUNŽA: Wann wurden die Deutschen dort konzentriert?

MAREK: Es war vom 13. bis 18. Mai.

BUNŽA: Wer hat sie dorthin übernommen?

MAREK: Oberleutnant Petrov, sein wirklicher Name ist Zícha.

BUNŽA: Mit welcher Funktion wurden Sie betraut?

MAREK: Ich fungierte als Dolmetscher und als Kenner der Gegend. Die Konzentration wurde mit dem Rundfunk verkündet und am zweiten Tag beim Antreten trennte ich Männer und Frauen. Die Frauen schickten wir in den Fasanengarten ins Lager, während die Männer im Alter von 13 bis 65 Jahren in die Kaserne gingen.

BUNŽA: Wie viele Leute konnten das sein?

MAREK: In den Fasanengarten gingen ungefähr 1700 Leute. Hauptmann Černý gab mir Wachen. Dort wurde ein Oberwachtmeister von der Gendarmerie dazu bestimmt, das zu übernehmen. Wie viele in die Kaserne gingen, weiß ich nicht, aber es waren über 500.

BUNŽA: Wer ordnete das Erschießen an?

MAREK: Oberleutnant Petrov. Damals ordnete Oberleutnant Zelenka an, dass ich ihm für drei Tage zugeteilt bin …

BUNŽA: Was geschah mit den Männern?

MAREK: Oberleutnant Petrov kam und ordnete an, ich solle hundert Schaufeln und hundert Hacken beschaffen. Im Gericht waren die Hauptfunktionäre. Die wurden zuerst hingerichtet. Die gruben für sich Gräber im Fasanengarten aus und wurden dort abgeknallt. Hingerichtet hat sie ein Zug des Abwehrnachrichtendienstes (OBZ). Diese Funktionäre wurden vor der Konzentrierung hingerichtet. Ein Verzeichnis von ihnen habe ich. Hier ist es. (Er legt es vor). Angelegt hat es der Beamte Egermayer …

BUNŽA: Als Petrov Sie zu sich rief und Ihnen sagte, dass er hundert Schaufeln und hundert Hacken braucht, wohin haben Sie sie nach deren Beschaffung gebracht?

MAREK: In das Schulgebäude.

BUNŽA: Waren Sie auch am Vollzug [výkon] beteiligt?

MAREK: Nein. Ich meldete nur, dass alles bereitgestellt ist, und um mehr habe ich mich nicht gekümmert, und am nächsten Morgen erfuhr ich, dass alle, die in Postelberg waren – es ging um die Männer –, hingerichtet waren.

BUNŽA: Wie viele waren es?

MAREK: Die, die abgeteilt wurden, waren 500. Wie ich erfuhr, war dort ein Panzerabwehrgraben, in den die Hingerichteten gelegt wurden. Früh ging ich unterhalb der Kaserne und begegnete einem Kutscher des Gutsbesitzers Maletzký, der Totengräber in Postelberg ist. Der sagte mir, dass dort geschossen worden war, dass er um den Graben herum gegangen sei und dass dort Beine von Toten zu sehen seien. Ich ging hin und sah, dass noch nicht der ganze Graben zugeschüttet war. Es regnete nämlich, und das Wasser spülte die oberste Schicht weg, sodass die Füße (oder Beine) herausragten …

BUNŽA: Und wie viel Zeit nach dieser Hinrichtung in Postelberg kam es zur Konzentration der Deutschen in Saaz?

MAREK: Es dauerte etwa fünf bis sechs Tage …

BUNŽA: Wie haben Sie die Funktionen ermittelt?

MAREK: Ich gab bekannt, dass sich diejenigen melden sollten, die Funktionen hatten. Diese meldeten sich zum Teil von selbst, zum Teil beschuldigte der eine den anderen. Nachmittags kam der Oberleutnant Petrov und sagte, dass die für den Gang der Wirtschaft Wichtigen nach Saaz zurückgeschickt werden mussten, damit der Verwaltungsapparat nicht zum Erliegen kam.

BUNŽA: Wann wurde hingerichtet?

MAREK: Hingerichtet wurde ungefähr am vierten oder fünften Tag nach der Sicherstellung in Saaz …

BUNŽA: Wie viele Leute wurden im Levernitzer Fasanengarten hingerichtet?

MAREK: Ungefähr 500. Es kam eine Wache und teilte mir mit, dass sie Befehl hätten, ich müsse ihnen hundert Leute herausgeben, die graben würden … Dann war noch eine weitere Hinrichtung, ich weiß nicht genau wann. Es kam ein Transport aus Komotau mit ungefähr 300 Männern, lauter SS-Leute. Die wurden auch hingerichtet, ungefähr am siebten oder achten

Tag. Aus Komotau wurden sie der Kommandantur des Abwehrnachrichtendienstes übergeben. Dort ging ich jedoch nicht hin. Die Angehörigen des OBZ schnitten dort den SS-Leuten die Ohren ab, sprangen ihnen auf der Brust herum und machten mit ihnen schreckliche Dinge. Wann diese SS-Leute hingerichtet wurden, weiß ich nicht. Wann immer ich jedoch auf dem Gang entlangging, lagen dort Leute, die bis zur Unkenntlichkeit zerschlagen waren. Abends wurden sie dann abgeknallt.

BUNŽA: Wo erschossen und begruben Sie sie?

MAREK: Das weiß ich nicht.

BUNŽA: Wie viele Eisenbahner, Leute aus den Wasserwerken und anderen wichtigen Betrieben kehrten nach Saaz zurück?

MAREK: Das weiß ich nicht einmal annähernd, es lässt sich aber feststellen …

BUNŽA: Wissen Sie bestimmt, dass außer denen, von denen Sie gesprochen haben, keine weiteren Personen mehr hingerichtet wurden?

MAREK: Andere Personen als diese wurden nicht hingerichtet, das weiß ich bestimmt. In der Kaserne ließ Hauptmann Černy fünf Jungen im Alter zwischen vierzehn und fünfzehn Jahren erschießen. Alle waren Angehörige der Hitlerjugend. Sie flohen, aber die Wache fing sie ein. Es kam Hauptmann Černý, zum dem ich sagte, dass sie fünfundzwanzig auf den Hintern verdienten, aber er sagte: ›Nein, erschießen.‹ Und sein Befehl wurde auch auf der Stelle ausgeführt. Sie wurden auch in der Kaserne begraben. Dabei waren die übrigen Deutschen auf dem Hof versammelt, damit sie es ansehen sollten.

BUNŽA: Warum läuft gegen Sie ein Strafverfahren?

MAREK: Es war das die Rache des Hauptmanns Kouba. Es ging darum, dass ich vier Leute nicht hinrichten ließ, weiter um Missbrauch der Amtsgewalt, weil ich angeblich nicht berechtigt gewesen sei, Passierscheine zu unterschreiben, obwohl ich der Kommandant des Lagers war. Vom 19. Juni bis 18. August 1945 war ich auf Befehl von Hauptmann Kouba verhaftet, weil ich angeblich unberechtigt eine Waffe trug.«

Reinen Tisch machen

Es kann gar keinen Zweifel darüber geben, dass Edvard Beneš sowohl von den Briten als auch von Amerikanern während des Kriegs (schon 1942) die prinzipielle Zustimmung zum Transfer der Deutschen bekommen hatte. Aber natürlich war damals unklar, unter welchen Bedingungen wie viele Menschen ausgesiedelt werden sollten; Beneš spielte bewusst mit diesen Zahlen und gab manchmal höhere, manchmal niedrigere an. Der härteste westliche Staatsmann der damaligen Zeit war Winston Churchill – wenn er sich einmal zu etwas entschlossen hatte, pflegte er das auch klar auszudrücken. Deswegen ist seine Rede am 15. Dezember 1944 vor dem Unterhaus immer wieder (und zu Recht) zitiert worden:

»Sie [die Vertreibung] wird die Vermischung von Bevölkerungen abschaffen, die zu endlosen Schwierigkeiten führt ... Man wird reinen Tisch machen [a clean sweep]. Mich beunruhigen diese großen Umsiedlungen nicht, die unter modernen Verhältnissen besser als je zuvor durchgeführt werden können.«

Auch im Februar 1945, in Jalta, hatte Churchill noch keine Bedenken. Zwischen Stalin und ihm gab es folgenden Dialog:

»STALIN: Es wird keine Deutschen mehr geben, wenn unsere Truppen eindringen, die Deutschen laufen davon, und es bleiben keine Deutschen übrig.

PREMIERMINISTER: Dann gibt es aber das Problem, wie man mit dem Problem in Deutschland umgeht. Wir haben sechs oder sieben Millionen getötet und werden vielleicht noch einen Million töten vor dem Ende des Krieges.

STALIN: Eine oder zwei?

PREMIERMINISTER: Oh, da möchte ich gar keine Begrenzungen vorschlagen. Es sollte also in Deutschland Raum genug für die geben, die die Lücken füllen müssen.«

Stalin und seine Leute sprachen ganz offen; sie sahen, nach den Erfahrungen mit gewaltigen Verschiebungen – zum Beispiel der Wolgadeutschen oder der Krimtataren – wirklich keine Probleme. Wenn ein paar tausend oder ein paar zehntausend Leute starben, war das für sie kein Problem. Churchill hätte sich besser informieren müssen. Der viel gelobte Bevölkerungsaustausch zwischen Griechen und Türken (1923) hatte schreckliche Opfer gekostet. Immerhin schaffte man eineinviertel Millionen »türkische Griechen« nach Griechenland, das war ein Viertel der damaligen griechischen Bevölkerung. Jeden Tag starben vierzig bis fünfzig Griechen in den Lagern, Hunderte verreckten in den Behelfskrankenhäusern. Die Behauptung, dass es bei diesem Austausch »menschlich und geregelt« zugegangen sei, war einfach eine Lüge. Zehntausende starben bei diesem Austausch.

Das wollte Churchill um das Kriegsende herum offenbar nicht wissen. Aber er war eben nicht nur ein Mann, der sich unempfindlich stellen konnte, er war auch der hellsichtigste Politiker seiner Zeit. Er spürte viel früher als andere, dass das Bündnis mit der Sowjetunion zerbrechen würde. Am Konferenztisch in Potsdam war er kühl und nüchtern. Seine rhetorischen Ausfälle zu früheren Gelegenheiten, zum Beispiel bei Kriegsreden im Parlament, hatte er längst verdrängt. Er hatte Papiere in seinen Mappen, in denen dem Armistice and Postwar Committee vorgeschlagen wurde: »Die Regierung Seiner Majestät bleibt in Bezug auf die Gebiete, aus welchen Umsiedlungen durchzuführen sind, ungebunden; ebenfalls in Bezug auf die Zahl der Personen, die umzusiedeln sind, und auf solche wichtige Angelegenheiten wie den Zeitplan für die Durchführung der Aussiedlung.« Churchill gab deshalb in der Konferenz selbst »ernste Skrupel« gegenüber allzu großen Massenaussiedlungen zu Protokoll.

Im berühmten Schlusskommuniqué der Potsdamer Konferenz heißt es: »Die Konferenz erzielte folgendes Übereinkommen über die Ausweisung [removal] Deutscher aus Polen, der Tschechoslowakei und Ungarn: Die drei Regierungen haben die Frage unter allen Gesichtspunkten beraten und erkennen an, dass die Überführung von deutscher Bevölkerung oder Bestandteilen derselben, die in Polen, der Tschechoslowakei und Ungarn zurückgeblieben sind, nach Deutschland durchgeführt werden muss. Sie stimmen darin überein, dass jedwede Überführungen, die stattfinden werden, in ordnungsgemäßer und humaner Weise erfolgen sollen.«

Allerdings fügte man vorsichtig hinzu: »Da der Zustrom einer großen Zahl Deutscher nach Deutschland die Lasten vergrößern würde, die bereits auf den Besatzungsbehörden ruhen, halten wir es für wünschenswert, dass der Alliierte Kontrollrat in Deutschland zunächst das Problem unter besonderer Berücksichtigung der Frage einer gerechten Verteilung dieser Deutschen auf die einzelnen Besatzungszonen prüfen soll.«

Das war natürlich eine Schiebeverfügung, die der tschechoslowakischen Regierung nicht gefallen konnte. Sie siedelte einfach weiter aus, allerdings zuerst einmal in die Sowjetzone. Die Sowjets billigten das. Später kam man zu einer Vereinbarung. 700 000 bis 800 000 Sudetendeutsche waren schon im Verlauf der ersten Austreibungswelle aus der Tschechoslowakei entfernt worden oder waren geflohen, davon schätzungsweise 150 000 nach Österreich. Jetzt vereinbarte man, 750 000 Menschen in die sowjetische Zone auszusiedeln, den Rest in die Westzonen. Der erste Zug, der im Rahmen dieser »geregelten« Aussiedlung in Deutschland ankam, war in Budweis abgefahren und landete in Furth im Wald im Januar 1946.

Das Vertrauen unter den Alliierten war allerdings dahin. Die Amerikaner ließen Grausamkeiten wie in Prag oder im Ostsudetenland nicht zu. Manche Frontkommandeure sagten schon mal Sätze wie: »Wir Amerikaner sind nicht deshalb in den Krieg gezogen, damit die Tschechen, wenn auch in gerechtem Zorn, neue Buchenwalds machen.« Die Folgerungen waren klar. Beneš drängte auf den Abzug der Amerikaner. Mit den Russen hatte er ja 1943 einen Beistandspakt geschlossen, mit den Amerikanern nicht. Und die schärfste Stimme der Kommunisten, der Informationsminister Václav Kopecký, behauptete später, die Amerikaner seien am Ende des Kriegs nicht etwa deshalb in die westböhmischen Grenzgebiete vorgestoßen, »um unsere Nation befreien zu helfen, sondern um die Sudetendeutschen schützen zu können und dazu noch alle Nazis, Gestapo-Leute, SS-Leute und Verräter.« Der Kalte Krieg begann.

Sprachkenntnisse I

Johann Reitter berichtet aus dem Kaunitz-Kolleg, einem Lager bei Brünn: »Auch mein Schwager, ein sechzigjähriger Mann, der im Leben niemandem ein Leid getan hatte, wurde von diesen Unmenschen zu Tode geohrfeigt, dies weil er nicht tschechisch sprechen konnte. Täglich hat der Arme von dieser Bestie [einem Kapo namens Spusta] zwanzig Ohrfeigen erhalten, so lange, bis ihn der Tod erlöst hat.«

Sprachkenntnisse II

In Böhmen gerieten die Zipser und Hauerländer in die gegen die Sudetendeutschen gerichtete tschechische Politik. Aufgrund ihrer slowakischen Sprachkenntnisse gelang es aber einem erheblichen Teil der Karpatendeutschen, sich als Slowaken auszugeben und sich den gegen die Deutschen ergriffenen Maßnahmen zu entziehen. (nach Staněk)

Das Tauschgeschäft

Man darf niemals vergessen, dass 1945/46 ein doppelter Prozess ablief: Die Aussiedlung der Deutschen und die Neubesiedlung der Grenzgebiete durch »kleine, ehrliche tschechische Menschen«, wie sich Klement Gottwald in einer Rede in Brünn am 23. Juni 1945 ausdrückte. Das war ja der Doppelcharakter der sowohl nationalen als auch sozialen Revolution, die Beneš spätestens seit seinen Moskauer Gesprächen im Dezember 1943 im Auge hatte. Zwei Tage nach dem Präsidentendekret über die »Konfiskation des Bodens und landwirtschaftlichen Vermögens der Deutschen und Magyaren sowie der Verräter und Feinde der tschechischen und slowakischen Nation« sagte der (kommunistische) Landwirtschaftsminister Julius Duriš, »dass mit diesem Tag das Kapitel der dreihundertjährigen Ausbeutung des tschechischen Bodens und der tschechischen Landbevölkerung durch Fremde beendet ist; der Grundbesitz fremder Zuwanderer, die nach der Schlacht am Weißen Berg gekommen sind, wird liquidiert, und 2 307 Hektar deutscher Boden in den böhmischen Ländern kehren in tschechische Hände zurück, das heißt rund 270 000 deutsche Anwesen mit weniger als 50 Hektar Land mit 1 500 000 Einwohnern. Zugleich wird aber auch der ganze Grundbesitz tschechischer Verräter und Kollaborateure liquidiert. Restgüter und andere Güter der reaktionären Agrarier kehren in die Hände des Volkes zurück, das sie bestellt. So wie am Weißen Berg und danach viele tschechische Adlige mit dem Feind gingen, so gingen in der alten Republik reaktionäre Elemente der Agrarier mit Henlein, sie finanzierten Hlinka und verbanden sich mit dem magyarischen Grafen Esterházy. Die kommenden Monate und Jahre werden beweisen, welche weitreichende Folgen diese Veränderungen in der wirtschaftlichen Befreiung des tschechischen und slowakischen Volkdorfes haben werden.«

Man muss sich klar machen, welche Dimensionen der Vorgang der Wiederbesiedlung hatte. Die Bevölkerungsdichte des Sudetenlands lag im Herbst 1938 ungefähr bei 127 Personen pro Quadratkilometer. 1950 betrug sie nur mehr 82 Personen pro Quadratkilometer. Das war durchaus einkalkuliert. Der Vorsteher des Prager Besiedlungsamts hat einmal – im Herbst 1947 – geschrieben: »Die ganze Nation war sich bewusst, dass der Abschub durchgeführt werden muss, auch wenn im Grenzgebiet Unkraut wachsen sollte.« Gelegentlich wuchs Unkraut.

Ein Besiedlungsfieber ergriff bestimmte Volksschichten. Es war eine New-Frontier-Stimmung. »Das Grenzland ruft euch«, hieß es schon Anfang August 1945 in der Zeitschrift *Hlas* (Die

Stimme). »Unsere weltbekannte Strumpfindustrie, die wieder in tschechischen Händen ist, braucht ab sofort eine größere Anzahl junger Burschen, fünfzehn- bis siebzehnjährig, um sie an Strumpfmaschinen anzulernen. Burschen meldet euch. Kostenlose Unterkunft und Verpflegung.« Man lockte die Bauern: »Auch wenn es nicht möglich sein sollte, Anfang September, wenn die ersten Gruppen der tschechischen Landwirte aus unserem Landesinneren ins Grenzgebiet kommen, die enteigneten deutschen Bauern nach Deutschland zu schicken, auch dann müssen sie hinaus aus ihren Anwesen, und an deren Stelle kommen tschechische Bauern. Die Deutschen aus den Anwesen, die von tschechischen Landwirten besiedelt werden, kann man bis zur Durchführung des Abschubs als landwirtschaftliche Arbeiter verwenden – und dies soll am besten auf einem anderen Anwesen geschehen, gegebenenfalls in einer anderen Gemeinde oder in einem anderen Kreis«, so Jiří Kot'átko, einer der führenden Organisatoren der Neubesiedlung und Sektionschef des Landwirtschaftsministeriums. Und als die ersten Gruppen von Neusiedlern dann ankamen, waren die Presseberichte verständlicherweise vom Pathos des Neuanfangs geprägt. »Am Mittwoch, dem 18. September 1945, war Eger Zeuge eines historischen Ereignisses, bedeutend nicht nur für das Grenzgebiet sondern für die ganze Republik«, schrieb die Zeitung *Chebsko* (Egerland) am 22. September. »Dieser Tag wird ein für allemal als ein denkwürdiger Tag in die Geschichte von Eger eingehen. Die erste organisierte Einheit der Kolonisten, tschechische Landwirte aus dem Taborer Land, ist eingetroffen, aus dem Land der tschechischen Hartschädel, aus dem Land der ehrlichen tschechischen Leute, in einem Land, welches immer der Sitz eines widerspenstigen Deutschtums war. Es konnte hierher, an die gefährdeten Orte, nicht jedermann geschickt werden. Die Ankunft der Taborer Landwirte manifestierte die eine Wahrheit, dass ins Grenzland nur die Besten der Besten dürfen.«

Es kamen manch gute Leute, vor allem im Zug der Reimmigration. Fast zehn Prozent aller Neusiedler waren solche Reimmigranten, also Menschen, die aus der Slowakei, aus Rumänien, Ungarn, Jugoslawien, Bulgarien, Deutschland, Österreich, Frankreich und Polen ins Grenzgebiet kamen und deren Vorfahren in den vergangenen Jahrhunderten die böhmischen Länder verlassen hatten, nach West oder nach Ost.

Die Aufgabe war freilich gewaltig. Die erste Welle der Neusiedler kam schon in den ersten Monaten nach Kriegsende. Schon in den Monaten Mai bis August 1945 waren allein in Nordwestböhmen 2 833 neue Nationalverwalter in Geschäften und anderen Gewerbebetrieben eingesetzt. Man musste nach dem Prinzip »Quantität vor Qualität« vorgehen. So mischten sich Goldgräber (zlatokopcové) unter die Bauern oder Geschäftsleute, also Glücksritter, die Beute machten und sich so schnell wie möglich wieder ins Landesinnere zurückzogen. Viele der Nationalverwalter hatten nicht genug Erfahrung, um einen eigenen Hof zu bewirtschaften, und nicht genug Kredit, um ein Geschäft wiederaufzubauen.

Die meisten Neusiedler waren Tschechen. Man holte aber auch landlose Slowaken und slowakische Magyaren. Sogar Roma – insgesamt knapp 20 000 – wurden angeworben. Das führte rasch zu harten sozialen Konflikten, zum Beispiel in Städten wie Eger und Reichenberg. Ende 1946 schrieb die Reichenberger Zeitung *Stráž severu:* »Der Zigeuner bleibt Zigeuner, mit allen Fehlern, mit der Neigung zum Lügen und damit selbstverständlich auch mit der Neigung zum bequemen Leben in der Natur, wo er sich alles nehmen kann und damit zum Dieb wird. Der Zigeuner weiß gar nicht, dass er stiehlt, wenn er das Zigeunerlager im Wald mit fremdem Holz heizt, Schlingen stellt, wenn Mutige sogar wildern. Ihre Geschäfte sind immer unehrlich, es sind Nomaden im reinsten Sinn des Wortes, und sie werden deshalb – bis auf ehrenvolle Ausnahmen, die die Regel bestätigen – niemals ein Beitrag für den Arbeitsmarkt sein.«

Beneš hatte die Neubesiedlung in die Hand der Kommunisten gelegt; sowohl der Landwirtschafts- als auch der Innenminister waren Kommunisten. Das schlug natürlich auf die Administration durch. Im Dekret über die Nationalverwaltung hatten die Kommunisten erreicht, dass über die Einsetzung eines Nationalverwalters auch der Betriebsrat des betroffenen Betriebs mitzuentscheiden hatte. Da sie die Gewerkschaften in der Hand hatten, konnten sie viele Menschen mit einem Nationalverwalterposten belohnen. Adrian von Arburg hat die Gleichung »Land und Eigentum gegen Stimmen« als »Grundformel des Neubesiedlungsprozesses« bezeichnet. Diese Gleichung kennzeichne das »größte Tauschgeschäft der böhmisch-mährischen Geschichte«. Es war eine neue Gesellschaft, die sich da in den ehemals deutschen Grenzgebieten zusammenfand: Leicht formbar, kurzfristig ausgerichtet, oft nicht erfahren genug, mobil, voller Visionen für eine neue sozialistische Gesellschaft, also ganz etwas anderes als die selbstbewusste, an ihrem Eigentum hängende deutsche Bourgeoisie, die früher Eger, Asch (Aš) oder Karlsbad (Karlovy Vary) bewohnt und mehr oder weniger besessen hatte. Die Kommunisten hatten nie verheimlicht, dass sie genau das wollten: politisch beeinflussbare Neusiedler mit einem neuen Lebensstil. Die Instrumente, mit denen die KP der Tschechoslowakei (KPČ) die neuen Leute gewann, waren harter Nationalismus und harte Enteignungspolitik. Ab Sommer 1946 war sie in den Wahlen in fast allen Grenzlandbezirken zur stärksten Partei geworden. Noch heute kann man in diesen Gebieten mit antideutschen Äußerungen und einer mittelgroßen Kampagne gegen die Sudetendeutschen Wahlen gewinnen.

Endlich

Am 10. August 1945 brachte das Prager Innenministerium ein Rundschreiben mit folgenden Direktiven heraus:

»Die Erneuerung der verfassungsrechtlichen Verhältnisse und die neue rechtliche Stellung der Deutschen im Lande Böhmen und Mährisch-Schlesien erfordern, dass in den Gemeinden auch die Benennung der Straßen und öffentlichen Plätze mit diesen Veränderungen in Einklang gebracht wird. Deshalb verlangt das Innenministerium, dass in allen Gemeinden, in denen Straßen und öffentliche Plätze benannt werden, unverzüglich – sofern dies nicht schon geschehen ist – die Entfernung aller Namen von Straßen, Plätzen, Parks und dergleichen vorgenommen wird, sofern sie an die Zeit der Unfreiheit, an den Nazismus und seine Repräsentanten sowie an die Germanisierung und das Deutschtum insgesamt erinnern, und dass die beseitigten Namen durch neue geeignete Bezeichnungen ersetzt werden.«

Vergessene Vertreibung

Beneš̌s Konzept eines homogenen Nationalstaats, bestehend aus Tschechen und Slowaken – wobei sich später erwies, dass sie so homogen gar nicht waren –, wirkte sich natürlich auch auf die Magyaren in der Slowakei aus. Ihr Schicksal ist ein besonders gutes Beispiel für die Widersprüchlichkeit der Politik, die unter dem Schlagwort »Selbstbestimmung« bei den Pariser Friedensverträgen praktiziert wurde. Am Ende des Ersten Weltkriegs hatten tschechoslowakische Truppen, unterstützt von Frankreich, das, was viele hundert Jahre Nord- oder Nordostungarn (»Oberungarn«) gewesen war, besetzt. Plötzlich waren mehr als eine Million Magyaren zu Tschechoslowaken geworden. Die meisten von ihnen waren unpolitische Bauern, deren Vorfahren schon über Jahrhunderte in dieser Gegend gelebt hatten. Natürlich gab es zwei Jahrzehnte lang blutige Sticheleien zwischen den Magyaren und ihrem neuen Staat. 1938 wurden sie dann wieder zurückgeschoben; die südliche Slowakei und Südruthenien fielen an Ungarn. Jetzt ging es anders herum: 81 000 Tschechen und Slowaken verließen diesen Raum, weitere 50 000 wurden vertrieben. Der Nationalismus hetzte die Menschen hin und her.

1945 wurden die Magyaren der Slowakei so behandelt wie die Deutschen im Sudetenland: Aberkennung der Staatsbürgerschaft, Ausschluss aus dem öffentlichen Dienst, Streichung des Pensionsrechts, Konfiszierung des Landbesitzes und der Immobilien. Alle magyarischen Schulen wurden aufgelöst. 50 000 magyarische Zivilisten wurden zur Zwangsarbeit in die Sowjetunion deportiert, 36 000 Menschen nach Ungarn ausgewiesen. Man organisierte einen jener viel gelobten »humanen« Bevölkerungsaustauschprozesse. Viel kam dabei nicht heraus. Die Tschechen schickten 25 000 Magyaren ins Sudetenland, meist zur Zwangsarbeit, und durften 75 000 nach Ungarn transferieren. Dafür bekamen sie einige tausend Slowaken aus Ungarn zurück. Grandiose Homogenisierung. Die Nationalisten in Prag und in Budapest bestätigten sich gegenseitig.

Was da stattfand, hat der ungarisch-amerikanische Historiker István Deák mit der notwendigen Ironie dargestellt:

»Am 1. November 1948 wurde die Staatsbürgerschaft der ungarischen Slowaken [in der Tschechoslowakei] wiederhergestellt, außer sie hatten sich während der ungarischen Regierung etwas zuschulden kommen lassen, zum Beispiel wenn sie die ungarische Nationaltracht getragen oder die ungarischen Truppen mit Blumen begrüßt hatten. Im Jahr 1952 wurde die Gleichheit der Ungarn [in der ČSR] formal anerkannt, und 1963 verurteilte das Zentralkomitee der Kommunistischen Partei der Slowakei (KPS) öffentlich die eigene nationalistische Politik der Jahre 1945–46. Allmählich wurden die Ungarn gut behandelt – besser gesagt: genauso schlecht wie die anderen Einwohner der Tschechoslowakei. Es ist eine andere Ironie, dass jene Ungarn, die nach Ungarn vertrieben wurden, im Ungarn des János Kádár freier lebten als jene Ungarn, die in der wesentlich strengeren Tschechoslowakei blieben.«

Wenn die Menschen ihre pathetischen Augenblicke haben, nennen sie das, was Deák da schildert, »Geschichte«.

Juden

Wenige Wochen nach dem Krieg fuhr Reuven Assor, geboren 1922 als Hans Georg Zentner in Dux, als Emissär der Jüdischen Brigade in der Tschechoslowakei von Pilsen nach Prag. Er saß mit zwei tschechischen Passagieren im Abteil, die Essen in Körben mitgebracht hatten und ihm davon reichlich anboten. Irgendwann aber entspann sich folgender Dialog: »So viele Juden sind doch wieder zu uns zurückgekehrt«, meinte der eine bedauernd. Der andere nickte mit dem Kopf: »Wahrscheinlich waren so viele Löcher in den Gaskammern.«

Der tschechische Antisemitismus war nicht so schlimm wie der rassistische Antisemitismus, den die Nazis in Deutschland eingeführt hatten. Aber er war genauso schlimm wie der Antisemitismus der meisten Völker Österreich-Ungarns. Der Hauptfeind der Tschechen, die Deutschen, hatte die Juden zum Erbfeind erklärt und Millionen von ihnen ausgerottet. Das führte nicht zu einer besonderen Sympathie für die Juden. Es ging nach 1945 vor allem um die Frage, ob jemand slawisch war oder nicht. Schon 1944 hatte der sagenhafte Václav Kopecký eine wunderbare Formel dafür gefunden, dass man Juden, die sich bei einer lange vergessenen Volkszählung (von 1930!) als Deutsche bekannt hatten, eben als Deutsche behandeln musste: »Den Antisemitismus bekämpfen heißt nicht, eine Auflösung des nationalen slawischen Charakters der Republik zulassen.«

Zwar hatten tausend Juden in der Westarmee gekämpft, dreitausend Juden in der Svoboda-Armee, viele bei den jüdischen Einheiten in Palästina, der so genannten »Jüdischen Brigade«. Aber man erinnerte sich zu gut daran, dass die große Mehrheit der Juden sich eben zum Deutschtum bekannt hatte, nicht zum Tschechentum. Gelegentlich mussten sogar Juden, die aus den Konzentrationslagern zurückkehrten, weiße Binden tragen. Das durchschlagende Motiv war: Niemand, der das Verbrechen begangen hatte, sich irgendwann als Deutscher zu bekennen, sollte Haus, Unternehmen, Hab und Gut zurückbekommen. Das gelang dann auch. Die Handvoll »Juden nichtslawischer Zugehörigkeit« wurde ausgewiesen, wenn auch gelegentlich unter komfortableren Bedingungen als »andere Deutsche«.

Wohin diese Entwicklung später führte, kann man an den Schauprozessen zu Beginn der Fünfzigerjahre sehen, zum Beispiel an dem gegen Rudolf Slánský. Bei den Nazis musste ein Jude, der Fritz Müller hieß, sagen, dass er Fritz Israel Müller heiße. In den Prozessen wurde allen Angeklagten der Beiname »Zionist« hinzugefügt. Eugen Loebl, der irgendwie mit dem Leben davonkam, hat später Memoiren geschrieben. Der damalige Untersuchungsrichter habe zu ihm gesagt: »Sie und ihre dreckige Rasse, wir werden sie schon ausrotten.« Im Zuge des Slánský-Prozesses wurden übrigens alle tschechoslowakischen Botschafter jüdischer Herkunft abberufen.

Der große Literaturkritiker George Steiner hat den Satz formuliert: »Wenn der Jude nach all den unmöglichsten Vernichtungsversuchen noch da ist, dann muss er eine Aufgabe haben: den Menschen beizubringen, dass wir miteinander als Gast leben.« Viele Menschen, die diese pädagogische Aufgabe erfüllen können, sind in den böhmischen Ländern nicht übrig geblieben. 1947 waren es 19 000 Juden, davon 7 000 aus Karpatorussland. Die 750 übrig gebliebenen Juden nichtslawischer Zugehörigkeit verschwanden bis 1948.

Unsere treuen Deutschen

Am Anfang, direkt nach der deutschen Kapitulation, ging alles drunter und drüber. Die Regierung hatte im Kaschauer Programm klipp und klar erklärt, dass die deutschen Antifaschisten anders behandelt werden sollten als die übrigen Deutschen. So gab es viele Ortsnationalausschüsse, zum Beispiel in Aussig, denen auch deutsche Sozialdemokraten oder Kommunisten angehörten. So genannte Antifa-Ausschüsse stellten Bescheinigungen aus, wenn sich jemand vor 1938, bis 1938 oder auch in den Jahren zwischen 1938 und 1945 gegen die Nazis gestellt hatte.

Lange dauerte diese multinationale Idylle allerdings nicht. Bald kam aus Prag die Weisung, dass Ortsnationalausschüsse nur aus Tschechen bestehen dürften. Und bald begann auch eine harte Agitation gegen die Antifa-Ausschüsse, die viel zu viel Bescheinigungen ausgestellt hätten. Typisch eine Äußerung in *Svobodné slovo* (Freies Wort) aus Prag vom frühen Januar 1946: »Nach dem ersten Umsturz prägte der Befreierpräsident für sein Volk die Parole: ›Wir müssen uns entösterreichern.‹ Bestimmt dachte er dabei auch an die Notwendigkeit der Entmagyarisierung bei den Slowaken, was dort jedoch nicht genügend betont wurde, stattdessen machte sich alsbald ein antitschechischer Autonomismus breit. Unser jetziger Erneuererpräsident kehrt nach dem Sieg im Zweiten Weltkrieg mit einem Regierungsprogramm der Entgermanisierung (und natürlich auch der Entmagyarisierung) der neuen Tschechoslowakei zu uns zurück. Wie glücklich sind wir, dass dieses historische Wort im Jahr 1946 Wirklichkeit werden soll, obwohl wir darüber beunruhigt sind, dass bereits eine halbe Million Deutsche eine Zusage bekommen haben, in unserem Grenzgebiet bleiben zu können, da wir doch wissen, dass es im Jahr 1938 nicht so viele waren, die sich gegen Henlein, den Agenten Hitlers, erhoben haben.«

Nun ja, die Frage ist, was man unter ›erhoben haben‹ versteht. Allein im Bezirk Aussig zählten die deutschen Sozialdemokraten im Jahr 1938 rund 3 000 Mitglieder; und noch bei den Gemeindewahlen im Mai bekamen sie 8 000 Stimmen. Die Republikanische Wehr der deutschen Sozialdemokraten war die letzte Formation, die sich gegen die Nazis wehrte. Die deutschen Kommunisten taten das natürlich genauso. Aber was passierte jetzt mit ihnen?

Ein deutscher Finanzbeamter aus Eger namens Norbert Schlebeck berichtet über die Behandlung eines aktiven Antifaschisten:

»Jetzt kommt die Praxis, und da handelt es sich ja nach tschechischer Ansicht auch bei den Naziopfern nur um Deutsche, nämlich: dem Karl Kögler, ehemaligen Insassen des KZ Dachau, wohnhaft in St. Joachimstal, Stalinsplatz, alter Kommunist, wurde die Staatsbürgerschaft versprochen mit den Folgen des Verfassungsdekrets des Präsidenten. Er wendet sich daraufhin wegen seiner Pension an die Ortskrankenkasse, der Vorsitzende weist ihn ab, er ist angeblich ein Deutscher und da sei nichts zu machen. Auf Köglers schriftliches Ansuchen (natürlich tschechisch) wird ihm tatsächlich schwarz auf weiß mitgeteilt, dass der Minister für soziale Fürsorge (ausgerechnet) die Frage der Auszahlung oder auch der Bevorschussung von Pensionsansprüchen an Staatsbürger deutscher Volkszugehörigkeit aufgeschoben habe. Der Präsident der Republik verspricht im Verfassungsdekret, der Minister für soziale Fürsorge gibt einfach eine gegenteilige Weisung heraus.«

Es gibt Hunderte solcher Dokumente. Anton Reinisch aus Grulich im Adlergebirge, Kommunist, sieben Jahre Konzentrationslager, schrieb seiner Parteileitung:

»Hier geht man rücksichtslos vor, ob Kind oder Frau, ob rot oder blau, ganz gleich, du bist eben ein Deutscher und als solcher stehst du noch eben unter einem Hunde. Ich habe nie durch meine jahrelange marxistische Betätigung gelernt, dass es einen nationalen Kommunismus gibt, aber hier muss man es erfahren.«

Alois Ullmann, früher Vorsitzender der Sozialdemokraten in Aussig, war aus dem Dachauer Konzentrationslager zurückgekehrt. Er hatte gute Kontakte und eine gewisse Bewegungsfreiheit. Er konnte seinen tschechischen Genossen, zu denen er immer noch gute Beziehungen hatte, klar machen, dass insgesamt 9 165 sudetendeutsche Sozialdemokraten in Konzentrationslagern, Zuchthäusern oder Gefängnissen gelitten hatten, dass 770 ums Leben kamen und 13 536 unter sonstigen Verfolgungen zu leiden hatten. Aber auch er wurde verhaftet, als er einmal mit britischen Journalisten redete und dabei kein Blatt vor den Mund nahm. Wieder frei, schickte er Emissäre nach Thüringen, nach Bayern. Dann fuhr er nach Prag und erreichte dort, durch Vermittlung der tschechischen Sozialdemokraten, die Zustimmung zu Sondertransporten für Sozialdemokraten in die amerikanische Zone. Im Amtsblatt des Bezirks Aussig wurden ab Mai 1946 die *Verzeichnisse der deutschen Antifaschisten* mit dem Untertitel »Gemeldet zum freiwilligen Abschub nach Deutschland« veröffentlicht. Denn die sozialdemokratischen Nazigegner hatten so wie alle anderen Deutschen Angst vor nächtlicher Verschleppung und der Einweisung in irgendwelche Lager. Also erreichten sie, dass ein Sonderlager für Sozialdemokraten eingerichtet wurde. 3 000 Menschen lebten auf dem engen Raum einer früheren Fabrik. Es gab langwierige bürokratische Auseinandersetzungen. Erst im Mai 1946 begannen die Antifa-Transporte.

Man nannte es schließlich die »Aktion Ullmann«. Bis zum 30. November 1946 konnten 73 125 Personen, davon 45 779 mit ihren Möbeln, in die amerikanische Besatzungszone übersiedeln.

Die Aussiedlung

Der Beschluss der Potsdamer Konferenz hatte zwar für die tschechische Seite allerhand Wünsche übrig gelassen; vor allem die Anordnung, erst einmal einzuhalten und das System der Aussiedlung mit dem Alliierten Kontrollrat abzustimmen, gefiel den Tschechen nicht. Aber im Prinzip war der Artikel VIII des Potsdamer Abkommens eben doch das Signal dafür, dass alle Großmächte damit einverstanden waren, dass die noch in der Tschechoslowakei befindlichen Deutschen ausgesiedelt werden durften. Es gab praktische Hemmnisse. Von Januar bis Mai 1946 stoppten auch die Russen den Zuzug von Vertriebenen, weil sie für eine gewisse Zeit einfach nicht wussten, wie und wo sie die Leute unterbringen sollten. Aber die Angst, die Beneš haben musste – dass die Westalliierten plötzlich ihre Zusagen aus dem Jahr 1942 zurücknehmen und den ganzen »Abschub« verbieten könnten –, war doch vorbei. Gegen Ende des Jahres 1945 bemühte er sich in verschiedenen Reden, seine Militärformationen und die Kommunisten zu mäßigen. Am 14. Oktober sagte er zum Beispiel in Melnik (Mělník): »Aber unser ganzes Vorgehen in Sachen ihres [der Deutschen] Abschubs in das Reich muss menschlich anständig, richtig, moralisch begründet, genau geplant und mit allen Alliierten fest vereinbart sein. Auch hier darf unser Volk seinen Ruf eines demokratisch und menschlich würdigen Regimes durch nichts beflecken.«

Im Juni 1946 setzten die Amerikaner neue Richtlinien für die Ausweisung durch. Jeder Ausgewiesene sollte jetzt 70 Kilogramm Gepäck mitnehmen dürfen. Man ging sogar in die Einzelheiten: pro Eisenbahnwaggon 30 Personen, insgesamt 40 Waggons, d. h. 1 200 Personen in einem Zug. Für jeden Transport bestanden die Amerikaner auf genauen Namenslisten der Ausgesiedelten. Auf dem Höhepunkt der Ausweisungsaktion in die amerikanische Zone, in den Monaten Mai und Juni 1946, sind etwa 130 000 Vertriebene pro Monat angekommen. Irgendwann hat der bayerische Staatskommissar für das Flüchtlingswesen bekannt gegeben, dass im ganzen Jahr 1946 1 111 Eisenbahnzüge mit rund 1,2 Millionen Ausgewiesenen in der amerikanischen Besatzungszone angekommen waren. Zwei Drittel der Menschen wurden in Bayern, ein Drittel in Hessen und Baden-Württemberg zuerst einmal einquartiert und später angesiedelt.

Der Kleinkrieg um das Eigentum ging weiter. Es klingt kleinlich, wenn ein Zimmermann bitter darüber klagt, dass ihm bei einer Gepäckkontrolle in Hostau (Hostouň) bei Bischofteinitz (Horšovský Týn) sein Handwerkszeug und die Maurerwerkzeuge seines Vaters abgenommen wurden. »Ein Einspruch«, bemerkte er bitter, »hatte keinen Erfolg.« Mit dem Werkzeug wollten die Leute in dem, was sie ein paar Jahre später »die neue Heimat« nannten, von neuem anfangen. Deswegen muss man die Klage verstehen. Immerhin wurde nicht mehr gemordet. Eine reguläre Beamtenschaft hatte jetzt den komplizierten Prozess in die Hand genommen. Es war nicht so leicht, Hunderttausende von Menschen »in ordnungsgemäßer und humaner Weise« aus einem Land in ein anderes zu bringen.

Henriette Panzer wurde im Juli aus Asch ausgesiedelt: »Am 21. 7. 1946 sind wir [d. h. die Schreiberin dieses Briefes, Henriette Panzer, Frau Berta Schneider und Frau Tini Arnold] aus der Sparkasse, mit je 70 Kilogramm Gepäck auf freundliche Einladung hin ins Lager Askonas gefahren. Wir bekamen nach langem Herumstehen und den üblichen Vorbereitungen in einem schon überfüllten Saal zu dritt zwei Lager angewiesen. Wenn ich mich recht erinnere, wurden uns abends gleich je 500 Mark zugeteilt, nachdem wir bei der Visitierung unseres Gepäcks schon unsere Sparbücher hatten abgeben müssen. Am nächsten Tag, also am 22., fuhr man uns mit unserem Gepäck zur Bahn und wir wurden als Gruppe 28 in Viehwagen verladen, so eng, dass man kaum einen Fuß anders setzen konnte. Am späten Nachmittag ging es fort. Schon in Franzensbad hielt der Zug, und wir hatten Gewissheit, es geht in die russische Zone, was bis dahin Geheimnis war. Wir fuhren über Brambach, Plauen bis Altenburg. Dort hieß es nachts zwei Uhr heraus, mit Sack und Pack saßen wir nun fern vom Bahnhof mit unserem Gepäck am Schienenstrang. Endlich gegen 14 Uhr am 23. Juli ging es weiter, diesmal in Personenwagen über Leipzig, Eilenburg, Wittenberg bis Annaburg, Kreis Torgau, das unser Reiseziel war.«

Viele Züge von Asch gingen über Eger. Ein gewisser Vincenc Stadler, der sich später irgendwo in der Rhön wiederfand, schildert seinen Abschied folgendermaßen: »Der letzte Blick, den wir auf die Stadt Eger werfen konnten, war sehr trostlos und traurig, denn vom einstmals so schönen Egerer Bahnhof war buchstäblich nichts mehr zu sehen und auch die so stolze Bahnhofsstraße war nicht minder zusammengeschlagen. Als wir bei Schirnding die bayerische Grenze passierten, da flogen mit einem Mal die weißen Armbinden, die uns ja als Deutsche kennzeichneten, aus den Waggontüren und blieben wohl für einige Zeit zum Gedenken an den Büschen längs der Strecke hängen.«

Rückblick auf Beneš

Manche Sudetendeutschen wollten ihn zum Satan machen. Dabei war er ein weltläufiger, gewandter, gebildeter Mann, fleißiger als fast jeder andere. Edvard Beneš war persönlich anspruchslos. Er widmete sein ganzes schweres Leben einer einzigen Idee: der Durchsetzung eines tschechoslowakischen Nationalstaats. Am Ende hatte er sein Ziel erreicht – und die böhmischen Länder, jedenfalls für einige Jahrzehnte, ins Unglück gestürzt.

Der Satz »Der Totengräber des Sudetendeutschtums heißt Adolf Hitler« ist richtig. Hitlers Raserei stürzte alle Verhältnisse um. Dass Hitler einer der ganz großen Verbrecher der Menschheitsgeschichte war, macht andere aber nicht schuldlos.

Die Schuld des Edvard Beneš liegt in der völlig unbeirrten Unterordnung jeder seiner Handlungen unter ein einziges, partikulares Ziel. Zum Schluss hatte es sich auf die Zwangsvorstellung eines homogenen Nationalstaats verengt. Für dieses Ziel verriet er die Polen, vertrieb er die Deutschen und Magyaren, lieferte er sein eigenes Volk *nolens volens* – und in tiefer Enttäuschung über den Verrat der Westmächte beim Münchner Abkommen – an die Kommunisten und die Sowjetunion aus. Die (von Heimarbeit heftig unterstützte) Fremdherrschaft über Tschechen und Slowaken zwischen 1948 und 1989 ist auch eine Konsequenz von Benešs Politik zwischen 1943 und 1948. Der Generalsekretär der KP der Tschechoslowakei (KPČ), Klement Gottwald, wurde Regierungschef, weil er seine Partei in freien Wahlen 1946 zur stärksten Partei des Landes gemacht hatte. Ein wichtiger Grund für diesen Erfolg war, dass Beneš den Kommunisten die Aussiedlungs- und Neubesiedlungspolitik überlassen hatte.

Es ist falsch, Beneš für alle Grausamkeiten der wilden Vertreibung zwischen Mai und Herbst 1945 persönlich verantwortlich zu machen. Aber es besteht kein Zweifel, dass er das genau überlegte politische Ziel verfolgte, die in der Frage der Massenaustreibung dann doch zögerlich gewordenen Briten und Amerikaner »vor vollendete Tatsachen zu stellen«. Die Entfesselung des Mobs gegen die Deutschen hat er billigend in Kauf genommen.

Schon in einem Gespräch vom 3. Dezember 1942 mit dem britischen Botschafter Sir Philip Nichols bei der tschechoslowakischen Exilregierung spielte er mit diesem Gedanken. Nichols wollte seine Regierung noch nicht darauf festlegen, wie viele Deutsche ausgesiedelt werden sollten. Konkreter wollte sich die britische Regierung erst beim »Waffenstillstand oder danach äußern«. Hubert Ripka notierte als Antwort von Beneš: »Daraufhin sagte ihm der Präsident scherzhaft: ‹Da könnte es Ihnen passieren, dass wir dann nichts auszutauschen hätten.›« Ripka notierte weiter: »Dann sagte der Präsident zu Nichols, seine Politik sei es ja gerade zu verhindern, dass es zu großen Massakern kommt und dass diese Dinge illegal durchgeführt werden.«

Einige Massaker waren aber offensichtlich nötig, um die Sache in Gang zu bringen. Beneš versuchte in manchen Reden, die Lemuren zu mäßigen, in manchen stachelte er sie auf. Die Kommandeure vor Ort konnten sich von ihrem Präsidenten gestützt fühlen, wenn sie den Deutschen in den Grenzgebieten die Lebensgrundlagen entzogen. Sie taten das auf unterschiedliche Weise, oft aber mit bestialischen Mitteln.

Beneš wusste das. Und er sagte es auch ausdrücklich. Den Mährisch-Schönbergern erklärte er Ende März 1946: »Ich möchte Sie nur beruhigen, dass die Sache durchgeführt und gelingen wird und dass ganz Mähren und Schlesien gesäubert wird. Ich weiß, das wird in ihrer Gegend, wo die Bedingungen nicht so günstig sind, keine leichte Arbeit sein. Ich möchte Ihnen nur versichern, dass ich an all das täglich denke, dass ich täglich die statistischen Angaben verfolge, jede Woche lasse ich mir Aufstellungen vorlegen, wie in der vergangenen Woche der Abschub durchgeführt wurde, in welchem Ort und so weiter.«

Edvard Beneš war in den Jahren zwischen den beiden Weltkriegen einer der weitsichtigsten Außenpolitiker der damaligen Welt. Sein Hass auf das alte österreichisch-ungarische Reich und die Angst, so etwas Ähnliches könne zurückkehren, verstellte ihm aber damals schon den Blick auf die Wirklichkeit. Raymond Aron hat das in seinen Memoiren folgendermaßen beschrieben: »Die Tschechen – zumindest diejenigen, mit denen ich mich traf – kritisierten in ihren privaten Unterhaltungen das Verhalten der Polen. Sie hatten alle die These von Beneš übernommen, der zufolge die Sowjetunion künftig Osteuropa beherrschen würde, was in der Tat unbestreitbar erschien. Deshalb müsse sich die in Prag zu bildende Regierung vor allem um gute Beziehungen mit Moskau bemühen. In München hatten Beneš und das ganze tschechoslowakische Volk die tragische Erfahrung der Ohnmacht ihrer Verbündeten gemacht. Sie hatten am eigenen Leib erfahren müssen, dass der Westen niemals ihre Sicherheit gewährleisten könnte. Deshalb müsse man nun, so Beneš, auf die Freundschaft mit Moskau setzen – eine auf den ersten Blick durchaus vernünftige Überlegung, die aber zu einer Zwangsvorstellung zu werden drohte. Schon zwischen 1919 und 1939 hatte Beneš das Gespenst eines österreichisch-ungarischen Reichs vor Augen gehabt, während in Wirklichkeit die Gefahr vom Dritten Reich ausging, und so traf er schon während des Kriegs Vorsichtsmaßnahmen gegen das Wiedererwachen des deutschen Imperialismus und den Verrat des Westens. Er suchte Schutz beim neuen Imperialismus Stalins. Beneš glaubte nicht an diesen Imperialismus. Gegen den großen Alliierten machte er sich sozusagen zum Garanten für die guten sowjetischen Absichten.«

Erfahrungen können sich zu Psychosen verdichten. Das gilt für uns alle. Beneš hatte zwei tiefgehende Erfahrungen gemacht, die bei ihm zu Psychosen wurden: seine Jugend im alten Österreich, in der die Tschechen, wie er glaubte, bösartig unterdrückt worden waren, und »München«, die ärgerliche Ungeduld der Franzosen und Briten, die ewigen Minderheitsprobleme in der Tschechoslowakei noch weiter mitansehen und dafür unter Umständen sogar in einen Krieg gehen zu müssen. Das Münchner Abkommen war ohne Zweifel ein krasser politischer Fehler der Westmächte. Wie sehr sich Beneš durch diese Erfahrung allerdings in Hirngespinsten verfangen hatte, zeigt eine Tagebuchnotiz des britischen Diplomaten John Colville, der mit Beneš im Januar 1944 in Marrakesch speiste:

»Dienstag, 4. Januar. Präsident Beneš kam zum Lunch. Er ist angenehm, aber oberflächlich und vielleicht zu optimistisch. Er erzählte uns: 1. Die russische Hilfe für die Tschechoslowakei habe zu der Zeit des Münchner Abkommens gewiss unmittelbar bevorgestanden. 2. Die berüchtigten Stalinschen Schauprozesse seien wirklich gerechtfertigt gewesen. Tuchatschewskj, Kamenew und die anderen hätten tatsächlich ein Komplott mit Deutschland geplant; als überzeugte Trotzkisten seien sie der Meinung gewesen, die deutsche Hilfe zum Sturz Stalins sei moralisch einwandfrei und im Interesse Russlands. Das Komplott sei von den Tschechen aufgedeckt worden. Beneš habe geglaubt, dass die sowjetische Regierung mit den Deutschen intrigiere. Als er sich darüber beim sowjetischen Gesandten in Prag beschwerte, sei dieser höchst erstaunt gewesen über die unbegründeten Anschuldigungen und habe sich verwirrt an Moskau gewandt. Dies habe die Russen auf die Spur gebracht.«

Aron hat diese Affäre bitter kommentiert. Über Beneš sagte er: »Dieser mit totaler Blindheit geschlagene Staatsmann setzte die Verbreitung von Falschinformationen fort, mit der er 1936 begonnen hatte. Damals hatte er ›Informationen‹, die er mit Hilfe seines eigenen Geheimdienstes von den Deutschen erhalten haben wollte, an Stalin weitergegeben, was dann zur Hinrichtung von Marschall Tuchatschewskj und anderen Generälen während der Zeit der großen Säuberungen führte.«

Mag sein, dass das Urteil »mit totaler Blindheit geschlagen« zu hart ist. Aber zu einem realistischen Bild, wie Europa sich weiterentwickeln sollte und welche Rolle die Tschechen und Slowaken in einem zukünftigen Europa spielen könnten, war er in der Tat nicht mehr fähig. Gegen seinen sozialdemokratischen Gegenspieler Wenzel Jaksch hat er auf der ganzen Linie gewonnen. Nur in einem behielt Jaksch Recht: in seiner festen Überzeugung, dass nicht homogene Nationalstaaten, sondern nur überwölbende Staatenverbünde das Problem der zerstreut siedelnden Menschen in Mitteleuropa lösen könnten. Jaksch drückte das zu seiner Zeit, Ende der Dreißigerjahre, mit dem Begriff der »Donauföderation« aus. Dieser Begriff mag zu rückwärtsgewandt gewesen sein.

Das Gegenkonzept von Beneš aber hat sich als gänzlich ungangbar erwiesen. Am klarsten hat er es in einer Rede in Poprad (Deutschendorf) am 28. April 1945 formuliert: »Ich bin überzeugt, dass die Minderheiten in dem Sinne, wie sie sich nach dem letzten Weltkrieg manifestierten, in Mitteleuropa verschwinden und Nationalstaaten geschaffen werden. Es ist in unserem Interesse, dass wir uns an die neuen Verhältnisse anpassen und dafür die Voraussetzungen schaffen.« Die Voraussetzungen hat er geschaffen. Dass das aber die »neuen Verhältnisse« wären, war sicherlich falsch.

Seine Haltung zittert in den Auffassungen vieler tschechischer Politiker unserer Zeit nach, wenn sie eine allzu feste Einbindung der Tschechischen Republik in die Europäische Union ablehnen und sich wieder einmal an einen großen Partner anlehnen wollen, diesmal natürlich nicht die Russen, sondern die Amerikaner. Wie sagte der tschechische Präsident Václav Klaus? »Ich brauche keine europäische Außenpolitik, das wäre gefährlicher als alles andere.«

Dass Edvard Beneš nach der Rückkehr auf den Hradschin, 1945, nur noch ein Administrator seiner fixen Idee war, sieht man an seinem eisigen Schweigen gegenüber dem Schicksal der Juden, das übrigens ganz im Gegensatz zum Reden und Handeln seines Außenministers Jan Masaryk stand. Es war nur noch eine Handvoll übrig. Hätte man diese winzige Gruppe, die dem Terror der Nazis entronnen war, nicht verschonen können? Soweit sie sich bei der Volkszählung von 1930 als Deutsche in der Tschechoslowakei hatten registrieren lassen, mussten auch sie verschwinden.

Edvard Beneš ist ein Beispiel dafür, was Nationalismus aus einem klugen, strebsamen, von Korruption unangefochtenen, idealistisch gesonnenen bürgerlichen Politiker machen kann: den Organisator einer groß angelegten ethnischen Säuberung.

Nachschrift: Am 26. Juni 2003 hat die Regierung der Tschechischen Republik dem Parlament in erster Lesung ein Gesetz vorgeschlagen, das aus einem einzigen Satz besteht: »Edvard Beneš hat sich um den Staat verdient gemacht.« Mit 124 gegen 11 Stimmen sprachen sich die Abgeordneten für diesen Text aus, der nach Begutachtung durch Ausschüsse des Parlaments am 28. Oktober 2003, dem tschechischen Nationalfeiertag, beschlossen werden und in Kraft treten soll. Beneš wird damit dem Staatsgründer der Tschechoslowakei Tomáš Masaryk gleichgestellt, der 1930 anlässlich seines 80. Geburtstags mit dem gleichen Gesetz geehrt wurde.

Weihnachtsansprache

Das »dritte Transferstadium«, wie die tschechische Historiographie es bezeichnet, wurde am 29. Oktober 1946 abgeschlossen. Da fuhr der letzte Zug mit Ausgesiedelten von Meierhöfen (Dvory) bei Karlsbad ab.

Anfang 1947 empfing der Präsident der Republik im Audienzsaal der Prager Burg die Bevollmächtigten für den Abschub der Deutschen aus den böhmischen Ländern. Sie überreichten ihm eine Denkschrift. Das Zahlenmaterial war so wunderbar aufgearbeitet, wie gute Beamte eben Zahlenmaterial aufarbeiten. Bis zum 1. November 1946, so die Denkschrift, seien aus den böhmischen Ländern insgesamt 2 170 598 Deutsche abgeschoben worden, davon 1 420 598 Personen in die amerikanische Zone und 750 000 Personen in die Sowjetzone. Für das Abtransportieren dieser Menschenmasse wurden 1646 Züge zur Verfügung gestellt, die aus 67 748 Eisenbahnwaggons und 6 580 Lokomotiven bestanden. Darüber hinaus wurden vier Lazarettzüge bereitgestellt. Außer Zügen wurden für den Abschub 960 Autos und 12 Schiffe verwendet.

In seiner Weihnachtsansprache zum 24. Dezember 1946 sagte Präsident Beneš: »Das diesjährige Weihnachten bekommt eine besondere Bedeutung, einen eigenen Charakter auch dadurch, dass wir es in unserem Vaterland erstmals ohne Deutsche feiern. Das ist ein Ergebnis, auf dessen unermessliche historische Bedeutung ich schon mehrmals hingewiesen habe ... Mit dieser Tatsache wurde eines der großen Kapitel unserer Vergangenheit liquidiert.«

Aufklärung oder Aufrechnung? Ein Epilog

Dass dieses Buch, das von der Vergangenheit handelt, ein aktuelles Problem beschreibt, kann man jeden Tag in der Zeitung lesen. Wenn in Obilić im Kosovo eine serbische Familie umgebracht wird, weiß man, dass auch drei Balkankriege seit 1990 und viele UN-Blauhelme die ethnosozialen Konflikte dieser europäischen Region bisher nicht lösen konnten. Wenn die Ungarn ein (entschärftes) Gesetz zur Förderung der »Auslandsungarn« beschließen, rumort es in der Slowakei und in Rumänien. Die Grausamkeit der Kämpfe zwischen den Hema und den Lendu im Nordosten des Kongos ist tief erschreckend. Mindestens eine Million Vertriebene irren durch die Region. Die Türken stehen Gewehr bei Fuß für den Fall, dass sich im Norden des Irak ein kurdischer Staat bilden sollte. In Irland und im Baskenland gehen die Auseinandersetzungen weiter, wenn auch unterhalb der Schwelle, bei der es zu großen Berichten in den Medien kommt. Wissenschaftler haben seit den Sechzigerjahren vierundfünfzig ethnosoziale Kriege gezählt; und die Zahl dieser Autonomie- und Sezessionskonflikte hat in Europa seit 1993 nur abgenommen, weil die Europäische Union viele Staaten dadurch diszipliniert hat, dass sie ihnen die Aufnahme in ihren Verbund, aber natürlich nur unter ganz bestimmten Bedingungen, in Aussicht gestellt hat. Was, wenn die Hoffnungen, die mit dem Eintritt in die EU verbunden sind, enttäuscht werden sollten?

Auch in den böhmischen Ländern schwärt die Wunde noch. 2002 hat der damalige tschechische Ministerpräsident Miloš Zeman die Wahlergebnisse für seine sozialdemokratische Partei mit einer Interviewserie gefördert, die an Debatten kurz nach dem Krieg erinnerte. Man dürfe nicht vergessen, sagte er einem österreichischen Magazin, »dass die Sudetendeutschen die fünfte Kolonne Hitlers waren, um die Tschechoslowakei als einzige Insel der Demokratie in Mitteleuropa zu zerstören«. Daran schloss er die Frage an: »Kann man jetzt wirklich Versöhnung für Verräter fordern?« Die 1945 erfolgte Enteignung und Vertreibung der Sudetendeutschen sei »immerhin milder als die Todesstrafe gewesen«. Dann fuhr Zeman nach Israel und empfahl den Israelis weitere Vertreibungen der Palästinenser, offenbar nach dem Vorbild der Beneš-Dekrete.

Zemans Nachfolger Špidla erklärte etwas später, die Vertreibung der Sudetendeutschen sei »notwendig« gewesen. Inzwischen hat der neue tschechische Präsident Václav Klaus neue Töne angeschlagen und die Vertreibung »aus heutiger Sicht« als »unannehmbar« bezeichnet. Auch Ministerpräsident Špidla hat sich inzwischen vorsichtig von der Vertreibung distanziert und eine »politische Geste« gegenüber früheren Zwangsarbeitern aus der klein gewordenen deutschen Minderheit in der Tschechischen Republik angekündigt. Eine spürbare Veränderung der tschechischen Position deutet sich aber nicht an. Das zeigen vor allem zwei Symptome.

Die Arbeitsgemeinschaft sudetendeutscher Sozialwerke hat beim deutsch-tschechischen Zukunftsfonds in Prag den Antrag gestellt, gegenüber Sudetendeutschen, die durch Kerkerhaft und Zwangsarbeit Leid und Unrecht erlitten haben, eine politische Geste zu machen. Man sollte dieser übrig gebliebenen Hand voll Menschen 4,5 Millionen Euro ausbezahlen. Die Mehrheit der tschechischen politischen Klasse lehnt das mit dem Argument ab, man dürfe Sudetendeutsche nicht mit tschechischen Opfern des Nationalsozialismus »auf eine Stufe stellen«. Wenn man von Klement Gottwalds schöner Wendung von den »kleinen tschechischen Menschen« ausgeht: Was ist der Unterschied zwischen kleinen tschechischen Menschen, die zur Zwangsarbeit gezwungen wurden, und kleinen deutschen Menschen, die zur Zwangsarbeit gezwungen wurden?

Noch aussagekräftiger ist die hektische Aktivität in Prag wegen der Entscheidung eines Gerichtes in Ostböhmen. Das Gericht anerkannte den Anspruch des böhmischen Adligen František Oldřich Kinský auf 1,5 Hektar Land, die ihm aufgrund der Beneš-Dekrete weggenommen worden waren. Kinský war beim Akt der Enteignung neun Jahre alt; sein Vater war schon vor dem Krieg verstorben und konnte also nicht viel mit den Nazis kollaboriert haben. Ein Teil seines enteigneten Besitzes hatte der Junge übrigens vom Großvater vererbt bekommen. Jetzt verlangen alle wichtigen im Parlament vertretenen Parteien eine Entscheidung des Obersten Gerichtshofs, die solche Gerichtsurteile eindämmen soll. Obwohl Kinskýs Anwalt das Argument anführt, die Enteignung des damals neunjährigen Kindes sei im Widerspruch zu den Beneš-Dekreten erfolgt, fürchtet das politische Prag, solche Urteile könnten die Beneš-Dekrete »aufweichen«. Wie passt das zu den Erklärungen auf internationalem Parkett, diese Dekrete seien nicht mehr wirksam?

Kleinliche juristische Debatten helfen hier nicht weiter. Am besten hat das Problem Jiří Gruša, der Botschafter Prags in Wien, formuliert, ein Mann, der von den Kommunisten verfolgt und ausgebürgert wurde, jahrzehntelang in Deutschland lebte und mit den alten, noch nicht überwundenen Hassgefühlen zwischen Deutschen und Tschechen nicht in Zusammenhang gebracht werden kann. Er hat am Beispiel von Beneš – dem er durchaus kritisch gegenübersteht – das Problem präzise formuliert.

Beneš, so Jiří Gruša, stehe in seinem Land »für die wiedererreichte politische Subjektivität. Ein Gut, das wir im ersten großen prätotalitären Krieg der europäischen Geschichte (1618 bis 1648) verloren haben und innerhalb der Habsburgerwelt nie wieder zurückerlangten. Dieses Gut ist vital positiv. Und wird so eingestuft – ungeachtet der Regime und Eskapaden. Darum ist es nicht immer leicht für uns zu erkennen, ob diejenigen, die den ersten Außenminister und späteren Präsidenten dieses Staates kritisieren, nicht ebenfalls unsere Entmündigung meinen.«

»Politische Subjektivität« meint dasselbe wie »Identität«. Das kleine Volk der Tschechen fürchtet sich, dass seine Identität von der des großen Nachbarn erdrückt werden könnte. Diese Furcht muss man ernst nehmen. Gleichzeitig muss man kritisch fragen: Was eigentlich ist »vital positiv«? Ist Identität wichtiger als Gerechtigkeit und Anstand?

Man sollte sich nicht darüber täuschen: Die gesamte tschechische politische Klasse wetteifert um den Titel des wachsamsten Hüters nationaler Interessen. Der französische Politologe und Historiker Jacques Rupnik hat Recht, wenn er sagt: »Die deutsche Frage ist als innenpolitisches Thema [in der Tschechischen Republik] wieder aktuell.«

Wie definierte Hans-Ulrich Wehler? »Nationalismus soll heißen: Das Ideen-System, die Doktrin, das Weltbild, das der Schaffung, Mobilisierung und Integration eines größeren Solidarverbandes, Nation genannt, vor allem aber der Legitimation neuzeitlicher politischer Herrschaft dient. Daher wird der Nationalstaat mit einer möglichst homogenen Nation zum Kardinalproblem des Nationalismus.«

Dieser Nationalismus ist heute kaum weniger gefährlich als zwischen den beiden Weltkriegen. Das gilt insbesondere seit 1989. In diesem Jahr sind viele schlafende (oder unterdrückte) Nationalismen wieder erwacht. Nichts hat das brutaler gezeigt als die jugoslawischen Nachfolgekriege.

Böhmen ist ein Lehrstück. Was dort geschah, kann auch heute in vielen (wenn auch nicht allen) Ländern Europas wieder geschehen. Ich fasse die »Lehren« aus diesem Stück in zwölf Thesen zusammen:

1. Ein »Erstgeburtsrecht«, wie es die Tschechen für sich reklamiert haben, gibt es nicht. Natürlich können Völker die Einwanderung in ihr Territorium unter bestimmte Bestimmungen stellen. Menschen, die sich einmal eingenistet haben, kann man aber nicht als »Immigranten« oder »Kolonisten« abwerten. In einer Denkschrift während des Kriegs erzählte die tschechische Exilregierung den Alliierten die Geschichte, dass die Deutschen ja »erst« seit der Schlacht am Weißen Berg in Böhmen lebten. Die früheren deutschen Einwanderer hätten die Hussiten alle getötet oder vertrieben. Am Tag, an dem diese Denkschrift formuliert wurde, waren aber selbst nach dieser (völlig unbeweisbaren) Theorie die Deutschen seit mehr als dreihundert Jahre in Böhmen ansässig.

Die NATO hat auf Serbien Bomben geworfen, weil Slobodan Milošević Albaner aus dem Kosovo vertreiben wollte, die dort erst seit einigen Jahrzehnten leben. Man kann sich fragen, ob Bomben das richtige Mittel waren. Aber es war richtig, die Vertreibung der albanischen Bevölkerung des Kosovo zu unterbinden.

2. Die Formel vom »Selbstbestimmungsrecht der Völker« ist fragwürdig, auch wenn sie in allen möglichen feierlich beschlossenen internationalen Dokumenten vorkommt. Hier hatte Masaryk gegen die Deutschen Recht: Selbstbestimmung ist nicht einfach Lostrennung. Selbstbestimmung heißt Abwägung; eine Abwägung, an der nicht nur das Volk beteiligt werden kann, das unabhängig werden will, sondern die betroffene Völkergemeinschaft. Bleibt ein Staat durch die Lostrennung eines Volkes oder einer Volksgruppe lebensfähig? Erhöht die Lostrennung die Gewaltanwendung in der Region oder senkt sie sie ab? Wer sich solchen Fragen nicht zu stellen wagt, missbraucht diese feierliche Formel zu sinnloser Demagogie.
3. Vertreibungen – also im 20. und 21. Jahrhundert vorwiegend ethnische Säuberungen – sind Kriegsverbrechen und Verbrechen gegen die Menschlichkeit. Das ist keine Entwicklung des Völkerrechts aus den allerletzten Jahren. Schon das Internationale Militärtribunal von Nürnberg hatte so entschieden, genau zu der Zeit, als die Tschechen die Sudetendeutschen vertrieben.
   Diese Entscheidung wurde von der UNO-Generalversammlung mit Resolution Nr. 95 (I) vom 11. November 1946 bestätigt. Im Jahr 1950 wurden die Nürnberger Prinzipien von der Völkerrechtskommission der Vereinten Nationen kodifiziert. Inzwischen kann es überhaupt keine Zweifel mehr geben. Seit dem *Code of Crimes against the Peace and Security of Mankind* von 1996 werden Vertreibungen (Art. 18) als »Verbrechen gegen die Menschlichkeit« geführt. Massendeportationen (Art. 20) sind besonders schwere Kriegsverbrechen.

4. Vertreibungen können auch Völkermord sein. Das gilt ohne Zweifel für die Vertreibung und Vernichtung der Juden durch die Nationalsozialisten, es gilt aber auch für die Deportation und Auslöschung der Armenier durch die Jungtürken im Jahr 1915 oder den Feldzug Saddam Husseins gegen die irakischen Kurden in seiner berüchtigten »Anfal-Operation« im Jahr 1988. Das Ziel dieser Operation war eindeutig, die Kurden als Nation auszulöschen. Im Lauf der »Anfal-Operation« wurden über 150 000 Frauen, Männer und Kinder systematisch ermordet und mehrere hunderttausend nach Süden in die Wüste verschleppt. Mehr als 5 000 Menschen starben allein durch den Einsatz chemischer Waffen in der kleinen Stadt Halabja.
5. Die völkerrechtliche Definition von Völkermord – es gibt dazu eine UNO-Konvention von 1948 – ist breit. Folgende Handlungen werden als Völkermord gewertet:
   a) Tötung der Mitglieder von Gruppen;
   b) Verursachung von schweren körperlichen oder seelischen Schäden bei Mitgliedern von Gruppen;
   c) vorsätzliche Auferlegung von Lebensbedingungen für die Gruppen, die geeignet sind, ihre körperliche Zerstörung ganz oder teilweise herbeizuführen.

   Nach dieser Definition könnte man mit einigen Zweifeln auch die Vertreibung der Sudetendeutschen als Genozid bezeichnen. Ich benutze den Begriff Genozid dafür nicht, und zwar nicht aus dem formaljuristischen Grund, dass die Völkermord-Konvention erst 1948 beschlossen wurde. Beneš wollte die Deutschen aus den böhmischen Ländern vertreiben und nahm dabei die Tötung von vielen Deutschen in Kauf. Die tschechische Regierung verschlechterte ihre Lebensbedingungen auch derart, dass »ihre körperliche Zerstörung« in zigtausend Fällen herbeigeführt wurde. Aber es gab – im Unterschied zu den Armeniern oder Kurden – ein Land von »Konnationalen«, das die Sudetendeutschen aufnehmen konnte.

   Der Unterschied wird am deutlichsten, wenn man die Vertreibung der Deutschen aus den böhmischen Ländern mit dem Holocaust vergleicht. Das sind eindeutig »unterschiedliche Stufen mörderischer Gewaltentfaltung« (Karl Schlögel). Hitler wollte die Juden töten, wo immer sie lebten und wo immer er sie antraf. Beneš wollte die Deutschen vor allem loswerden, wie auch immer. Man sollte für unterschiedliche Formen von Gewalt unterschiedliche Begriffe benutzen.

6. Es gibt immer wieder Leute, die Vertreibungen als das »kleinere Übel« rechtfertigen wollen. Das hat zum Beispiel gerade Benjamin Schwarz in *The Atlantic Monthly* bei einer Rezension des Buches von Norman Naimark über ethnische Säuberungen im Europa des 20. Jahrhunderts getan. Er stellt die scheinheilige Frage, ob Vertreiberstaaten (wie zum Beispiel die Tschechische Republik) heute nur deshalb stabil, wirtschaftlich erfolgreich und demokratisch seien, weil sie ihre früheren deutschen Minderheiten vertrieben haben? So kann man nicht argumentieren.
   Die Behauptung, die Tschechoslowakische Republik sei wirtschaftlich erfolgreich, weil die Deutschen vertrieben worden sind, ist völlig abwegig. Über viele Jahrzehnte hat der Abschub wirtschaftlich empfindlich geschadet. Auch heute sind die Gebiete, die früher von Deutschen besiedelt waren, weniger ökonomisch erfolgreich als früher.
   Demokratie wäre auch mit starken Minderheiten möglich gewesen; allerdings nur mit ausgebauten Rechten der jeweiligen Minderheit, zum Beispiel nach dem Vorbild des »mährischen Ausgleichs«. Eine solche Lösung brachten Tschechen, Slowaken und Deutsche nicht zustande.
   Richtig ist der Hinweis, dass der homogene Nationalstaat Tschechoslowakei stabiler ist als der kleine Vielvölkerstaat Tschechoslowakei zu Zeiten der Ersten Republik. Aber war es gerechtfertigt, die Serben aus der Krajina, einem wichtigen Stück Territorium Kroatiens, zu vertreiben? Dürften die Deutschen die türkische und kurdische Minderheit aussiedeln, weil Berlin oder irgendeine andere Region dann »stabiler« würde? Nein.

7. Oft hört man das Argument, die deutsche Minderheit in der Tschechoslowakei habe vor ihrer Ausrottung durch Vertreibung geschützt werden müssen. Das ist die These vom »spontanen Volkszorn«.
   Natürlich gab es nach den Verbrechen der Deutschen in der Protektoratszeit vor allem in Böhmen – teilweise aber auch in Mähren – eine harte antideutsche Stimmung. Das gilt besonders für Prag nach den Gewalttaten der Deutschen in letzter Minute. Ein großer Teil der folgenden Exzesse aber war inszeniert. Die Morde in Aussig sind das beste Beispiel; die ansässige tschechische Bevölkerung der Stadt beteiligte sich daran kaum. Eine vorsichtige, auf ein künftiges Zusammenleben von Tschechen, Slowaken, Deutschen, Juden und so fort ausgerichtete Politik hätte zwar keineswegs alle Gewalttaten verhindern können. Es kann aber keine Rede davon sein, dass die Vertreibung ohne Alternative war. Richtig ist lediglich: Die politisch entscheidende Weichenstellung erfolgte 1918, nicht 1945. Noch bis 1930 hätten Autonomiekonzepte, wie Beneš sie unter Hitlers Druck 1938 anbot, die Katastrophe verhindern können. Im Jahr 1945 hätte bestenfalls ein Mann vom Format De Gaulles eine menschlichere Lösung durchsetzen können. Dieses Format hatte Beneš nicht.
8. Nach den Erfahrungen des 20. Jahrhunderts sollte man die Hoffnung fahren lassen, dass ein Bevölkerungsaustausch »human und geordnet« vor sich gehen könnte. Niemand sollte sich mehr auf das Lausanner Abkommen von 1923 berufen. Es produzierte unendliches Leid. Die Humanität, die irgendwelche Diplomaten in eleganten Verhandlungszimmern in Papiere schreiben, ist im Prozess der Trennung von Völkern und bei den gewaltigen logistischen Herausforderungen einer solchen Umsiedlung gar nicht durchzuhalten.
9. Zynisch und dumm ist die Argumentationsfigur: »Die anderen haben angefangen.« Das böhmische Lehrstück zeigt besonders deutlich, wie schwierig es ist festzulegen, wel-

che »erste Gewalttat« die Ursache aller anderen ist. Oft tragen übrigens die Vordenker genauso viel Schuld wie die Täter. Man kann zwar Georg von Schönerer nicht für Lidice und Julius Grégr nicht für Postelberg verantwortlich machen. Aber man muss auf den ganzen Prozess schauen, nicht nur auf die Morde ganz am Ende, wenn man aufklären und nicht aufrechnen will. Die Rechtfertigung von Gewalttaten durch vorangegangene Gewalttaten ist die Übertragung des Blutracheprinzips auf moderne Gesellschaften. Es handelt sich um eine unmenschliche Argumentationsfigur, übrigens auch wenn sie gegen Deutsche gerichtet ist.

10. Die Kapazitäten und Kompetenzen, Krisen frühzeitig zu erkennen, müssen weiter gestärkt werden. Diese Aufgaben werden von internationalen Organisationen wie den Vereinten Nationen oder der OSZE wahrgenommen, aber auch von privaten Nichtregierungsorganisationen, die sich um die systematische Beobachtung krisenhafter Entwicklungen kümmern. In Europa ist die wichtigste Organisation dieser Art die Europäische Union. Sie versucht, das zu leisten, was früher die übernationalen Reiche zustande gebracht haben. Gelegentlich besser als wir heute. Hätten wir in Deutschland das Sprachreglement des alten Österreich, gäbe es längst eine türkische Universität in Berlin. Bedeutende Vordenker Europas waren Richard Coudenhove-Kalergi mit seinem Paneuropa -Gedanken und Jean Monnet, der einen Werkzeugkasten zur Weiterentwicklung Europas entwickelte. Sollte sich die Europäische Union an allzu vielen Erweiterungen verschlucken, wird der Nationalismus auch in Europa wieder fürchterlich sein Haupt erheben.
11. Lieber komplizierte Minderheitsabkommen (Beispiel: Mährischer Ausgleich) als brutale Entflechtungen. Lieber teure Krisenprävention als Kriege, die mit Sicherheit noch viel teurer werden.
12. Loyalitäts- und Zugehörigkeitsgefühle, Selbstwertbewusst-

> sein und Identitätsgefühl gab und gibt es in allen Gesellschaften, sie sind »anthropologische Konstanten«. Aber man sollte es mit der Identität nicht übertreiben. Man sollte auf die Menschen einwirken, mit ein bisschen weniger Identität auszukommen, und ihnen dafür in Aussicht stellen, dass ihre Säuglinge nicht mit dem Gewehrkolben erschlagen oder über eine Brücke ins Wasser geworfen werden.

Ich weiß, diese Schlussfolgerungen sind leichter formuliert als durchgesetzt. Die Mahnung, es mit der Identität nicht zu übertreiben, wirkt auf »aufsteigende Nationen« (was für ein Unheil stiftender Hegelianismus!) geradezu lächerlich. Aber wenn wir böhmische Lehrstücke nicht immer wieder erleben wollen, dürfen wir das »Lächerliche« nicht scheuen. Lächerlich mag Přemysl Pitter gewirkt haben, als er in Theresienstadt seine Landsleute angezeigt hatte, weil sie Margarine, die den Häftlingen zustand, gestohlen hatten. Lächerlich wirkte der sozialdemokratische Emigrant Wenzel Jaksch, als er vor einer Konferenz der Labour Party im Dezember 1944 eigenhändig Flugblätter mit den Titeln *Mass-Transfer of Minorities* und *The Sudeten Problem in War and Peace* verteilte. »Lächerlich« machte sich Lew Kopelew, als er als junger Offizier Soldaten der Roten Armee am Plündern eines Trecks hindern wollte. Einer fuhr ihn an: »Was fällt dir ein, hier Moral zu predigen? Hast du es noch immer nicht satt, die Fritzen zu bedauern? Es ist Krieg, verstehst du, du Intelligenzler mit Schulterstücken. Krieg nämlich und keine Vorlesung an der Universität. Wozu quakst du hier herum? Wir saufen ihren Cognac, fressen ihren Schinken, nehmen ihre Uhren, ihre Weiber, ihren ganzen Kram. Das ist Krieg, verstehst du, du bärtiger Säugling.« Bärtige Säuglinge sind lächerlich. Kopelew fragte seinen zornigen Kameraden: »Aha, und du merkst wohl gar nicht, dass du wie ein Faschist redest?« Die Antwort: »Leck mich doch am Arsch mit deiner Philosophie, mit deinem liberalen Gesäusel.«

In der Regel halten »Lächerliche« den Gang der Geschichte nicht auf. Sie sind nicht »realistisch« genug. Aber oft retten sie

Menschenleben. Die wichtigste Lehre des böhmischen Lehrstücks ist, dass wir nicht nur Analytiker und Meisterdiplomaten brauchen, sondern Leute, die den Mut haben, gegen den Strom zu schwimmen.

Literaturhinweise

Immigranten und Kolonisten

Die Ostsiedlung der Deutschen ist von Walter Kuhn dargestellt worden – in der Tradition der »ostdeutschen Siedlungsforschung«. Da treiben die Deutschen gelegentlich einen »Keil« ins »vertschechte Gebiet«. Aber die Darstellung ist materialreich und vielfältig. Walter Kuhn: *Die deutsche Ostsiedlung in der Neuzeit.* 2 Bde. Köln/Graz 1965/67.

Die tschechische Sicht vermittelt mit großem geistesgeschichtlichem Hintergrund František Graus (Hg.): »Die Problematik der deutschen Ostsiedlung aus tschechischer Sicht«, in: *Die deutsche Ostsiedlung des Mittelalters als Problem der europäischen Geschichte.* Konstanzer Arbeitskreis für mittelalterliche Geschichte Sigmaringen 1975.

Höchst materialreich auch Rudolf Turek: *Böhmen im Morgengrauen der Geschichte.* Wiesbaden 1974 (Originalausgabe Prag 1963: *Čechy na usvitě dějin*).

Herder ist zitiert nach: *Zur Philosophie der Geschichte der Menschheit.* IV. Teil. Riga/Leipzig 1791, 16. Buch, Kapitel 4.

Emanuel Rádl: *Der Kampf zwischen Tschechen und Deutschen.* Reichenberg 1928.

Zu Aussig wurden die Angaben von Tomáš Staněk benutzt: *Verfolgung 1945.* Wien/Köln/Weimar 2002; vgl. die tschechische Originalausgabe von 1996.

Die Herstellung des Nationalismus in Böhmen

Grundlegend zum Nationalismus: Hans Kohn: *Die Idee des Nationalismus. Ursprung und Geschichte bis zur Französischen Revolution.* Frankfurt a. M. 1962. – Ernest Gellner: *Nationalismus und Moderne.* Berlin 1990. – Eric J. Hobsbawm: *Nationen und Nationalismus.* Frankfurt a. M. 1992. – Für das Sujet dieses Buches besonders interessant ist Miroslav Hroch: *Die Vorkämpfer der nationalen Bewegung bei den kleinen Völkern Europas.* Prag 1968. Es handelt sich um eine Studie zur »Nationwerdung« der Tschechen, Litauer, Esten, Finnen, Norweger, Flamen und Slowaken mit besonderer Berücksichtigung der frühnationalen, der »regen patriotischen Agitation«.

Über Palacký informiert die Studie von Joseph Frederick Zacek: *Palacký. The Historian as Scholar and Nationalist.* Den Haag 1970.

Die neueste tschechische Studie stammt von Jiří Kořalka: *František Palacký 1798–1876.* Prag 1998.

Zusammenhängende Darstellungen der Entwicklung vor und im Jahr 1848 bei Friedrich Prinz (Hg.): *Deutsche Geschichte im Osten Europas. Böhmen und Mähren.* Berlin 1993. – Jan Křen: *Die Konfliktgemeinschaft. Tschechen und Deutsche 1780–1918.* Aus dem Tschechischen von Peter Heumos. München 1996; 2. Aufl. 2000. – Hugo Hantsch: *Die Nationalitäten-Frage im alten Österreich und das Problem der konstruktiven Reichsgestaltung.* Wien 1953.

Über die Geschichtswissenschaft dieser Zeit siehe Richard Georg Plaschka: *Von Palacký bis Pekař. Geschichtswissenschaft und Nationalbewusstsein bei den Tschechen.* Graz/Köln 1955.

Interessante Informationen über den Vormärz bei Josef Pfitzner: *Das Erwachen der Sudetendeutschen im Spiegel ihres Schrifttums bis zum Jahr 1848.* Augsburg 1926; das Buch dieses Autors, des späteren nationalsozialistischen Vizeprimators von Prag, leidet allerdings unter dem Problem, dass ein politischer Zusammenhang zwischen den Deutschen in Böhmen, Mähren und Schlesien postuliert wird (»die Sudetendeutschen«), der vor 1848 so nicht existierte.

Biografische Einzelstudien: Friedrich Prinz: *Hans Kudlich (1823 bis 1917).* München/Wien 1962. – Ernst Karl Sieber: *Ludwig von Löhner. Ein Vorkämpfer des Deutschtums in Böhmen, Mähren und Schlesien im Jahre 1848/1849.* München/Wien 1965. – Karl Bosl (Hg.): *Lebensbilder zur Geschichte der böhmischen Länder.* Bd. 2. München/Wien 1976; hier insbesondere die Studien von Hubert Rösel über Josef Dobrovský, Emil Schieche über Antonín Boček, Christoph Stölzl über Johann Freiherr von Liebig sowie Friedrich Prinz über Graf Leo Thun.

Die Charakterisierung des Kampfs der böhmischen Stände 1618 bis 1620 als »Konspiration einiger Kavaliere« stammt von Josef Pekař: *Der Sinn der tschechischen Geschichte.* Brünn/Leipzig/ Wien 1937.

Interessante Quellen finden sich in der zweisprachigen Dokumentation: *Odsun – Die Vertreibung der Sudetendeutschen / Vyhnání sudetských Němců . Dokumentation zu Ursachen, Planung und Realisierung einer »ethnischen Säuberung« in der Mitte Europas.* Bd. 1: *Vom Völkerfrühling und Völkerzwist 1848/49 bis zum Münchner Abkommen 1938 und zur Errichtung des »Protektorats Böhmen und Mähren« 1939.* Auswahl und Bearbeitung: Roland J. Hoffmann/Alois Harasko. Veröffentlichung des Sudetendeutschen Archivs, München 2000.

Völkerkerker

Das grundlegende und detailreichste Werk zu dem Zeitraum, den dieses Kapitel schildert, stammt von dem tschechischen Historiker Otto Urban. Es ist 1982 in Prag unter dem Titel *Česká společnost 1848–1918* erschienen. Hier wird es nach der erweiterten deutschen Ausgabe *Die tschechische Gesellschaft 1848–1918*. 2 Bde. Wien/Köln/Weimar 1994 zitiert. Urban schreibt aus tschechischer Perspektive; man vermisst gelegentlich Kritik an den großen Ikonen, zum Beispiel an Neruda und Havlíček, und eine eingehendere Darstellung des tschechischen Antisemitismus. Insgesamt aber bemüht sich der Autor um Gerechtigkeit und hat deswegen auch den nach Anton Gindely benannten Preis der Österreichischen Forschungsgemeinschaft bekommen. Gindely war ein bedeutender Prager Historiker des 19. Jahrhunderts, der zwischen die Mühlsteine des deutschen und tschechischen Chauvinismus geriet; den Deutschen war er ein Tscheche, den Tschechen nicht tschechisch genug.

Parallel dazu Jiří Kořalka: *Tschechen im Habsburgerreich und in Europa 1815–1914*. Wien 1991.

Alle wichtigen Dokumente bei Raimund Friedrich Kaindl: *Der Völkerkampf und Sprachenstreit in Böhmen im Spiegel der zeitgenössischen Quellen*. Wien/Leipzig 1927.

Über die jungtschechische Partei informiert das Buch von Bruce M. Garver: *The Young Czech Party 1874–1901 and the Emergence of Multiparty System*. New Haven 1978. Zum gleichen Thema: Stanley B. Winters: »The Young Czech Party (1874–1914): An Appraisal«, in: *Slavic Review* 28 (1969). Beide Veröffentlichungen sind angesichts des harten Nationalismus der Jungtschechen reichlich »empirisch« und kühl, aber sie sind materialreich und solide.

Souverän die große Studie von Gary B. Cohen: *The Politics of Ethnic Survival: Germans in Prague 1861–1914*. Princeton NJ 1981.

Über die Trennung der Karls-Universität in eine deutsche und eine tschechische Universität siehe Ferdinand Seibt (Hg.): *Die Teilung der Prager Universität 1882 und die intellektuelle Desintegration in den böhmischen Ländern*. Bad Wiesseer Tagungen des Collegium Carolinum. München 1984.

Zu Schönerer und Lueger vgl. Peter G. J. Pulzer: *Die Entstehung des politischen Antisemitismus in Deutschland und Österreich 1867–1914*. Gütersloh 1966.

Über die österreichische Sozialdemokratie informiert das Standardwerk von Hans Mommsen: *Die Sozialdemokratie und die Nationalitätenfrage im habsburgischen Vielvölkerstaat*. Wien 1963.

Karl Renners Grundidee des Personalitätsprinzips ist am besten zusammengefasst bei Rudolf Springer (Pseudonym von Renner): *Grundlagen und Entwicklungsziele der österreichisch-ungarischen Monarchie.* Wien/Leipzig 1906.

Über den mährischen Ausgleich vgl. Horst Glassl: *Der mährische Ausgleich.* München 1967.

Über den jungen Masaryk informiert Roland J. Hoffmann: *T. G. Masaryk und die tschechische Frage.* Bd. 1. München 1988. Hoffmanns akribische Studie reicht bis 1909.

Ein Nationalstaat, der keiner war

Umfangreiches Material über die Erste Republik bietet das Buch des deutschen Sozialdemokraten Johann Wolfgang Brügel: *Tschechen und Deutsche 1918–1938.* München 1967. Brügel war in der ČSR mehrere Jahre Assistent des deutsch-sozialdemokratischen Ministers Ludwig Czech gewesen. Darum war er ein engagierter Vertreter des deutschen Aktivismus in der Ersten Republik und auch der die nationale Frage wegdrückenden Sozialpolitik seines Chefs. Er stand der so genannten Zinner-Gruppe des sozialdemokratischen Exils in London nahe, die die sudetendeutschen Exilanten aufforderte, in die tschechoslowakische Exilarmee einzutreten, auch wenn Beneš nicht daran dachte, den Deutschen Zusicherungen für die Zeit nach dem Krieg zu machen. Aus diesem Grund ist das Bild, das Brügel von Jaksch zeichnet (der nicht vom ersten Tag der Emigration an und ohne jede Zusage der Tschechen die Rechtskontinuität der Ersten Republik bestätigen wollte), verzerrt. Das Buch schöpft aber aus dem Quellenmaterial, wertet insbesondere viele Akten des Deutschen Auswärtigen Amtes und der Emigrationspresse aus und bemüht sich sehr um Gerechtigkeit zwischen den Nationen.

Ebenfalls von J. W. Brügel: »Die Aussiedlung der Deutschen aus der Tschechoslowakei«, in: *Vierteljahreshefte für Zeitgeschichte* 8 (1960). In diesem Aufsatz sieht Brügel Beneš sehr viel kritischer als in seinem großen Werk. Auch für dieses Kapitel ist Jan Křens *Konfliktgemeinschaft,* a. a. O. heranzuziehen.

Wichtig von sudetendeutscher Seite: Rudolf Hilf: *Deutsche und Tschechen. Bedeutung und Wandlungen einer Nachbarschaft in Mitteleuropa.* Opladen 1986.

Eine interessante Aufsatzsammlung bieten Jörg K. Hoensch und Dušan Kovač (Hg.): *Das Scheitern der Verständigung. Tschechen, Deutsche und Slowaken in der Ersten Republik 1918–1938.* Essen 1994.

Ähnlich wichtig wie Brügels Arbeit ist Friedrich Prinz: *Geschichte Böhmens 1848–1948*. München 1988. Dieses Buch ist »von einem Sudetendeutschen für Sudetendeutsche« geschrieben, aber weit entfernt von irgendeiner Art von Revisionismus oder Revanchismus.

Über Wilson: Werner Brecht: *Selbstbestimmung und imperiale Herrschaft*. Münster 1992. – Jürg Martin Gabriel: *Theorien der internationalen Beziehungen: von Images zu Weltbildern*. Eidgenössische Technische Hochschule Zürich, Forschungsstelle für internationale Beziehungen, Beiträge Nr. 9, April 1997. – Henry R. Nau: »Why ›the Rise and Fall of the Great Powers‹ Was Wrong«, in: *Review of International Studies* 27 (2001), S. 579–592.

Die Vorgeschichte der Ersten Republik lässt sich in den Originaltexten von Masaryk und Beneš verfolgen, so T. G. Masaryk: *Die Weltrevolution. Erinnerungen und Betrachtungen 1914–1918*. Berlin 1927. – Edvard Beneš: *Der Aufstand der Nationen, der Weltkrieg und die tschechoslowakische Revolution*. Prag 1929 (autorisierte Übersetzung aus dem Tschechischen von Camill Hoffmann).

Über Masaryk siehe u. a. Thomas Mann: »Thomas Masaryk (1937)«, in: *Gesammelte Werke in 13 Bänden*, Bd. 12: Politische Aufsätze und Briefe. Frankfurt a. M. 1960.

Die slowakische Frage wird in einer Reihe von Veröffentlichungen von Jörg K. Hoensch behandelt, so »Die Verfassungsstruktur der ČSR und die slowakische Frage«, in: Karl Bosl (Hg.): *Die demokratisch-parlamentarische Struktur der Ersten Tschechoslowakischen Republik*. Bad Wiesseer Tagungen des Collegium Carolinum. München/Wien 1975. In diesem Sammelband findet sich auch eine interessante Analyse von Wolf Oschlies: »Die Kommunistische Partei der Tschechoslowakei in der Ersten Tschechoslowakischen Republik (1918–1938)«.

Viele Details bei E. Čapek: *Politická příručka ČSR* [Politisches Handbuch der ČSR]. Prag 1931.

Grundlegend zur slowakischen Frage: Jörg K. Hoensch: *Die Slowakei und Hitlers Ostpolitik*. Köln/Graz 1965.

Über Josef Seliger siehe Klaus Zeßner: *Josef Seliger und die nationale Frage in Böhmen. Eine Untersuchung über die nationale Politik der deutschböhmischen Sozialdemokratie 1899–1920*. Stuttgart 1976.

Über Konrad Henlein vgl. die neuen Arbeiten von Volker Zimmermann: *Die Sudetendeutschen im NS-Staat. Politik und Stimmung der Bevölkerung im Reichsgau Sudetenland (1938–1945)*. Essen 1999, und von Ralf Gebel: *»Heim ins Reich!« Konrad Henlein und der Reichsgau Sudetenland (1938–1945)*. 2. Aufl. München 2000.

Wenzel Jakschs eigene Positionen: Wenzel Jaksch: *Sucher und Künder,*

Patriot und Europäer (Gesammelte Schriften). 2 Bde. München 1967. – Zur Biographie: Martin K. Bachstein: *Wenzel Jaksch und die sudetendeutsche Sozialdemokratie.* München/Wien 1974. – Zu Jaksch sehr eindrücklich Peter Becher: »Auf den Spuren eines großen Demokraten. Dankesrede anlässlich der Verleihung des Wenzel-Jaksch-Gedächtnispreises 2002«. München 16. 12. 2002 (Typoskript).

Viele Dokumente wieder bei Hoffmann/Harasko: *Odsun -Die Vertreibung der Sudetendeutschen,* a. a. O.

Zur Theorie des Nationalstaats vgl. Peter Glotz: *Der Irrweg des Nationalstaats. Europäische Reden an ein deutsches Publikum.* Stuttgart 1990.

Das Protektorat
»Dass dieser Raum einmal deutsch werden muss.«

Die grundlegenden Forschungen zum Protektorat stammen von Detlef Brandes. Das gilt für sein zweibändiges Werk *Die Tschechen unter deutschem Protektorat.* 2 Teile (1939–1942; 1942–1945). München 1969/75. Das gilt erst recht für sein neueres Werk *Der Weg zur Vertreibung 1938–1945. Pläne und Entscheidungen zum ›Transfer‹ der Deutschen aus der Tschechoslowakei und aus Polen.* München 2001. Brandes hat als Mitglied der deutsch-tschechischen und deutsch-slowakischen Historikerkommission einen genauen Blick für die Sensibilitäten beider Seiten. Vor allem aber hat er den Willen zu einem gerechten Urteil.

Die slowakische Seite sieht man am besten bei Hoensch: *Die Slowakei und Hitlers Ostpolitik,* a. a. O. Ders.: *Geschichte Böhmens. Von der slavischen Landnahme bis zur Gegenwart.* München, 3. aktual. Aufl. 1997.

Eine interessante Ergänzung ist Vojtech Mastny: *The Czechs under Nazi Rule. The failure of national resistance, 1939–1942.* New York/London 1971. Der Autor hat sich von einer nationalen tschechischen Position emanzipiert und eine materialreiche, unabhängige Studie vorgelegt.

In den gleichen Kontext gehört, aus der Perspektive der sozialdemokratischen Emigration, speziell der Zinner-Gruppe, der zweite Band von Johann Wolfgang Brügel: T*schechen und Deutsche 1939–1946.* München 1974.

Quellen bieten die *Acta Occupationis Bohemiae et Moraviae* der Československá akademie věd: *Die Deutschen in der Tschechoslowakei 1933–1947,* zusammengestellt und mit einem Vorwort und Anmerkungen versehen von Václav Král. Prag 1964. Der Band ist, was die Dokumente betrifft, absolut zuverlässig. Králs Vorwort folgt allerdings der kommunistischen Lesart.

Viel Material ergibt sich auch aus dem von Karel Novotný herausgegebenen und eingeleiteten Band: *Edvard Beneš: Odsun Němců z Československa. Výbor z pamětí, projevů a dokumentů 1940–1947* [Die Abschiebung der Deutschen aus der Tschechoslowakei. Auswahl aus den Erinnerungen, Ansprachen und Dokumenten 1940–1947]. 2. Aufl. Prag 2002.

Zu den Auseinandersetzungen in der Londoner Emigration siehe Martin K. Bachstein: *Wenzel Jaksch,* a. a. O. – Friedrich Prinz: »Jaksch und Beneš im Londoner Exil und die Frage der Aussiedlung der Sudetendeutschen«, in: *Bohemia,* Jahrbuch des Collegium Carolinum 15 (1974). – Peter Heumos: *Die Emigration aus der Tschechoslowakei nach Westeuropa und dem Nahen Osten 1938–1945. Politische und soziale Struktur, Organisation und Asylbedingungen der tschechischen, jüdischen, deutschen und slowakischen Flüchtlinge während des Nationalsozialismus. Darstellung und Dokumentation.* München 1989.

Über den sudetendeutschen Widerstand siehe Leopold Grünwald: *Sudetendeutscher Widerstand gegen den Nationalsozialismus. Für Frieden, Freiheit, Recht.* Benediktbeuren 1986, sowie Grünwalds Autobiografie: *Wandlung. Ein Altkommunist gibt zu Protokoll.* Wien 1979.

Zu Theresienstadt vgl. immer noch H. G. Adler: *Theresienstadt 1941–1945. Das Antlitz einer Zwangsgemeinschaft. Geschichte, Soziologie, Psychologie.* Tübingen 1955.

Die Beneš-Stalin-Molotow-Gespräche im Dezember 1943 sind von Vojtech Mastny publiziert worden: »The Beneš-Stalin-Molotov Conversations in December 1943. New Documents«, in: *Jahrbücher für Geschichte Osteuropas* N. F. 20 (1972), S. 367–402.

Die beste Darstellung Reinhard Heydrichs findet sich bei Joachim C. Fest: *Das Gesicht des Dritten Reiches.* München 1963, hier zitiert nach der 4. Auflage 1975. Interessante Beiträge zum Thema bei Barbara Coudenhove-Kalergi/Oliver Rathkolb (Hg.): *Die Beneš-Dekrete.* Wien 2002; darunter Aufsätze von Volker Zimmermann, Václav Kural, Bohomil Doležal.

Viele Dokumente des nationalen tschechischen Widerstands, zum Beispiel Texte aus der Zeitschrift *V boj,* wurden mir in deutscher Übersetzung zugänglich gemacht von Roland J. Hoffmann, der sie im nächsten Jahr im 2. Band der Dokumentation *Odsun – Die Vertreibung der Sudetendeutschen* publizieren wird.

Die Vertreibung – Wahre Wunder an nationaler Säuberung

Die entscheidenden Grundlagen für dieses Kapitel sind das große Werk: *Die Vertreibung der deutschen Bevölkerung aus der Tschechoslowakei,* 2 Bde., hg. von Theodor Schieder. Berlin 1957. – Ebenso wichtig und auf neuerem

Stand ist Tomáš Staněk: *Verfolgung 1945. Die Stellung der Deutschen in Böhmen, Mähren und Schlesien (außerhalb der Lager und Gefängnisse).* Wien/Köln/Weimar 2002 (tschechische Ausgabe 1996). – Gleichrangig dazu der letzte Teil des vielfach zitierten grundlegenden Buches von Brandes: *Der Weg zur Vertreibung 1938–1945,* a. a. O., insbesondere das 6. Kapitel »Der Beginn der Vertreibung und die Potsdamer Konferenz«.

Interessant war jeweils ein vergleichender Blick in die tschechische Historiographie, vor allem in den für das Kulturministerium der Tschechischen Republik von Zdeněk Beneš und Václav Kural zusammengestellten Band: *Geschichte verstehen. Die Entwicklung der deutsch-tschechischen Beziehungen in den böhmischen Ländern 1848–1948.* In diesem Buch kann man sehr gut die sozusagen »offizielle Version« der tschechischen Seite beobachten. Ebenfalls aus tschechischer Sicht, aber älter: Radomir Luža: *The Transfer of the Sudeten Germans. A Study of Czech-German Relations, 1933–1962.* New York 1964.

Zu den verwendeten Dokumenten: Einerseits gibt es publizierte Erlebnisberichte im zweiten Band des o. g. Werkes von Theodor Schieder (1957) und insbesondere in dem 1951 erschienenen Band *Dokumente zur Austreibung der Sudetendeutschen,* der von Wilhelm Turnwald erarbeitet wurde. Der Band wurde von der »Arbeitsgemeinschaft zur Wahrung sudetendeutscher Interessen«, einer Vorläuferorganisation der Landsmannschaft, herausgegeben und mit einem Vorwort von drei Repräsentanten der Sudetendeutschen – dem christlichsozialen Hans Schütz, dem konservativen Rudolf Lodgman von Auen und dem Sozialdemokraten Richard Reitzner – versehen. Im vorliegenden Buch werden von all diesen Zeugenaussagen nur diejenigen verwendet, die sich auf eigene Erlebnisse beziehen, also keine Angaben vom Hörensagen, die sich unter diesen Dokumenten auch finden.

Außerdem wurden Dokumente aus dem Bundesarchiv, Ausgleichsarchiv Bayreuth, verwendet (Signatur: Ost-Dok), die ähnlichen Charakter haben wie diejenigen, die Turnwald Anfang der Fünfzigerjahre publizierte. Gelegentlich sind gegen die Dokumente quellenkritische Argumente vorgebracht worden. So zitieren Eva Hahn und Hans Henning Hahn den Journalisten Sven Felix Kellerhof, der dazu sagte: »Pro erwähntem Mord oder Totschlag und pro erwähnter Vergewaltigung gab es eine Prämie.« »Die Deutschen, ›ihre‹ Vertreibung und die sog. Beneš-Dekrete«, in: *Transit, Europäische Revue* 23, 2002, S. 103–116.) Diese Behauptung ist unhaltbar.

Sie verfälscht Forschungen von Matthias Behr, der in den *Vierteljahresheften für Zeitgeschichte* (Heft 3/1998, S. 370 f.) die quellenkritischen

Probleme diskutiert hat und dazu demnächst eine weitere Arbeit vorlegen wird. Schon 1945 wurden – unkoordiniert – Erlebnisberichte gesammelt. Für viele dieser Erlebnisberichte gab es keinerlei Honorar. Die zitierte Kritik bezieht sich auf bestimmte Berichte, insbesondere aus den Jahren 1946 und 1947, die auf Veranlassung eines Bad Nenndorfer Kreises erstellt wurden. Die wissenschaftliche Kommission, die mit der Dokumentation der Vertreibung beauftragt war, erkannte aber das Problem. Auf Anregung von Hans Rothfels entwickelte Martin Broszat eine »Methode zur kritischen Dokumentenbearbeitung«. Alle vom Herausgeber Theodor Schieder vorgelegten Quellen sind nach dieser Methode authentifiziert, verifiziert und auf ihre Verwendbarkeit im Sinne der Gesamtanlage der Dokumentation geprüft worden. Die entsprechenden Hinweise verdanke ich Dr. Matthias Behr.

Natürlich sind diese Zeugnisse »subjektiv«. Das ist aber unausweichlich, wenn man die Opfer selbst sprechen lassen will. Selbstverständlich sind sie nur so solide, wie Erinnerungen von Menschen sein können. Man kann auch niemals ausschließen, dass manche dieser Beschreibungen aus unmittelbarer Wut da und dort übertrieben sind. Ein genereller Verdacht – nach dem Motto: alles sudetendeutsche Gräuelpropaganda – ist aber in jedem Fall falsch. Die hier verwendeten Aussagen wurden mit dem gesamten Quellenmaterial konfrontiert. Für die »großen Geschichten« (Prag, Landskron, Brünn, Aussig, Postelberg etc.) gibt es jeweils vielfältige Zeugenaussagen, sodass die hier zitierten Erlebnisberichte auch durch andere ersetzt werden könnten.

Die Aufzeichnungen spiegeln selbstverständlich den damaligen Zeitgeist. Auch die sudetendeutschen Opfer waren durch die Propagandamaschine der Nazis gegangen. Da spricht dann einer von einem brutalen Kapo als einem »polnischen Juden«, und man merkt, dass er denkt: Kein Wunder, dass der foltert, er ist eben ein »polnischer Jude«. Insofern muss man diese Aussagen richtig einordnen. Das wird hier versucht.

Zu den Beneš-Dekreten siehe Coudenhove-Kalergi/Oliver Rathkolb: *Die Beneš-Dekrete,* a. a. O. – Beppo Beyerl: *Die Beneš-Dekrete. Zwischen tschechischer Identität und deutscher Begehrlichkeit.* Wien 2002. – Otto Kimminich: »Die Beneš-Dekrete. Eine Beurteilung aus völkerrechtlicher Perspektive«, in: *Odsun – Die Vertreibung der Sudetendeutschen.* Begleitband zur Ausstellung. Veröffentlichung des Sudetendeutschen Archivs, München 1995, S. 96–112. – Eckart Klein: *Benesch-Dekrete und europäische Rechtsordnung – rechtliche Handlungsmöglichkeiten.* Potsdam 2003 (Manuskript). – Die Dekrete sind herausgegeben von Karel Jech/Karel Kaplan: Dekrety prezidenta republiky 1940–1945. Dokumenty. [Die Dekrete des

Präsidenten der Republik 1940–1945. Dokumente]. 2 Bde. Ústav pro soudobé dějiny AV ČR. Brünn 1995. Eine deutsch-tschechische Edition, bearbeitet von Karel Jech und herausgegeben vom Prager Institut für Zeitgeschichte (Ústav pro soudobé dějiny AV ČR), ist zur Zeit im Druck.

Zu Prag siehe Elisabeth Marnegg: »Prager Tagebuch«, in: Coudenhove-Kalergi/Rathkolb: *Die Beneš-Dekrete,* S. 38. – H. G. Adler: *Theresienstadt 1941–1945,* a. a. O.

Zu Landskron vgl. Franz J. Gauglitz: *Landskroner Not und Tod.* Selbstverlag, Wiesentheid 1997. Die Totenlisten in diesem Buch umfassen offenbar alle irgendwie – auch später – umgekommenen Bewohner der untersuchten Orte. Hier wurde nur das Kapitel über Landskron benutzt, bei den Zahlen wird von Staněk ausgegangen. Im Übrigen: Das Zitat von Barbara Coudenhove-Kalergi stammt aus: »Die Wiederkehr des Vergangenen«, in: Coudenhove-Kalergi/Rathkolb: *Die Beneš-Dekrete,* a. a. O.

Zu Brünn: *Der Brünner Todesmarsch 1945, die Vertreibung und Misshandlung der Deutschen aus Brünn. Eine Dokumentation,* zusammengestellt von Hanns Hertl, Erich Pillwein, Helmut Schneider, Karl Walter Ziegler. Gerlingen 2000. Der Artikel von Ota Filip in: *Frankfurter Allgemeine Zeitung,* 30. 5. 1990.

Zu Aussig: Darstellungen bei Staněk: *Verfolgung 1945,* a. a. O., Schieder: *Die Vertreibung,* a. a. O. und an verschiedenen anderen Stellen. Vgl. auch Otfrid Pustejovsky: *Die Konferenz von Potsdam und das Massaker von Aussig am 31. Juli 1945. Untersuchung und Dokumentation.* München 2001. Ders. unter Mitarbeit von Julius Meissner: »Das Aussiger Massaker vom Dienstag, dem 31. Juli 1945. Neue Befunde und Erkenntnisse«, in: *Jahrbuch für sudetendeutsche Museen und Archive 2002.* München 2003, S. 109 ff. – Julius Meissner: *Erlebte Erinnerungen an das Aussiger Massaker vom 31. Juli 1945.* Tettnang 2003.

Zu Postelberg: Staněk: *Verfolgung 1945,* a. a. O. – Beneš/Kural: *Geschichte verstehen,* a. a. O. Die Protokolle des Verhörs mit Marek aus den Originaldokumenten übersetzt von Herbert Voitl. Vermerk des Innenministers »Information für den Herrn Minister« vom 2. Juli 1947, jede Seite mitten im Text schräg überstempelt: »Archiv des Ministeriums des Innern Prag«; aus dem Tschechischen übersetzt von Herbert Voitl.

Zur Politik der Alliierten vgl. Bradley F. Abrams: »Alliierte Planungen und Entscheidungen, zur Nachkriegslösung des deutsch-tschechischen Konflikts«, in: Coudenhove-Kalergi/ Rathkolb: *Die Beneš-Dekrete,* a. a. O., S. 188 ff. – Alfred M. de Zayas: *Die Angloamerikaner und die Vertreibung der Deutschen.* Berlin 1999, S. 10.

Zur Neubesiedlung: Adrian von Arburg: *Osidlováni – Die Besiedlung der*

Grenzgebiete der böhmischen Länder 1945–1950. Forschungsstand und ausgewählte Probleme. Diplomarbeit. Universität Wien 2001.

Zur Aussiedlung der Magyaren vgl. Schieder: *Die Vertreibung,* a. a. O. – Brandes: *Der Weg zur Vertreibung,* a. a. O. – Vgl. István Deák: »Die Vergessenen. Die Vertreibung der Ungarn aus der Slowakei«, in: Coudenhove-Kalergi/Rathkolb: *Die Beneš-Dekrete,* a. a. O., S. 107 ff.

Zum Schicksal der Juden, insbesondere der deutschen Juden nach 1945: Reuven Assor: »‹Deutsche Juden‹ in der Tschechoslowakei 1945–1948«, in: *Odsun – Die Vertreibung,* Begleitband, a. a. O., S. 299 ff. – Vgl. dazu auch Adler: *Theresienstadt,* a. a. O. und Beneš/Kural: *Geschichte verstehen,* a. a. O.

Zur Aktion Ullmann: Emil Werner: »Die Antifa-Transporte in den Westen«, in: *Odsun – Die Vertreibung,* Begleitband, a. a. O., S. 277 ff.

Zum Rückblick auf Beneš vgl. Raymond Aron: *Erkenntnis und Verantwortung. Lebenserinnerungen.* München/Zürich 1983. – John Colville: *Downing Street Tagebücher 1939–1945.* Berlin 1988.

Dokumente:

Krankenschwester: MvW, Turnwald: *Dokumente zur Austreibung,* a. a.O. S. 63. – Lassmann: Schieder: Die Vertreibung, Bd. 2, Dokument Nr. 12, S. 44 ff. – Ferdinand Marek: *Prager Tagebuch* von Elisabeth Marnegg, in: Coudenhove-Kalergi/Rathkolb: *Die Beneš-Dekrete,* a. a. O. – Anna Wagenknecht, Ost-Dok 2, Nr. 214. – Alfred Kling: Dr. E. Siegel, Ost-Dok 2, Nr. 313. Matz: ebd. – Kurt Köhler: Gauglitz: *Landskroner Not,* S. 35. – Ilse Piecho: Guido Knopp: *Die große Flucht. Das Schicksal der Vertriebenen.* München 2001, S. 367. – Gisi Seidlová: Turnwald: *Dokumente zur Austreibung,* a. a. O. – Dr. med. Hans Wagner, Ost-Dok 2, Nr. 314; Dr. Norbert Schlebeck, Ost-Dok 2, Nr. 249; Dr. Schmidt, Ost-Dok 2, Nr. 313; Henriette Panzer, Ost-Dok 2, Nr. 239; Vincenc Stadler, Ost-Dok 2, Nr. 239; Johann Reitter, Ost-Dok 2, Nr. 296.

Artikel aus *Rudé pravo, Stráž severu, Obzory* und anderen Zeitungen und Zeitschriften sowie Dokumente des Staatlichen Zentralarchivs in Prag (Statní ústřední archiv), übersetzt von Roland J. Hoffmann u. a.

Aufklärung oder Aufrechnung? Ein Epilog

Zu den grundsätzlichen Problemen, die in diesem Epilog angesprochen werden:

Hans-Ulrich Wehler: *Nationalismus. Geschichte, Formen, Folgen.* München 2001. – Karl Schlögel: »Tragödie der Vertreibungen. Über das Erfordernis, ein europäisches Ereignis neu zu erzählen«, in: *Lettre Internationale*

Nr. 60, 1/2003. – Norman M. Naimark: *Fires of Hatred: Ethnic Cleansing in Twentieth Century Europe.* London 2001; dazu die Rezension von Benjamin Schwarz in: *Atlantic Monthly,* Dezember 2002.

Über ethnosoziale Konflikte vgl.: *Globale Trends 2002. Fakten, Analysen, Prognosen,* hg. von Ingomar Hauchler, Dirk Messner, Franz Nuscheler. Frankfurt a. M. 2001.

Zu den rechtlichen Problemen vgl. Alfred M. de Zayas: *Die Angloamerikaner,* a. a. O., sowie Otto Kimminich: *Die Beneš-Dekrete,* a. a. O. Eine andere Auffassung zum »Genozid« vertritt Felix Ermacora: *Die sudetendeutschen Fragen.* München 1992.

Zum Thema Geschichtspolitik vgl. den Schwerpunkt »Gewalt und Vertreibung« in: *Transit, Europäische Revue* 23, 2002; dort insbesondere Jacques Rupnik: *Das andere Mitteleuropa. Die neuen Populismen und die Politik mit der Vergangenheit.* Sein Versuch, die Vertreibungen nach 1945 »als Tribut an die Niederlage« zu akzeptieren, ist allerdings höchst fragwürdig.

Zum geistesgeschichtlichen Hintergrund vgl. István Bibó: *Die Misere der osteuropäischen Kleinstaaterei.* Frankfurt a. M. 1992. – Mark Mazower: *Der dunkle Kontinent. Europa im 20. Jahrhundert.* Berlin 2000.

Zu Nationalstaat und Nationalismus vgl. meine früheren Arbeiten *Der Irrweg des Nationalstaats,* a. a. O. und »Die Krankheit Nationalismus«, in: *Die Zeit* Nr. 12 vom 17. März 1995.

Bildnachweis

Archiv der Friedrich Ebert Stiftung (FES), Bonn: S.18, 105, 130, 131, 140, 159, 160, 173, 189
Archiv für Kunst und Geschichte (AKG), Berlin: S. 21, 25, 29, 31, 36, 43, 56, 77, 90, 115, 117, 125, 127, 129, 144, 147
Archiv Kristina Kaiserová, Aussig/Ústí nad Labem: S. 222
Bildarchiv Preußischer Kulturbesitz (bpk), Berlin: S. 61, 63, 71, 81
Sudetendeutsches Archiv, München: S. 46, 52, 101, 212, 213, 214
Ullstein Bilderdienst, Berlin: S. 95, 98, 110

Personenregister

Danksagung

Herzlichen Dank schuldet der Verfasser Michael Schneider vom Archiv der Friedrich-Ebert-Stiftung, Dr. Roland J. Hoffmann vom Sudetendeutschen Archiv München, Dr. Ulrich Ringsdorf vom Bundesarchiv/Ausgleichsarchiv Bayreuth und Peter Munkelt vom Politischen Archiv des Willy-Brandt-Hauses, Berlin. Bei der Beschaffung und Übersetzung tschechischer Literatur halfen ihm Dr. Roland J. Hoffmann, München, und Dr. Michael Neumüller, München/Prag. Für die Beschaffung von Material und viele gute Ratschläge danke ich Dr. Rudolf Hilf und Dr. Peter Becher, München. Das Buch hätte nicht entstehen können ohne die exakte und anregende Lektoratsarbeit von Dr. Annalisa Viviani, München. Für Rat und Tat danke ich Thomas Rathnow, Ullstein Verlag, München.

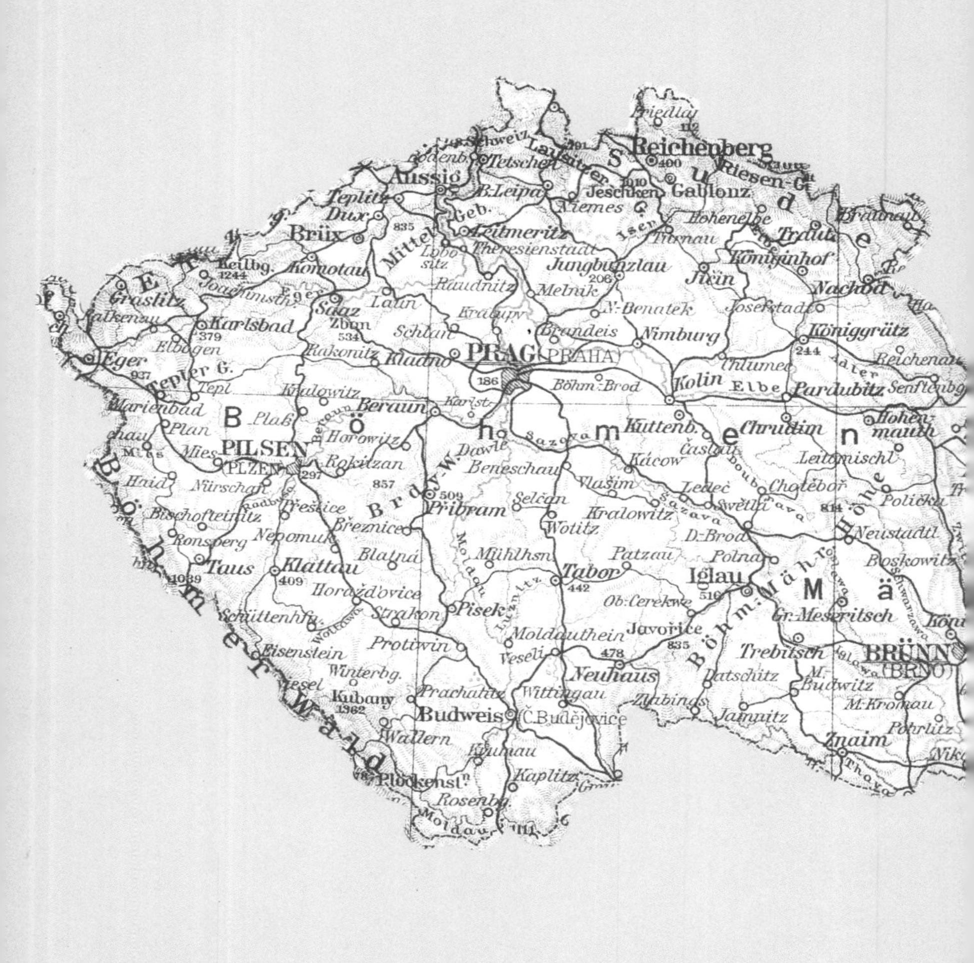

Reichenberg
Aussig
Tetschen
Teplitz
Dux
Brüx
B.Leipa
Jeschken
Gablonz
Niemes
Hohenelbe
Trautenau
Braunau
Leitmeritz
Theresienstadt
Komotau
Graslitz
Karlsbad
Falkenau
Elbogen
Eger
Saaz
Laun
Raudnitz
Jungbunzlau
Jičin
Königinhof
Nachod
Josefstadt
Königgrätz
Melnik
Brandeis
Nimburg
Kralupy
Schlan
Rakonitz
Kladno
PRAG (PRAHA)
Böhm.-Brod
Kolin
Elbe
Pardubitz
Reichenau
Senftenberg
Chlumec
Tepl
Marienbad
Plan
Kralowitz
Beraun
Karlstein
B
ö
h
m
e
n
PILSEN (PLZEN)
Mies
Horowitz
Rokitzan
Dawle
Sazawa
Kuttenb.
Časlau
Chrudim
Hohenmauth
Leitomischl
Beneschau
Vlašim
Kácow
Ledeč
Chotěboř
Polička
Nürschan
Přibram
Selčan
Kralowitz
Světlá
Neustadtl
Bischofteinitz
Přeštice
Březnice
Wotitz
D.-Brod
Ronsperg
Nepomuk
Blatná
Mühlhsn
Patzau
Polna
Boskowitz
Taus
Klattau
Tabor
Iglau
M
ä
Horažďowice
Ob.-Cerekwe
Gr.-Meseritsch
Schüttenhfn.
Strakon
Pisek
Moldauthein
Javořice
Eisenstein
Protiwin
Veseli
Neuhaus
Trebitsch
BRÜNN (BRNO)
Winterbg.
Datschitz
M.-Budwitz
Kubany
Prachatitz
Wittingau
Zlabings
Jamnitz
M.-Kromau
Budweis
Č.Budějovice
Wallern
Pohrlitz
Krumau
Znaim
Plöckenst.
Kaplitz
Rosenbg.
Thaya
Moldau
Böhmer Wald
Böhm.-Mähr. Höhe
Brdy-W.